당음비사 棠陰比事

An Annotated Translation of "Tangyin bishi"

계만영 桂萬榮 저 ▍ 박소현, 박계화, 홍성화 역

세창출판사

역자 약력

박 소 현(朴昭賢)
서울대학교 동양사학과를 졸업하고 미국 미시간대학교(The University of Michigan)에서 박사학위를 받았다. 현재 성균관대학교 동아시아학술원 HK교수이다. 주요 연구로는 『중국 근대의 풍경』(공저), 『능지처참』(역서), "Law and Literature in Late imperial China and Chosŏn Korea"(논문) 등이 있다.

박 계 화(朴桂花)
연세대학교 중어중문학과를 졸업하고 중국 북경대학에서 석사학위, 연세대학교에서 박사학위를 받았다. 현재 성균관대학교 대동문화연구원 수석연구원이다. 주요 연구로는 『명청대 출판문화』(공저), 『우초신지』(공역), "소송사회의 필요악 訟師 - 명청대 문언소설 속에 나타난 訟師의 형상과 법률문화"(논문) 등이 있다.

홍 성 화(洪成和)
성균관대 사학과와 동 대학원 석사과정을 졸업하고, 일본 동경대학에서 박사학위를 받았다. 현재 부산대학교 역사교육과 교수이다. 주요연구로는 『전쟁과 교류의 역사 - 타이완과 중국 동남부』(공저), 『임술민란과 19세기 동아시아 민중운동』(공저) 등이 있다.

당음비사棠陰比事

1판 1쇄 인쇄 2013년 8월 20일
1판 1쇄 발행 2013년 8월 30일

저 자 | 桂萬榮
역 자 | 박소현, 박계화, 홍성화
발행인 | 이방원
발행처 | 세창출판사
신고번호 | 제300-1990-63호
주소 | 서울 서대문구 경기대로 88 냉천빌딩 4층
전화 | (02) 723-8660 팩스 | (02) 720-4579
http://www.sechangpub.co.kr
e-mail: sc1992@empal.com
ISBN 978-89-8411-428-9 93360

이 책은 한국연구재단의 지원으로 세창출판사가 출판, 유통합니다.

이 도서의 국립중앙도서관 출판시도서목록(CIP)은 e-CIP홈페이지(http://www.nl.go.kr/ecip)와 국가자료공동목록시스템(http://www.nl.go.kr/kolisnet)에서 이용하실 수 있습니다.(CIP제어번호: CIP2013015075)

당음비사

–머 리 말–

내가 이 『당음비사棠陰比事』라는 책을 알게 된 것은 십여 년 전 네덜란드의 중국학자 로베르트 반 훌릭Robert Hans van Gulik의 번역을 통해서였다. 그 시절에도 영어로 번역한 중국 고전이 그리 많은 편은 아니었는데, 그는 이 책을 무려 반세기 전에 번역하고 출판했던 것이다. 어떻게 이런 생소한 책을 영어로 번역하게 되었는지 그의 '지적 모험'이 무모하고도 기이하게 여겨졌지만, 그의 책이 바로 내가 『당음비사』에 관심을 갖게 된 계기가 된 셈이다.

반 훌릭이 이 책에 관심을 갖게 된 연유는 추측해볼 만한 근거가 있다. 이 책을 출판하기 몇 년 전부터 그는 '중국탐정소설 시리즈'를 출판하고 있었다. 2차 세계대전을 전후해 서구에서 가장 널리 읽힌 책이라면 단연 탐정소설을 꼽을 만큼 당시 탐정소설의 인기는 대단했다. 상당히 진지한 동양학자Orientalist였던 반 훌릭도 이 장르의 인기에 힘입어 19세기 중국의 범죄소설을 번안했고, 이를 계기로 일약 '중국탐정소설 시리즈'의 작가가 되었던 것이다. 물론 반 훌릭이 『당음비사』를 탐정소설로 읽었다는 뜻은 결코 아니다. 그는 이 책의 번역을 통해서 인기작가에서 진지한 '학자'로 돌아왔다. 다만 탐정소설에 대한 그의 관심이 자연스럽게 중국의 사법제도나 법률 전통에 대한 관심으로 이어졌을 가능성을 생각해볼 만하다. 사실 솔직하게 말하자면 반 훌릭이 거쳤으리라 짐작되는 지적 경로는 내게도 익숙하다. 색다른 범죄소설에 대한 다소 가벼운 관심이 범죄와 법률, 사법제도에 대한 관심으로 깊어졌고, 그 확장된 관심의 영역 안에 우연인지 필연인지 『당음비사』가 있었을 뿐이다.

『당음비사』가 처음 출간되던 12세기 중국에서나 지금이나 『당음비사』는 널리 알려진 책은 아니다. 그럼에도 불구하고 이 책에 주목한 사람들은 꾸준히 있었기에 수 세기 동안 완전히 잊혀졌다가 갑자기 주목받게 된 책들과 비교할 수는 없을 것이다. 『당음비사』를 읽는 독자는 누구나 『당음비사』가 나름대로의 가치를 지닌 책이라는 것을 쉽게 이해할 수 있을 것이다. 중국의 범죄 통제와 관련 법규, 온갖 자질구레한 소송절차, 또는 중국의 사법제도 운영의 실상을 파악하고자 한다면, 『당음비사』는 결코 적합한 텍스트라고 볼 수 없다. 이 책을 통해서 우리가 배울 수 있는 것은 세세한 법률조항과 제도적 규정만으로는 알 수 없는 '법의 정신' 같은 것이다. 바로 중국뿐만 아니라 동아시아를 아우르는 지역에서 수천 년 동안 존경을 받아온 이른바 '명판관들'이 한결같이 내세운 단 하나의 지혜는 '진심을 다해야 한다'는 것인데, 이 '진심'이라는 말은 『당음비사』에서 가장 강조된 단어이기도 했다. 이처럼 『당음비사』는 거미줄 같이 얽힌 규정과 절차, 제도를 일일이 나열하지는 않지만 그 법규의 블랙홀에 빠지지 않고 '정의'에 도달할 수 있는 지혜를 제공한다. 『당음비사』가 말하는 지혜는 유교적 관료들에게만 설득력이 있는 것이 아니라, 어느 때보다도 제도의 희생양이 되기 쉬운 현대의 법관 또는 법률가도 귀담아들을 만한 가치가 있다.

다행히도 이 책의 미덕을 깨달은 사람들이 적지 않아 원본이 소실된 후에도 다시 간행되었으며, 고려와 조선, 에도 시대의 일본에서도 간행되었다. 『당음비사』의 한국어 번역이 이러한 동아시아의 지적 전통을 잇는다는 점에서도 큰 의미를 지닌다. 『당음비사』의 본격적인 번역 작업은 2010년 한국연구재단 명저번역지원사업에 선정되면서 시작되었지만, 2009년 성균관대 동아시아학술원에서

'동아시아의 법률과 문화'라는 연구팀을 꾸린 것이 이 책을 공동 번역하게 된 시발점이 되었다. 그때부터 지금까지 박계화 선생님과 홍성화 선생님은 끝까지 이 지난한 번역 작업에 동참하시고 지원과 격려를 아끼지 않으셨다. 이 책을 번역하기 시작한 지 적지 않은 세월이 흘렀고 당초 우리의 계획과 크게 어긋났지만, 서로 함께 공유한 지적 관심과 동료애가 없었다면 아직도 이 책의 출판은 요원했을지도 모른다. 그런 점에서 두 분 선생님의 노력과 열정에 무한한 존경과 감사를 드린다. 끝으로 이 책의 출판을 맡아 주신 세창출판사와 꼼꼼하게 이 책의 교정과 디자인을 챙겨주신 안효희 선생님께도 깊은 감사를 드린다. 유난히 더웠던 올 여름 이분들이 흘린 구슬땀이 없었다면 아마도 이 책은 존재하지 않았을 것이다.

2013년 8월 성하盛夏

박 소 현

—차 례—

卷 上

卷 中

卷 下

『棠陰比事』解題

『당음비사棠陰比事』는 남송南宋, 1127-1279 시대 계만영桂萬榮이 편찬한 책으로 영종寧宗 가정嘉定4년1211에 완성되었다. 예부터 전해져 오는 명판결 사례 144건을 모아 간행한 재판실화집이다. 판결 사례는 주로 오대五代, 907-960에 간행된 『의옥집疑獄集』이나 북송대北宋代, 960-1127에 간행된 『절옥귀감折獄龜鑑』을 기초로 해서 편찬했다.

편찬자인 계만영의 자字는 몽협夢協이고 석파선생石坡先生이라고도 한다. 절강성浙江省 자계慈谿 출신으로 경원慶元, 1195-1200 연간에 진사가 되었다. 관직은 강서성江西省 여간현餘幹縣의 현위縣尉, 건강建康의 사리참군司理參軍을 지냈고, 나중에는 조산대부朝散大夫, 직보장각直寶章閣, 상덕지부常德知府의 지위에까지 올랐다. 석파서원石坡書院을 창건하기도 했다. 그러나 방대한 『송사宋史』에도 그의 열전은 전하지 않는데, 그의 이름이 후세에 전해지게 된 것은 오로지 이 책 덕분이라고 할 수 있다.

『당음비사』는 계만영이 가정4년에 오늘날의 남경南京인 건강의 사리참군으로 있을 때 올바른 판결을 내리기 위한 참고서로 저술했다고 한다. 많은 중국 법사학 연구자들이 송대宋代, 960-1279부터 지방관이 처리해야 할 소송 건수가 본격적으로 중대한 사실을 지적하고 있는데, 『당음비사』 역시 이처럼 점차 증가하는 재판 처리를 위한 참고서가 절실했기 때문에 씌어졌던 것이다.

제목을 살펴보면, '당음棠陰'이라는 것은 관서, 혹은 공평한 재판이라는 뜻으로 사용되었다. 사마천司馬遷의 『사기史記』 卷34 「연소공세가燕召公世家」를 보면 다음과 같은 고사를 전하고 있다.

> 소공이 섬서陝西 지역을 다스릴 때 많은 백성들이 그를 따랐다. 그가 여러 향촌과 도시를 순시할 때는 으레 팥배나무甘棠樹를 심어 놓고 그 아래에서 송사訟事를 판결하고 정사政事를 처리했다. 그리고 후侯와 백伯 같은 귀족으로부터 농사짓는 일반 백성에 이르기까지 적절하게 일을 맡김으로써 직무나 직업을 잃은 사람이 한 사람도 없도록 하였다. 소공이 죽자 백성들은 모두 소공의 치적을 사모했는데, 특히 그의 팥배나무를 그리워하여 그 나무를 잘 기르고 보존했다. 또한 "감당甘棠"이라는 제목의 시를 지어 그의 공덕을 가송歌頌하였다.

이 노래 역시 『시경詩經』의 「소남召南」편에 다음과 같이 전한다.

蔽芾甘棠 勿翦勿伐 召伯所茇
蔽芾甘棠 勿翦勿敗 召伯所憩
蔽芾甘棠 勿翦勿拜 召伯所說

무성한 팥배나무[甘棠]를 자르지도 베지도 말라. 소백께서 지내셨던 곳이니라.
무성한 팥배나무[甘棠]를 자르지도 꺾지도 말라. 소백께서 쉬셨던 곳이니라.
무성한 팥배나무[甘棠]를 자르지도 휘지도 말라. 소백께서 머무셨던 곳이니라.

이 고사에서 '백성을 아끼는 벼슬아치를 사모하는 간절한 정'을 뜻하는 고사성어인 "감당지애甘棠之愛"가 유래되기도 하였다. 요컨대 '당음'이라는 것은 좋은 정치나 훌륭한 판결을 의미하는 것이다. 한편 '비사比事'라는 것은 사안[事]을 비교[比]한다는 뜻이고, 같은 종류의 두 가지 사례를 늘어놓거나, 서로 대비시킨다는 의미를 담고 있다. 따라서 『당음비사』라는 것은 알기 쉽게 말하자면, '비교 명판결'이라고 할 수 있을 것이다.

앞서 설명했듯이, 이 책을 편찬한 동기는 계만영이 건강의 사리참군이었을 때 지방관이 바른 판결을 내리는 참고서로 삼도록 하기 위해 지었다고 한다. 그런데 계만영이 선택한 책의 구성이 자못 독특하다. 예전부터 내려오는 명판결 가운데 흥미로우면서도 재판관의 마음가짐으로 삼아야 할 144건의 사례를 4자의 운문韻文으로 짝을 맞추어 2구씩 72개운으로 편성하고 운문에는 주를 달아 출전을 밝혔다. 운문으로 제목을 삼은 것은 암기하기 쉽도록 한 것이다. 예를 들면, 첫 번째 사례의 제목은 "승상 상민중이 도적을 찾다向相訪賊"이고, 두 번째 사례의 제목은 "추관 전약수가 노비를 구하다錢推求奴"이다. 이 두 일화를 하나로 묶어서 "승상 상민중이 도적을 찾고, 추관 전약수가 노비를 구하다向相訪賊, 錢推求奴"라고 하는 방식으로 하나의 표제 아래에 두 일화를 병렬시키고 있는 것이다. 이러한 형식은 당唐, 618-907나라 이한李瀚이 고금의 역사적 설화를 운문으로 모아 여기에 주를 달아 간행한 『몽구蒙求』를 연상시킨다.

『당음비사』의 원본은 편찬자인 계만영에 의해 1234년 인쇄되었다. 전택田澤의 서문에 따르면, 당시 예주로총관부추관澧州路總管府推官으로 있던 전택이 『당음비사』의 송초본宋抄本을 저본底本으로 하여 원대元代, 1271-1368인 1308년에 다시 간행했다고 하는데, 이 판본은 전하지 않는다. 전택은 『당음비사』 원본에는 많지 않았던, 『절옥귀감』의 저자인 정극鄭克의 해설을 사례마다 거의 빠짐없이 첨부했고, 독자의 이해를 돕기 위해 정극이 분류한 항목을 페이지 위쪽 가장 자리에 표시하기도 했다. 후에 『사부총간속편四部叢刊續編』에 『당음비사』의 경원慶元, 1195-1200 초본抄本이 수록되었고, 명대明代, 1368-1644에 들어와서 오눌吳訥, 1372-1457이 산정본刪正本을 만들어 「속편續編」, 「보편補編」 각 1권을 첨부했는데, 이 책이 『학해유편學海類編』과 『총서집성초편叢書集成初編』에 수록되었다.

따라서 명대 이후로는 오눌이 편찬한 『당음비사』만이 널리 읽혔다고 할 수 있다. 오눌은 『명사明史』에 따르면 자字는 민덕敏德, 강소성江蘇省 상숙현常熟縣 출신으로, 3대 황제 성조成祖 영락永樂연간에 수도로 발탁되었고, 제5대 황제 선종宣宗 홍희洪熙연간인 1425년 도찰어사都察御史로 임명되어 다시 남경좌부도어사南京左副都御史에까지 올랐다고 한다. 그러나 영종英宗 정통正統4년1439에 사직하고 저술에 몰두한 지 16년 만에 숨을 거두었다고 한다. 그는 정통1436-1449연간에 계만영이 편찬한 『당음비사』의 일화 144건을 다시 편집해 72건으로 재구성하고, 형옥刑獄의 경중에 따라 순서를 바꾸어 원편原編 1권으로 만들었다. 또한 별도로 23건을 편집해 속편 1권, 다시 4건을 편집해 보편補編 1권으로 하여, 이 새로운 27건에 자신의 평어評語를 붙였다. 결국 오눌의 『당음비사』는 계만영이 편찬한 원본과는 상당한 거리가 생긴 셈이다.

다행히 계만영이 편찬한 원본 『당음비사』의 모습은 중국 본토가 아닌 타국에서 복원되었다. 앞에서 말한 『당음비사』의 원판본元板本이 고려에 전래된 것으로 추정되기 때문이다. 『당음비사』는 형정刑政의 참고서로서 『의옥집』, 『절옥귀감』과 함께 조선 시대에도 널리 읽혔으며, 그 유용성을 인정받아 다시 간행되기도 했다. 현재 규장각奎章閣에 소장되어 있는 『당음비사』 조선판본 3권은 선조宣祖, 1567-1608 연간에 간행된 것으로 추정되며, 전택의 서문과 편집 방식을 고스란히 보존한 것으로 보인다. 이 조선판본은 일본에도 광범위하게 유통되어 많은 영향을 주었다. 특히 에도 시대에 조선판본을 바탕으로 하야시 라잔林羅山이 훈점訓點을 찍어 간행하여 널리 읽혔다. 그러나 차이점이라면, 이 에도판본에는 조선판본에는 있던 전택의 항목 분류 표시가 남아 있지 않다는 것이다. 이 밖에 에도 시대에는 재판설화담이 유행했는데, '당음비사'라는 제목을 붙이기도 했다. 예를 들면, 『혼쵸토인히시本朝棠陰比事』 등이 바로 그러한 예이다. 여기에서도 『당음비사』가 중국 본토를 넘어 조선과 일본에까지 영향을 미쳤음을 알 수 있다.

특히 서구학자들도 이 텍스트에 주목하여 일찍이 1956년에 영어 번역서가 출간된 바 있다. 우리나라에도 꽤 알려진 네덜란드의 중국학자 반 훌릭Robert Hans van Gulik이 "Tang-Yin-Pi-Shih, Parallel Cases from Under the Pear-Tree: A 13th Century Manual of Jurisprudence and Detection"이라는 제목으로 역서를 출간하고, 『당음비사』에 대한 상당히 꼼꼼한 서지학적 연구를 해제 형식으로 첨부한 것도 주목할 만하다. 그러나 그의 역서는 중국판본보다는 일본판본에 의존하고 있으며, 조선판본은 전혀 참조하지 않은 것이 분명하다. 이 밖에 일본어 번역으로는 이와나미 쇼텐岩波書店에서 나온 『당음비사』1985가 있다. 이 역서 역시 위의 두 번역 성과에 힘입은 바 크다.

이 번역은 앞서 오눌이 산정한 판본을 참조하였고, 특히 양이판楊一凡과 쉬리쯔徐立志가 주편한 『역대판례판독歷代判例判牘』 전12권中國社會科學出版社, 2005 가운데 제1권에 수록된 텍스트를 이용하였다. 이 『역대판례판독歷代判例判牘』에 수록된 저본은 『학해유편學海類編』으로, 여기에 표점을 달고 다시 『의옥집』이나 『절옥귀감』과의 대조를 통해 오탈자를 수정한 것이다.

송대 이후로 특히, 명청明淸 시기에는 재판에 관한 기록들이 지방관에 의해서 광범위하게 간행되었다. 최근에 우리말로 번역된 남정원藍鼎元의 『녹주공안鹿州公案』이산, 2010도 대표적인 예다 할 것이다. 그렇지만 송대 이전에 민사재판에 관한 기록은 상당히 희귀한 편인데, 『당음비사』는 이러한 공백을 메꾸어 줄 수 있는 텍스트라고 할 수 있다. 이 책이 동서고금을 막론하고 널리 읽힌 이유는 바로 책 속에서 찾을 수 있다. 144건의 판례가 담고 있는 법률과 사법제도 전반에 걸친 해박한 지식, 법리法理에 대한 깊은 이해, 그리고 범죄소설을 읽는 것만큼이나 흥미진진한 서사성이 갖추어져 있기 때문이다. 그러나 이 책의 진정한 뜻은 무엇보다도 사건 하나하나에 정성을 기울이는 법관의 마음가짐을 강조한 데 있다. 소위 공정한 법치 사회라는 오늘날에도 진심어린 법관의 자세는 여전히 빛을 발하는 소중한 교훈이라 할 것이다.

지도 1

* 일러두기: 지도에 표기하기 곤란한 지나치게 넓은 범위를 지칭하는 지명은 표기를 생략하였다.

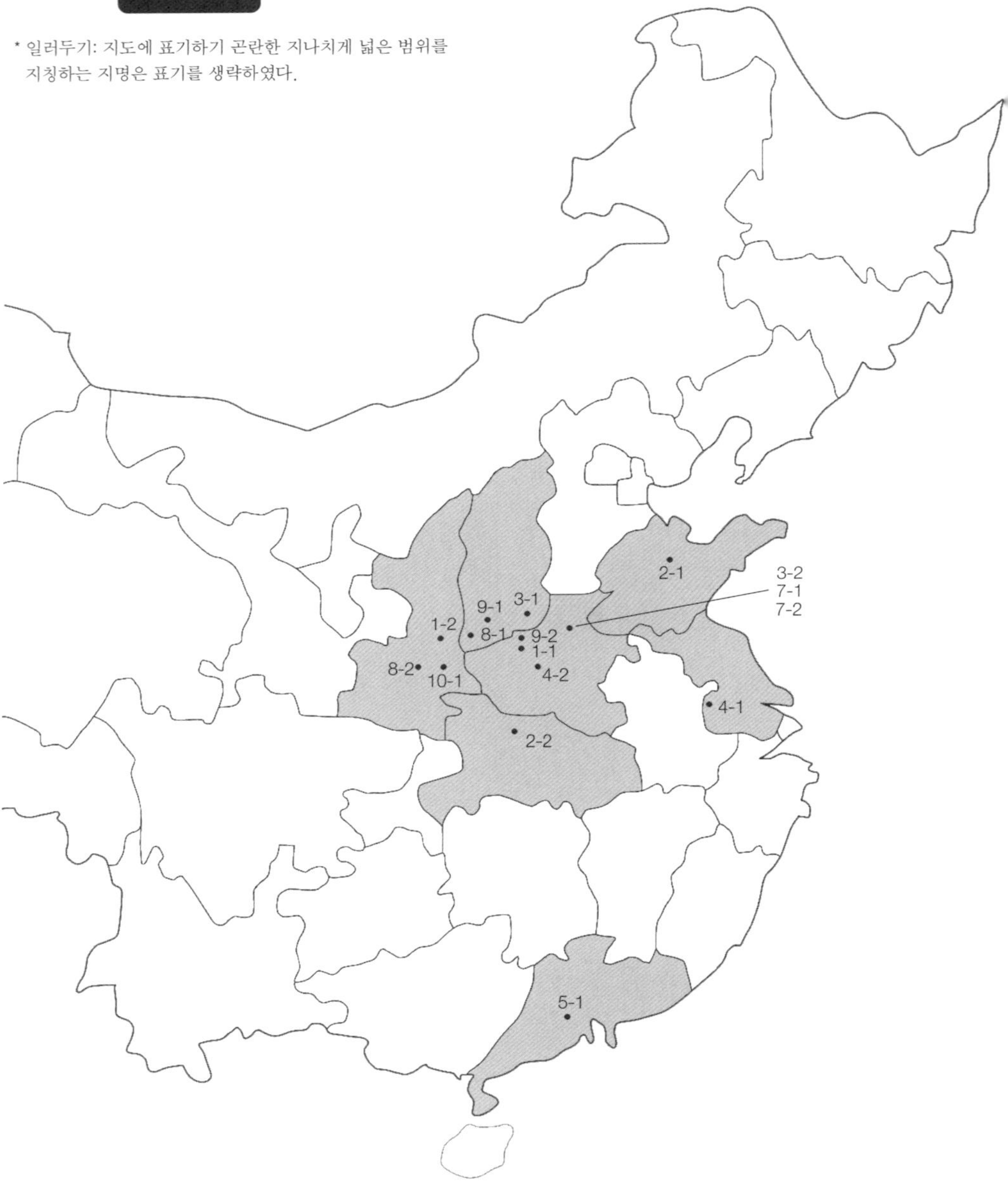

1-1: 西京 1-2: 同州 2-1: 臨淄 2-2: 襄陽鎮 3-1: 澤州 晋城縣 3-2: 陳留 4-1: 揚州
4-2: 潁川 5-1: 端州 7-1: 開封府 7-2: 開封府 8-1: 河中府 8-2: 長安 萬年
9-1: 鄆州 9-2: 河陰 10-1: 華州

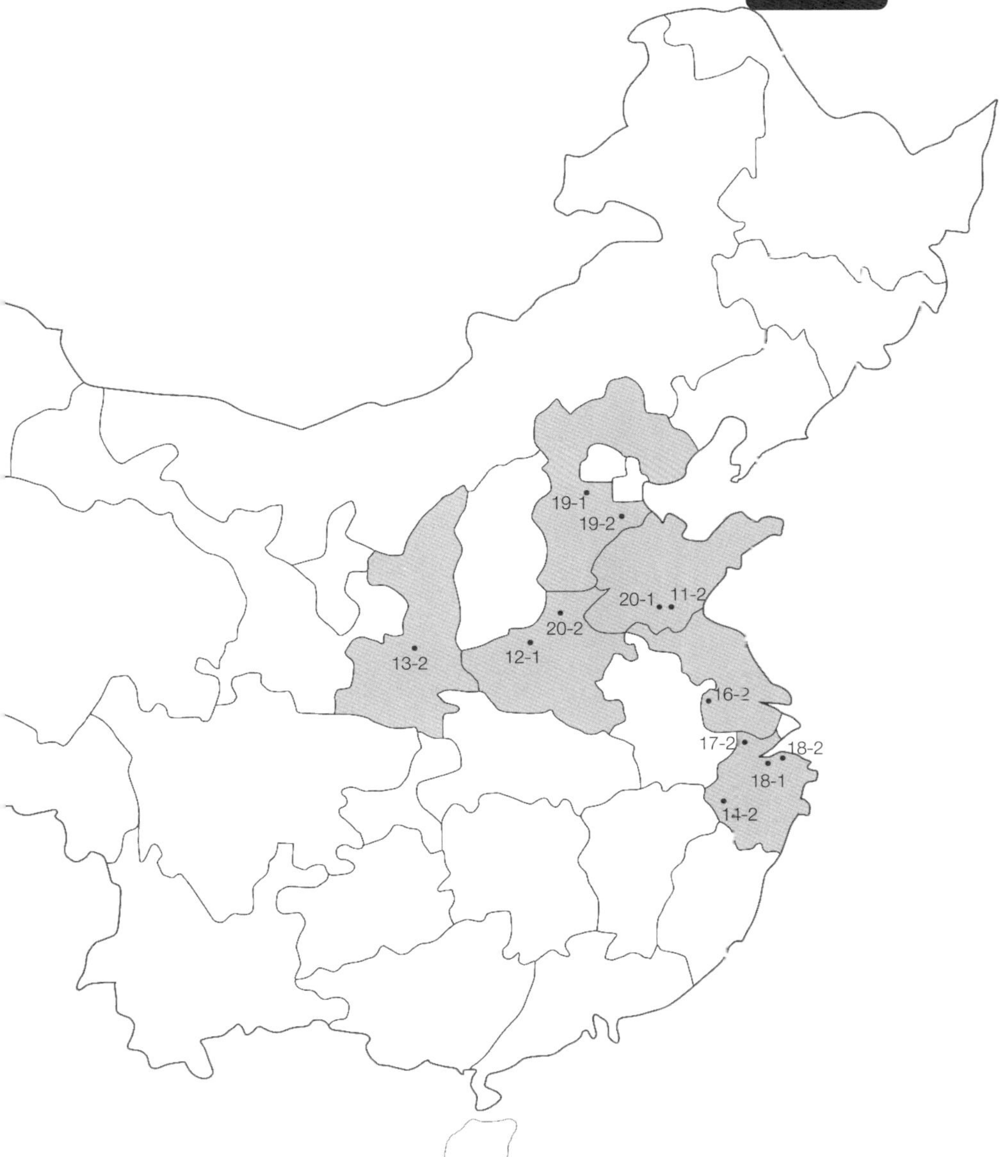

11-2: 沂州 永縣　12-1: 永安　13-2: 岐州　14-2: 常山　16-2: 楊州　17-2: 湖州
18-1: 山陰　18-2: 句章縣　19-1: 定州　19-2: 滄州　20-1: 武陽　20-2: 衛州 新鄉縣

지도 3

21-1: 廬州 21-2: 潭州 22-1: 武陽 22-2: 滄州 23-1: 開封府 23-2: 揚州 天長縣
24-2: 鄴 25-2: 燕代 26-1: 山陰 26-2: 雍州 27-1: 揚州 27-2: 京兆府 28-1: 處州
28-2: 河東 29-1: 京兆 30-1: 劍州 30-2: 開封府

31-1: 仁壽縣　31-2: 彭州 九隴縣　32-1: 常山　33-1: 衛州 板橋　33-2: 幷州　34-1: 衡州
34-2: 洋州　35-1: 鳳翔　35-2: 長安　36-1: 鄠縣　36-2: 襄州 中廬　37-1: 襄陽　37-2: 岳陽
38-2: 潭州　39-1: 長沙縣　39-2: 福州　40-1: 歙州　40-2: 和州

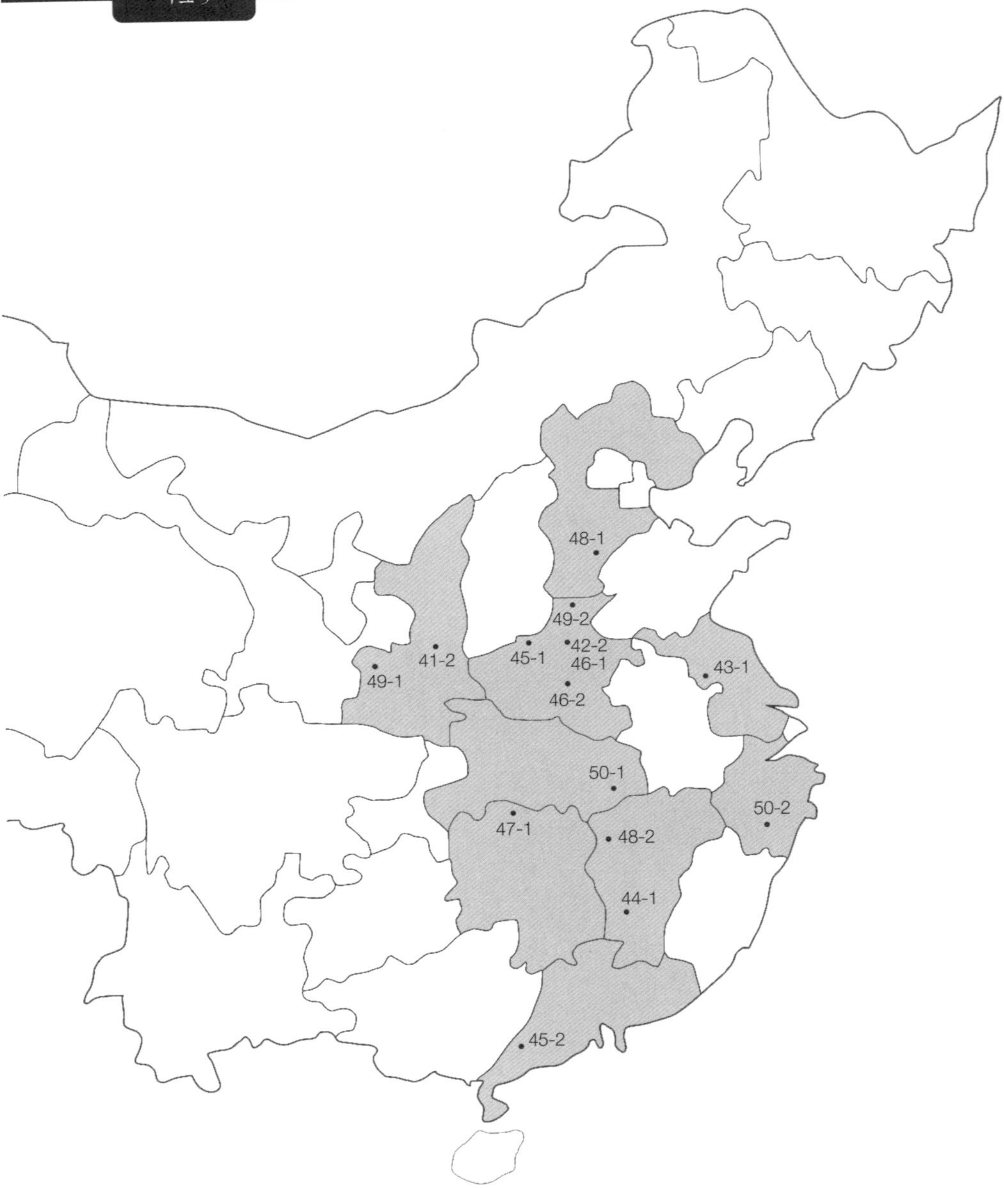

41-2: 開封府 42-2: 奉先 43-1: 臨淮 44-1: 廬陵 45-1: 河陽 45-2: 竇州 46-1: 開封府 46-2: 召陵 47-1: 澧州 48-1: 貝州 48-2: 袁州 49-1: 岐州 49-2: 魏郡 50-1: 永興軍 50-2: 處州

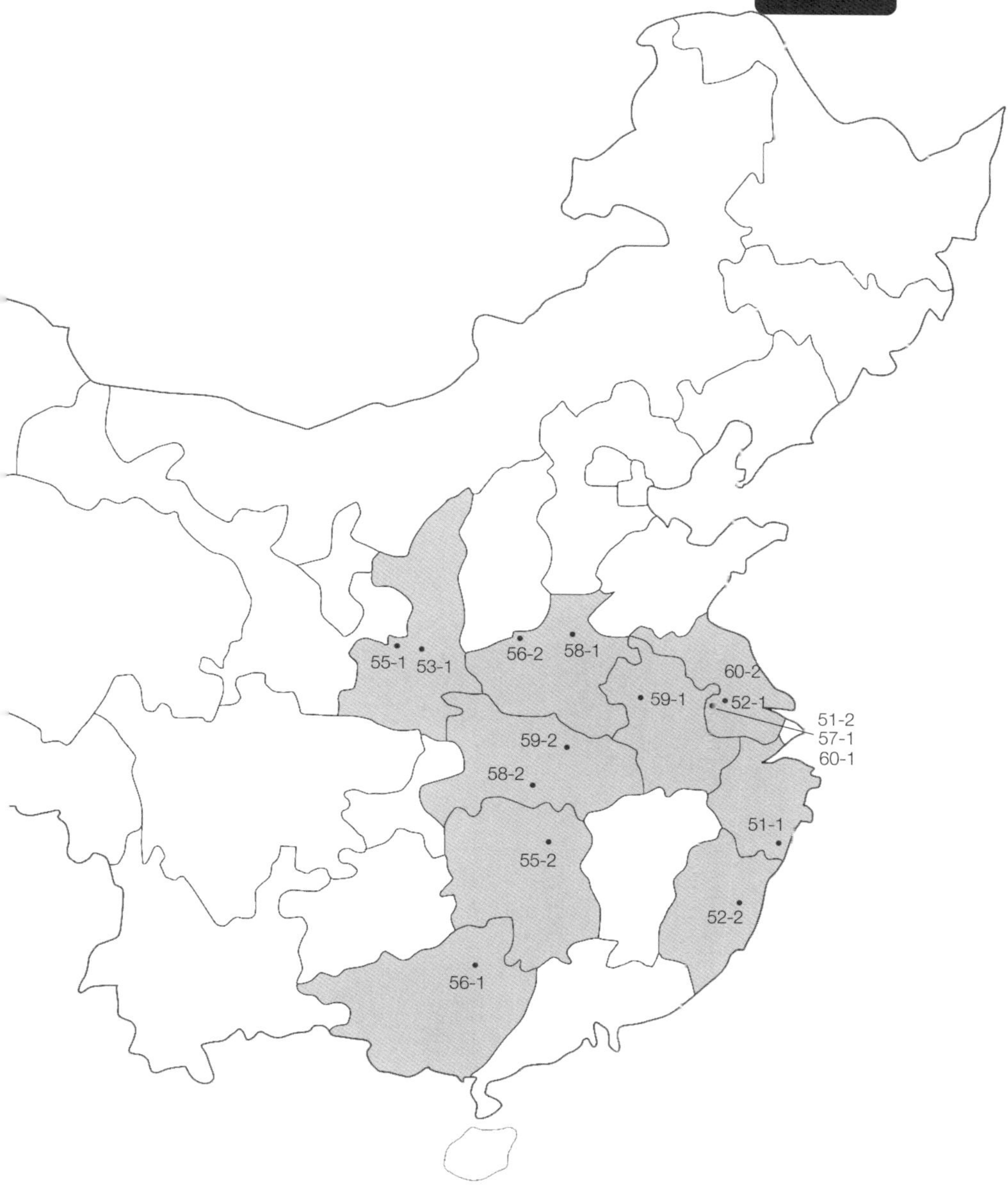

51-1: 安固 51-2: 建康 52-1: 潤州 52-2: 福州 長溪縣 53-1: 耀州 富平縣 55-1: 邠州
55-2: 岳州沅江 56-1: 昭州 56-2: 河南府 伊陽縣 57-1: 建康 58-1: 開封 58-2: 江陵縣
59-1: 壽州 59-2: 安陸 60-1: 建康 60-2: 維陽

지도 7

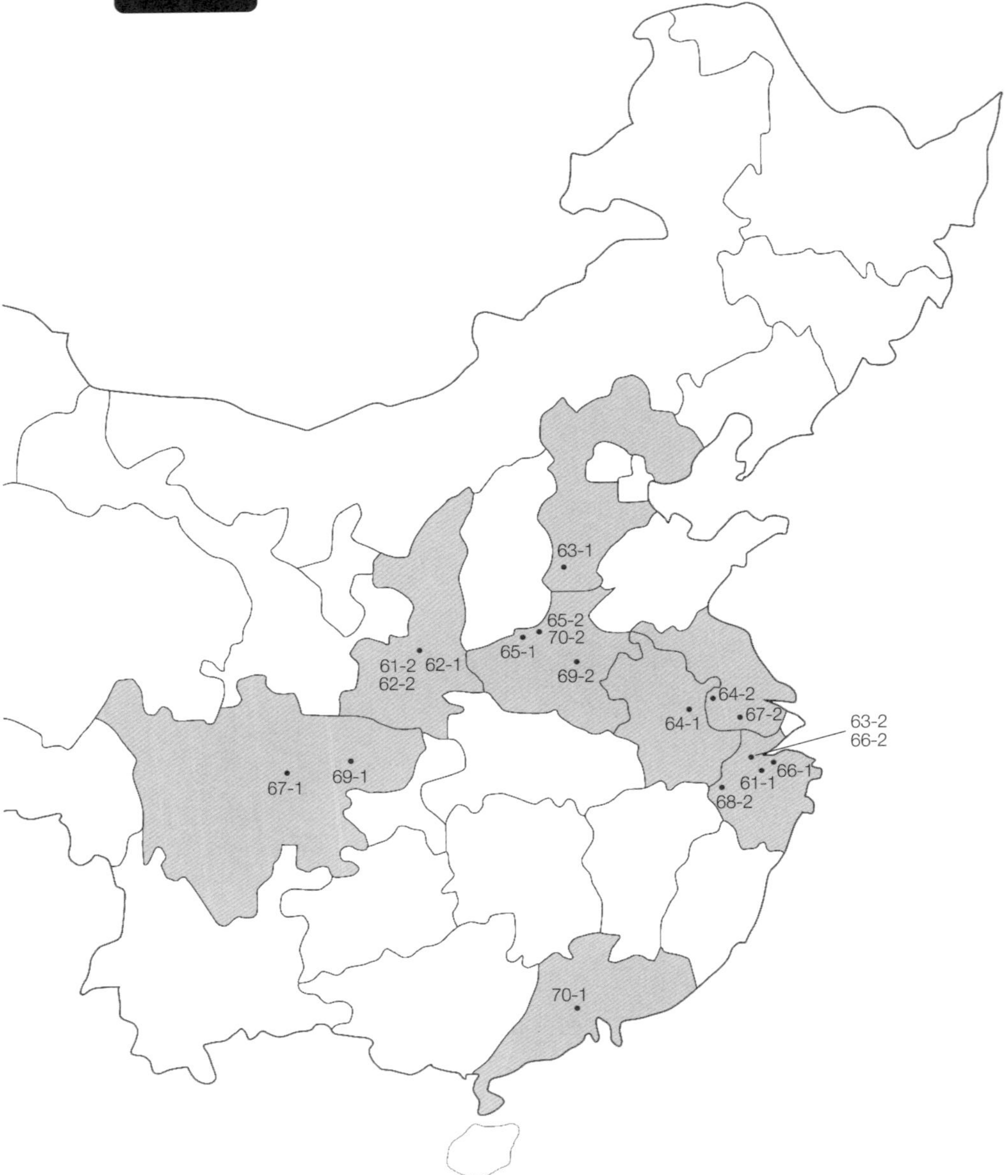

61-1: 剡縣 61-2: 長安 62-1: 長安 62-2: 長安 63-1: 邢州 63-2: 餘杭 64-1: 太平州
64-2: 江寧府 65-1: 洛州 65-2: 懷州 河內縣 66-1: 越州 諸暨縣 66-2: 杭州
67-1: 劍南 67-2: 江陰 68-2: 始新 69-1: 閬州 69-2: 夷門 70-1: 南海 70-2: 豫州

명 성화(成化, 1465-1487) 연간 《설창사화(說唱詞話)》 삽화에 나타난 포증(包拯)의 재판 장면

16세기 말 범죄소설 《포공안(包公案)》 삽화에 나타난 포증(包拯)의 재판 장면

16세기 말 공안소설(公案小說) 삽화에 표현된 살인 장면

16세기 말 공안소설(公案小說) 삽화에 표현된 고발 장면

16세기 말 공안소설(公案小說) 삽화에 표현된 검시 장면

16세기 말 공안소설(公案小說) 삽화에 표현된 심문 및 고문 장면

16세기 말 공안소설(公案小說) 삽화에 표현된 처형(효수) 장면

19세기 말 실제 처형 장면을 찍은 사진

棠陰比事

卷上

『당음비사』 서문 棠陰比事 序

개희開禧[1] 정묘년丁卯年 봄 내가 요주饒州[2]의 여간위餘干尉[3]로 있을 때 군郡에 서둘러 보낼 문서들로 가득했다. 규조糾曹[4] 손기여孫起予는 무릉武陵[5] 사람이었는데, 내가 떠나는 것을 만류해 온종일 있었었다. 함께 이야기를 나누다 화제가 법사法事[6]에까지 미쳤다. 무릇 옥사를 담당하는 관리는 실지로 백성의 생명을 관장한다. 따라서 옥사의 처리에 따라 천심天心이 조정을 향하거나 등지기도 하고, 또한 나라의 운명이 길거나 짧은 것도 여기에 달려 있다. 다른 직책에 비하면 더욱 삼가고 중히 여겨야 한다.

근래에는 번양위番易尉[7]의 서리胥吏가 피살되는 일이 일어났다. 어두운 밤이어서 범인이 누구인지를 알 수 없었다. 그러나 아전과 포졸들이 연이어 유달兪達이라는 사람을 범인이라면서 잡아들이고는 증거를 모두 확보했다고 보고했다. 더구

1 開禧: 南宋 寧宗의 연호. 1205-07년.
2 饒州: 오늘날 江西省의 鄱江과 信江 양 유역으로 鄱陽縣.
3 餘干: 오늘날 강서성 饒市에 속한 현. 강서성 동북 쪽에 위치해 있다.
4 糾曹: 州郡의 屬官인 錄事參軍의 별칭.
5 武陵: 현재 湖南省 常德市 武陵縣.
6 法事: 원문은 臬事. 법에 관한 일을 말한다.
7 番易: 鄱陽縣. 강서성 동북쪽. 鄱陽湖로 인해 파양현이라는 이름을 붙였다.

나 함께 모의했다는 세 사람의 자백도 받아냈는데, 한 마디도 서로 불일치하는 말이 없다는 것이다. 나만이 홀로 의심을 품고 스스로 어사대御史臺[8]에 나아가 옥사의 판결을 연기해 달라고 요청했다. 상벌의 체계를 다시 세우고, 널리 정보를 수집해 이를 바탕으로 진범을 체포하고자 하였다. 얼마 지나지 않아 과연 공립龔立이라는 자를 체포해 형벌을 올바르게 행할 수 있었다. 그렇지 않았더라면 제멋대로 무고한 사람들을 사지死地로 내몰아 그들의 원한이 영원히 사라지지 않고 남았을 것이니, 장차 누가 그 허물을 책임지고 처리할 것인가? 듣건대, 항상 공경하는 자세로 옷깃을 여며야 한다고 한다. 이로 인해 공자께서도 서책을 묶은 가죽 끈이 여러 차례 끊어질 만큼 배움을 게을리하지 않으셨다는 이야기에 탄복하곤 한다.[9] 특히, 옥사를 의논하며 죽음을 지연시키는 상象은 중부中孚[10]의 괘상卦象인데, 옛 군자는 역시 변함없이 한 가지로 정성을 다하니 공정함이 여기에 있는 것이다. 그 후 나는 고향으로 돌아왔다가[11] 조정에 발탁되어 관료후보생[12]으로 건강建康[13]에 배치되었다. 형조刑曹에서 여러 차례 이러한 일들을 살피게

8 御史臺: 원문은 臺府. 御史臺를 가리킴. 어사대는 刑獄을 관장하는 관청.
9 공자께서도 ~ 이야기: 원문은 吾夫子三絶韋編. 『史記』「孔子世家」에 의하면 공자가 만년에 『周易』을 열독하다가 『주역』의 죽간을 묶은 가죽끈이 여러 번 끊어졌다고 한다.
10 中孚: 卦名. 『周易』「中孚」의 卦辭에 따르면, 중부는 연못 위로 바람이 불어 연못에 두루 물결이 퍼지는 것과 같이 은택이 두루 미치는 것을 의미한다. 특히 옥사를 연기하고 恤刑을 실시할 때 중부가 두루 퍼진다고 한다.
11 고향으로 돌아왔다가: 원문은 東歸(동쪽으로 돌아감). 漢唐代에는 수도가 모두 中原에 있었기에 江南의 士人들은 관직을 사임하고 고향으로 돌아가는 것을 흔히 '東歸'라고 했다.
12 관료후보생: 원문은 待次. 대개 후보생을 가리킨다.
13 建康: 현재 江蘇省 南京市. 金陵, 建業이라고도 불렸다.

되면, 마음속에 숨은 근심이 있는 것 같았다. 마침내 한가한 날에 화노공和魯公 부자의 『의옥집疑獄集』[14]을 읽고 개봉開封 정공鄭公의 『절옥귀감折獄龜鑑』[15]을 참고로 삼아, 유사한 사건들을 비교하고 분류하여 72운韻의 대구對句를 완성했다. 그러고는 제목을 '당음비사棠陰比事'[16]라 붙였다. 무릇 나와 뜻을 같이하는 사람이라면, 이 책으로 위로는 선대의 흠휼欽恤[17] 정신을 본받고, 아래로는 여러 훌륭한 관료들의 연마하는 정신을 궁구할 수 있다. (이 책을) 자세히 연구하고 지극히 깊이 생각하면서 헛소리로 여기지 않는다면, 배나무 그늘[18] 아래 밝은 가르침을 드러내고, 가시나무숲[19]에는 곡소리가 없어질 것이다. (이렇게 된다면) 아마도 이루 헤아릴 수 없는 복과 행운이 깃들지 않겠는가. 이에 명예를 추구한다는 비난을 꺼리지 않고 널리 보급하기 위해 이 책을 판각해 출간한다. 신미년辛未年 윤달 보름 사명四明 계만영桂萬榮 서문 씀.

---

14 『疑獄集』: 五代의 和凝 부자가 함께 저술한 것으로 알려진 책. 4권. 화응의 자는 成績, 鄆州 須昌人. 벼슬은 梁義成軍節度從事, 唐天成연간에 翰林學士에 올랐다. 당이 망하자 晋에 들어가 左仆射의 관직에 올랐다. 진이 망하자 漢에 들어가 太子太傅가 되었고, 魯國公에 봉해졌다. 『五代史·雜傳』에 사적이 기록되어 있다. 『의옥집』은 원래 3권으로 저술되었다고 하는데, 오늘날은 4권으로 구성되어 있다. 아마도 후인이 나누어 정리한 듯하다.

15 『折獄龜鑑』: 『決獄龜鑒』이라고도 한다. 南宋의 鄭克이 편찬했다. 정극에 관해서는 『宋史』에 傳이 없어, 알려진 것이 거의 없다. 開封人이라고 전해진다.

16 棠陰: 배나무 그늘이라는 뜻으로 良吏가 은혜를 베풀고, 선정을 펼치는 것을 비유한 말.

17 欽恤: 형벌을 시행함에 삼가고 너그러이 인정을 베푼다는 뜻.

18 배나무 그늘: 원문은 棠陰. 良吏의 善政을 가리킨다.

19 가시나무숲: 원문은 棘林. 고대 刑獄을 처리하던 곳.

開禧丁卯春開禧丁卯春, 僕以饒之餘干尉, 趨郡書滿. 糾曹孫公起予, 武陵人也. 留款竟日, 話次因及臬事. 謂凡典獄之官, 實生民司命, 天心向背, 國祚修短係焉. 比他職掌, 尤當謹重. 近者番易尉胥爲人所殺, 昏暝莫知主名, 承捕之吏績執俞達以告, 證佐皆具, 亦旣承伏矣, 且謀連三人結款無一異辭. 某獨不能無疑, 躬造臺府, 請緩其事. 重立賞榜, 廣佈耳目, 俾緝正囚. 未幾, 果得龔立者, 以正典刑. 不然, 橫致四無辜於死地, 銜寃千古, 咎將誰執? 萬榮聞之, 瞿然斂衽, 因嘆吾夫子三絶韋編, 特著其議獄緩死之象於中孚, 而古之君子亦盡心於一誠不可變者, 公其有焉. 旣而東歸參選, 待次建康, 犴曹屢省斯事, 若有隱憂. 遂於暇日, 取和魯公父子疑獄集, 參以開封鄭公折獄龜鑑, 比事屬事, 聯成七十二韻, 號曰棠陰比事, 凡與我同志者, 類能上體累代欽恤之意, 下究諸公編劘之心, 研精極慮, 不謂空言, 則棠陰著明敎, 棘林無夜哭, 曷勝多福之幸. 是用弗嫌於近名, 擬鋟諸木, 以廣其傳. 歲在重光協洽, 閏月望日, 四明桂萬榮序.

1. 승상 상민중이 도적을 찾고, 추관 전약수가 노비를 구하다向相訪賊 錢推求奴

이야기 1

승상丞相 상민중向敏中[1]이 서경西京[2] 부윤府尹을 겸직하던 때였다.[3] 한 스님이 날이 저물어 지나던 시골집에서 하룻밤 묵기를 청했다. 주인이 허락하지 않기에 문밖에 세워둔 수레에서라도 자게 해달라고 애걸하자 주인이 허락했다. 그날 밤 도둑이 집안으로 들어가서 한 부인을 데리고 나와 옷 보따리를 들고 담장을 넘어 도망쳤다. 스님은 깨어 있다가 마침 그들을 목격했는데, 속으로 이렇게 생각했다.

"주인이 허락하지 않는데도 억지로 묵기를 청했으니 내일 이 일로 나를 의심해 관아로 끌고 갈 것이 틀림없다."

그리하여 스님은 도망치기로 했다. 밤중에 거친 풀숲을 헤매다가 갑자기 마른 우물에 빠지게 되었다. 그런데 거기에는

1 向敏中: 字는 常之. 宋의 名臣. 벼슬이 太宗 때 右諫議大夫에까지 올랐다.

2 西京: 수도인 汴梁, 즉 開封을 東京이라고 일컬은 데 대하여 洛陽을 가리키는 말.

3 西京 ~ 때였다: 원문에는 "判西京"이라고 하였다. 승상인 상민중이 서경 知府의 일까지 겸직한 일을 가리킨다.

담장을 넘어 도망간 부인이 이미 살해당해 그 시신이 우물 속에 버려진 채로 있었다. 시신의 피가 스님의 옷에 묻었다. 뒤쫓아 오던 주인이 스님을 잡아 관아에 넘겼다. 스님은 매질을 견디지 못하고 마침내 거짓 자백했다.

"부인과 간통하고 함께 도망가자고 유혹했는데, 그 사실이 탄로 날까 두려워 부인을 죽이고 마침내 그 시신을 우물 속에 던졌습니다. 그런데 실수로 헛디뎌 나도 역시 우물 속에 빠지고 말았습니다. 보퉁이와 칼은 우물 옆에 두었는데 누가 가져갔는지 모르겠습니다."

이에 사건이 해결되고, 사람들이 모두 그대로 믿었다. 상민중만이 홀로 장물을 확보하지 못한 것을 의심했다. 그리하여 수차례 다시 심문했지만, 스님은 단지 이렇게 말할 뿐이었다.

"전생에 지은 업보일 뿐이니, 아뢸 말씀이 없습니다."

상민중이 그를 끈질기게 다그치니 그제야 실토했다. 이에 상민중은 은밀히 포졸을 마을에 보내 범인을 찾게 했다. 포졸이 주막에서 식사를 하고 있었다. 한 노파가 그가 서경에서 온 사람이라는 말을 듣고는, 그가 관아에서 나온 포졸인지는 모르고 그에게 물었다.

"스님 사건은 어떻게 판결이 났습니까?"

포졸이 그녀를 짐짓 속였다.

"어제 이미 저자에서 맞아 죽었다오."

노파는 한숨을 내쉬며 말했다.

"만약 진짜 범인을 잡게 되면 어떻게 되나요?"

"관아에서 이미 이 사건을 잘못 판결했으니, 비록 범인을 잡더라도 감히 심문하지 못할 것이오."

"그렇다면 말해도 되겠구려. 그 부인은 이 마을의 젊은이 아무개가 죽였다오."

포졸이 그 젊은이가 어디 사는지를 물었다. 노파가 그 집을 가르쳐 주었다. 포졸이 그를 체포하고, 장물도 얻었다. 스님은 비로소 석방되었다. [출전: 『속수기문涑水記聞』[4]]

정극鄭克[5]이 말한다.

"관료가 옥송獄訟을 살필 때는 진실로 백성이 억울한 일이 없는지를 의심해야 한다. 비록 죄수가 억울한 일이 없다고 말하더라도 역시 급히 판결해서는 안 된다."

이야기 2

송宋의 전약수錢若水[6]가 동주同州의 추관推官[7]으로 있을 때였다. 어떤 부호의 여종이 도망가서 여종의 부모가 동주의 관아에 딸을 찾아달라고 소장訴狀을 제출했다. 녹참錄參[8]은 부호에게 자주 돈을 빌리고는 갚지 않고 있었다. 결국 이 부호 부자가 여종을 살해하고 그 시신을 강물에 유기한 것으로 사건을 꾸몄다. 주모자나 종범從犯 모두 응당 사형으로 다스려야 할 죄였다. 사건이 종결되었으나 전약수만이 의심하여 심의를 보류하고 판결을 내리지 않았다. 관아 사람들이 모두 이상하게 여겼다. 녹참이 약수가 뇌물을 받았다고 무고했는데, 약수는

---

4 『涑水記聞』: 宋 司馬光이 편찬한 책. 宋 太祖부터 神宗에 이르기까지 雜事 427조를 기록한 책. 涑水는 사마광의 호.

5 鄭克: 南宋의 관료로 생몰연대 미상. 字는 克明. 開封 출신임. 宣和 6年(1124)에 進士에 급제하고, 湖州提刑司幹辦官 등을 지냄. 後周의 和凝, 和㠓 부자의 『疑獄集』을 수정, 보완하였고 『折獄龜鑑』을 편찬했다.

6 錢若水: 字는 澹臣 또는 長卿이다. 관직이 幷代經略使에 이르렀다

7 同州: 지금의 陝西省 大荔縣이다. 推官은 節度使와 監察使의 부관으로 사법 행정과 관련된 직무를 맡은 벼슬.

8 錄參: 錄事參軍의 준말. 錄事라고도 한다. 기록 문서를 관장하는 관직으로 대체로 書記의 일을 담당했다.

단지 웃으며 사죄할 따름이었다. 십여 일이 지나서 약수가 지주知州[9]를 만나 사람들을 내보낸 후 말했다.

"아무개의 사건을 보류한 것은 그 여종을 찾고 있었기 때문인데, 이제야 찾았습니다."

그리하여 관아에 그녀를 보냈다. 이윽고 지주가 발 뒤에 있던 여종을 내보내 부모에게 보여주니, 부모가 놀라면서 그들의 딸이 맞다고 했다. 이에 부호 부자는 모두 석방되었다. 지주가 전약수의 공을 상주하려고 하자 군이 사양하면서 상을 바라지 않았다. 조정에서 그 이야기를 듣고 다투어 그를 발탁했다. [출전:『속수기문』]

원문 1

向敏中丞相判西京，有僧暮過村舍求宿. 主人不許，求補救於門外車箱中, 許之. 是夜有盜入其家, 携一婦人並囊衣, 踰墻而出. 僧不寐, 適見之, 自念不爲主人所納而强求宿, 明日必以此事疑我而執詣縣矣. 因亡去, 夜走荒草中, 忽隧眢井, 而踰墻婦人已爲人所殺, 屍在其中, 血汚僧衣. 主人踪迹, 捕獲送官, 不堪掠治, 遂自誣, 云:"與婦人姦, 誘以俱亡, 恐敗露, 因殺之, 投屍井中, 不覺失脚, 亦隧於井. 贓與刀在井傍, 不知何人持去." 獄成, 皆以爲然. 敏中獨以贓仗不獲, 疑之. 詰問數四, 僧但云:"前生負此人命, 無可言者."

固問之, 乃以實對. 於是密遣吏訪其賊. 食於村店, 有媼聞其自府中來, 不知其吏也, 問曰:"僧某獄如何?" 吏紿之曰:"昨日已笞死於市矣." 媼嘆息曰:"今若獲賊如何?" 吏曰:"府已誤決此獄, 雖獲賊不敢問也." 媼曰:"然則言之無害. 彼婦人乃此村少年某甲所殺也." 吏問

9 知州: 州의 수령.

某人安在? 嫗指示其舍. 吏往捕, 並獲其贓. 僧始得釋. [『涑水記聞』]
鄭克曰: "按士之察獄, 苟疑其冤, 雖囚無冤詞, 亦不可遽決."

宋錢若水爲同州推官, 有富家女奴逃亡. 父母訴於州. 錄參常貸富家錢不獲, 遂劾富民父子共殺女奴, 失屍於水, 或爲元謀, 或爲加功, 罪皆應死. 獄具, 若水獨疑, 留而不決. 州郡上下切怪之. 錄參誣若水受賄, 若水但笑謝而已. 旬餘·詣州, 屛人語曰: "某留獄者, 所以訪求女奴, 今得之矣." 因送於州. 旣而知州從簾中推出, 示其父母, 父母驚曰: "是也." 於是富民父子皆得釋. 知州欲奏其功, 固辭不願. 朝廷聞之, 驟加進擢. [『涑水記聞』]

2. 조터가 부인의 억울함을 밝히고, 배균이 남편을 석방하다曹攄明婦 裵均釋夫

이야기 1

진晋의 조터曹攄[1]의 자는 안원顔遠인데, 임치臨淄[2]의 수령이었다. 한 과부가 시어머니를 지극 정성으로 모시고 있었는데, 시어머니는 젊은 며느리를 걱정하여 재혼하도록 권하자 그녀는 수절할 뜻을 굽히지 않았다. 시어머니가 그것을 안타깝게 여겨 몰래 자살하고 말았다. 친척이 이에 과부를 무고하니, 부인이 형리의 고문을 이기지 못하여 거짓으로 자백했다. 조터가 처음에 억울함이 있는 것으로 의심하고 다시 조사하여 결국 진실을 밝혀내니, 당시 사람들이 그 현명함을 칭찬했다.

---

1 曹攄: 덕행으로 이름이 난 인물로 前漢 惠帝(재위: 기원전 195-기원전 88) 때 襄城 태수를 지냈다.

2 臨淄: 지금의 山東省 廣饒縣 부근으로 淄河의 동쪽을 가리킴. 조터가 임치의 수령으로 있을 때 현민이 그를 현명하다고 칭송했다고 한다.

이야기 2

당唐의 배균裵均[3]이 양양진襄陽鎭[4]의 수령으로 있었다. 어떤 주민의 아내가 이웃 남자와 바람이 났는데, 짐짓 골증骨蒸[5] 병이 있다면서 남편에게 말했다.

"의사가 사냥개 고기를 먹으면 낫는다고 하더이다."

"우리 집에는 개가 없으니 어쩌면 좋겠소?"

"옆집 개가 항상 우리집에 오니 그걸 잡아먹지요."

남편이 아내의 말을 따라 개고기를 요리하여 아내가 그것을 먹었다. 남은 것은 찬장에 두었다. 남편이 외출한 후 이웃이 관아에 소장을 제출했다. 그는 체포되어 심문을 받았고, 남편은 아내가 시킨 일이었다고 즉시 자백했다. 배균이 말했다.

"이는 네 아내가 바람이 나서 남편에게 화가 미치도록 함정을 판 것이다."

따라서 그녀를 심문해보니 과연 그러하였다. 아내와 간부는 모두 죄를 실토했고, 남편의 억울함을 풀 수 있었다.

원문 1

晋曹攄字顔遠, 爲臨淄令日, 有寡婦養姑甚謹, 姑以其年少, 勸令改適, 婦守節不移. 參愍之, 密自殺. 親黨乃以誣其婦, 婦不勝官司拷訊, 卽自誣伏. 攄初到疑其寃, 更加辨究, 具得情實, 時稱其明.

---

3 裵均: 字는 君齊. 唐 憲宗 때 벼슬한 權臣. 벼슬이 山南東道節度使와 尙書右僕射, 同中書門下平章事에까지 이르렀다. 최고의 관직을 십여 년이나 지냈다. 후에 郇國公에 봉해졌다.

4 襄陽鎭: 지금의 湖北省 襄陽.

5 骨蒸: 기력이 쇠하여 몸이 허약해지는 병으로 체내에서 열이 난다고 한다.

원문 2

唐裵均鎭襄陽. 部民之妻與其鄰通, 託骨蒸之疾, 謂夫曰: "醫者言, 食獵犬之肉, 卽差." 夫曰: "吾家無犬奈何?" 妻曰: "東鄰犬常來, 可縶而屠之." 夫用其言, 以肉餉妻, 妻食之. 餘乃留於篋笥. 夫出, 命鄰人遂訟於官. 收捕鞫問. 立承, 且云: "妻所欲也." 均曰: "此乃妻有外情, 躓夫於禍耳." 追劾之, 果然. 妻乃姦者皆服罪, 而釋其夫冤.

3. 정호가 늙은이를 비난하고, 병길이 아들을 분별하다 程顥詰翁 丙吉驗子

이야기 1

정찰원程察院[1]이 택주澤州 진성현晉城縣[2]의 지현知縣으로 있을 때였다. 부잣집 장씨張氏에게 아들이 있었다. 아버지가 돌아가신 지 얼마 안 되어 아들에게 어떤 노인이 집에 찾아와 말했다.

"내가 네 아비다. 네 집에 와서 너랑 살아야겠다."

그러면서 그 이유를 말해주었다. 장씨의 아들은 놀라고도 의심스러워 그와 함께 관아에 가서 판관에게 분별해 주기를 요청했다. 노인이 말했다.

"저는 의술을 생업으로 삼고 있습니다. 제가 멀리 외지에 나가 있을 때, 아내가 아들을 낳았습니다. 가난해 아들을 기를 수가 없어서 장씨에게 양자로 주었습니다. 몇 년 몇 월 며칠 아무개가 안고 갔는데 그가 모든 사실을 알고 있습니다."

---

1 程察院: 察院은 都察院(御史臺)의 약칭. 어사대는 관료의 범죄를 감찰하는 기구. 程顥가 神宗 때 어사대에 재직했기 때문에 程察院이라 부른 것이다. 정호의 자는 伯淳. 明道先生이라고도 하며 동생 程頤(伊川先生)와 함께 程子라 불린 송의 대유학자였다.

2 澤州 晉城縣: 지금의 山西省 晉城縣 동북지방이다.

정호가 말했다.

"세월이 오래 흘렀는데 어떻게 그렇게 상세하게 기억하는가?"

노인이 말했다.

"약법책藥法冊 뒤에 그 사실을 써 놓았기에, 제가 돌아와서 알게 되었습니다."

그 책을 가져오게 했다. 책을 보니 거기에는 '몇 년 몇 월 며칠 아무개가 아이를 안고 가서 장삼옹張三翁에게 주었다'고 적혀 있었다. 정호가 물었다.

"장씨의 아들은 나이가 몇 살이냐?"

"서른여섯입니다."

"네 아버지는 몇 살이냐?"

"일흔여섯입니다."

정호가 노인을 향해 말했다.

"이 아들이 태어났을 때 아버지는 겨우 나이가 마흔이었는데, 사람들이 그때도 그를 장삼옹이라고 불렀겠는가?"

노인이 놀라서 자신의 죄를 자백했다. [이 이야기는 윗사람에게 들었다.]

정극이 말한다.

"무릇 사기사건을 잘 살펴보면, 반드시 빠진 곳이 있게 마련이다. 이처럼 사건을 잘 헤아리면 사기사건은 저절로 밝혀질 것이다. 호적을 검사하여 고아가 된 딸의 사기사건의 시비를 가린 경우와 유사하다. 나이를 대조해 늙은이의 기록이 거짓임을 증명해 보인 것도 유사한 방법이다. 오로지 성실하게 마음을 다하는 자만이 그것을 능히 할 수 있을 따름이다."

이야기 2

병길丙吉[3]의 자字는 소경少卿이다. 한漢 선제宣帝[4] 때 진류陳留[5]에 여든이 넘은 노인이 있었다. 그는 부유했으나 아들이 없었고 단지 딸 하나만 있었는데, 딸은 이미 결혼했다. 노인의 아내가 죽은 후 재혼을 했는데, 다행히 아들을 낳았다. 노인이 죽은 후, 후처가 수 년간 아들을 길렀다. 그런데 전처의 딸이 재물에 눈이 어두워, 새어머니가 낳은 아들이 자기 아버지의 아들이 아니라고 새어머니를 무고했다. 군현에서는 그 사건을 판결할 수 없어서 대성臺省[6]에 상고했다. 병길이 정위廷尉[7]로 있었는데, 다음과 같이 말했다.

"내가 듣기로는 노인이 낳은 아이는 추위를 참지 못하고 대낮에 그림자가 없다고 하더라."

때는 팔월이었고 동년배의 다른 어린아이들은 모두 홑옷을 입고 있었는데, 유독 노인의 아이만 추위를 타면서 피부색이 변했다. 또한 다른 아이들과 함께 한낮에 서 있게 했는데, 오로지 노인의 아이만이 그림자가 없었다. 마침내 빼앗은 재물을 후처의 아들에게 돌려주었고, 딸은 새어머니를 무고한 죄를 자백했다.

3 丙吉: 宣帝 때의 名臣.

4 漢 宣帝: 전한의 제10대 황제(재위: 기원전 74-기원전 49). 지방행정제도를 정비하고 常平倉을 설치하여 빈민구제를 도모했으며, 匈奴 정벌에 성공했다. 전한의 황제들 중에서도 賢帝로 꼽힌다.

5 陳留: 오늘날 河南省 開封市 남동쪽.

6 臺省: 漢代의 尙書臺 및 이후에 개칭된 中書, 門下, 尙書 三省을 가리킴. 중앙정부의 중추기구.

7 廷尉: 刑獄을 관장하던 벼슬.

원문 1

程察院知澤州晋城縣日，富民張氏子，其父死未幾，有老父至門曰: "我汝父也, 來就汝居." 且陳其由. 張氏子驚疑, 相與詣縣請辨. 老父曰: "業醫, 遠出, 妻生子, 貧不能養, 以與張氏, 某年月日某人抱去, 某人見之." 顥曰: "歲久矣, 汝何說之詳也?" 老父曰: "書於藥法冊後, 某歸而知之." 使以其冊進, 乃曰: "某年月日, 某人抱兒與張三翁." 顥問: "張氏子年幾?" 曰: "三十六." 又問: "爾父年幾?" 曰: "七十六." 謂老父曰: "是子之生, 其父纔年四十, 人已謂之張三翁乎?" 老父驚駭服罪. [此聞之前輩.]

鄭克曰: "按凡爲巧詐, 必有缺漏. 推覈已至, 奸欺自露. 如撿戶籍, 以視孤女所冒之非; 校年齒, 以驗老父所記之妄, 皆此術也. 唯盡心者, 則能之耳."

원문 2

丙吉字少卿. 漢宣帝時, 陳留有一老人年八十餘, 家富而無子, 祇有一女, 已適人. 其妻卒, 翁又取一妻, 復生一子. 後翁死, 其妻育其子數年. 前妻女欲奪財物, 乃誣後母: "所生子非我父之子也." 郡縣不能斷, 聞於臺省. 吉爲廷尉, 乃曰: "吾聞老人之子不耐寒, 日中無影." 時八月中, 取同歲小兒, 均服單衣, 唯老人之子畏寒, 變色. 又令與諸兒立於日中, 唯老人之子無影. 遂奪財物歸後母之男, 前女服誣母之罪.

4. 이숭이 순태에게 아이를 돌려주고, 황패가 형수를 꾸짖다李崇還泰 黃霸叱姒

이야기 1

후위後魏[1] 이숭李崇[2]이 양주揚州[3]자사刺史[4]로 있을 때였다. 현민縣民 가운데 순태荀泰라는 사람이 있었다. 그에게는 세 살 된 아들이 있었는데, 그만 잃어버리고 말았다. 후에 조봉백趙奉伯의 집에서 아들이 있는 것을 발견했는데, (두 집 모두) 각기 자신의 아이라고 주장했다. 그러나 양자 모두에게는 이웃에 증인이 있어서, 군현郡縣에서는 이를 판결할 수 없었다. 이에 이숭은 두 아버지와 아이를 따로 며칠 동안 구금해 놓고는 옥리獄吏를 보내 아이가 갑자기 죽었다고 했다. 그러고는 아이의 상喪을 치르기 위해 옥에서 나가도 좋다고 했다. 순태는 이를 듣고 슬픔을 이기지 못했으나, 조봉백은 다만 탄식을 할 따름

1 後魏: 鮮卑族인 拓拔氏가 華北지방에 세운 나라(386-534).

2 李崇: 자는 繼長. 文成帝의 황후의 둘째 오빠의 아들. 孝文帝를 섬겨서 荊兗二州刺史, 梁州刺史를 거쳐서 開府相州刺史가 되었다.

3 揚州: 당시 揚州는 建業으로, 현재 江蘇省 江寧縣(南京市)의 남쪽에 해당한다.

4 刺史: 州를 다스리는 최고 지방관.

이고 슬퍼하는 모습은 결코 찾아볼 수 없었다. 이에 (이숭은) 아이를 순태에게 되돌려 주었고, 조봉백은 죄를 자백했다. [『북사北史』[5] 본전本傳에 나온다.]

이야기 2

전한前漢시기 황패黃霸[6]가 영천潁川[7] 태수太守[8]로 있을 때였다. 그 지방에 형제가 함께 사는 부잣집이 있었다. 큰동서와 작은동서가 같이 임신을 했다. 큰동서가 그만 유산을 했는데 이 사실을 줄곧 숨겼다. 작은동서가 아들을 낳자 큰동서는 그 아들을 빼앗고는 자신의 아들이라고 했다. 다툼이 3년이나 이어져 마침내 황패에게 제소하여 판결해 주도록 했다. 황패는 사람을 시켜서 뜰에 아이를 데리고 나오게 하여 큰동서와 작은동서로 하여금 서로 빼앗게 했다. 둘이 함께 뜰에 나온 후에 큰동서는 아주 맹렬한 기세로 아이를 빼앗으려 했다. 반면 작은동서는 아이가 손에 상처라도 입을까 걱정하는 기색이 역력했다. 황패는 이에 큰동서를 꾸짖어 말했다.

"너는 남의 재산을 탐하고, 아이까지 빼앗으려 하였다. 어찌하여 아이가 상처를 입을지 전혀 걱정하지 않는가? 이 사안은 매우 분명하도다."

마침내 큰동서가 죄를 자백했다. [『풍속통風俗通』[9]에 나온다.]

---

5 『北史』: 唐 李延壽 편찬. 北朝의 後魏, 北齊, 北周, 隋, 4대 242년간의 일을 기록했다.

6 黃霸: 자는 次公. 宣帝 시기에 廷尉正이 되었지만, 한때 억울한 죄로 옥에 갇혔다. 그 후 다시 발탁되어 영천 태수가 되었고, 丞相까지 이르렀다.

7 潁川: 오늘날 河南省 禹縣에 해당한다.

8 太守: 郡의 최고 지방관.

9 『風俗通』: 『風俗通義』의 약칭. 10권, 부록 1권. 後魏 應劭 편찬.

원문 1

後魏李崇爲揚州刺史. 縣民荀泰有子三歲, 失之. 後見在趙奉伯家, 各言己子, 並有鄰證. 郡縣不能斷. 崇乃令二父與兒各別禁數日. 忽遣獄吏謂曰, 兒已暴卒, 可出奔喪. 泰聞之, 悲不自勝. 奉伯磋嘆而已, 殊無痛意. 遂以兒還泰, 奉伯服罪. [出『北史』本傳.]

원문 2

前漢潁川太守黃霸橫, 本郡有富室, 兄弟同居. 弟婦懷妊; 其長姒亦懷妊, 胎傷, 匿之. 弟婦生男, 長姒輒奪取以爲己子. 論爭三年, 訴於霸. 霸使人抱兒於庭中, 乃使娣姒競取之. 旣而俱至, 姒持之甚猛, 弟婦恐有傷於手, 而情甚棲慘. 霸乃叱長姒曰 "汝貪家財, 欲得此子, 寧慮意頓有所傷乎? 此事審矣." 姒伏罪. [出『風俗通』.]

5. 구양엽의 왼손과 전유제의 오른쪽 어깨歐陽左手 惟濟右臂

이야기 1

도관都官[1] 구양엽歐陽曄[2]이 단주端州[3] 지주知州였을 때의 일이다. 계양桂陽[4]의 감민監民[5]이 배를 두고 다툼이 벌어져서 사람을 때려서 숨지게 한 일이 있었는데, 오랫동안 범인을 알 수 없었다. 구양엽은 죄수들을 감옥에서 내보내면서 음식을 주었다. 그런데 그 중 한 사람만 남기고는 다른 사람들은 모두 돌려보냈다. 홀로 남은 죄수는 얼굴빛이 변했다. 구양엽이 말했다.

"살인한 자는 네 놈이렷다."

죄수는 그 연유를 알지 못했다. 구양엽이 말했다.

1 都官: 송대 도관이라는 직책은 都官尙書에 속해 군사와 刑獄에 관한 일을 맡았던 관직을 가리킴.

2 歐陽曄: 자는 日華. 관직은 都官員外郎에 올랐다. 員外郎은 원래 정원 외의 관직이지만, 송대에는 상설화되었다.

3 端州: 현재 廣東省 肇慶市 高要. 서쪽에 유명한 벼루 산지인 端溪가 있다.

4 桂陽: 현의 명칭. 오늘날 廣東省 連縣.

5 監民: 監은 송대 행정구역의 명칭.

"내가 음식을 먹는 자들을 유심히 살펴보니 모두 오른손을 쓰더구나. 오로지 네 놈만 왼손으로 밥을 먹었다. 지금 죽은 자는 오른쪽 갈비뼈가 상했는데, 이는 네가 죽였음이 분명하다."

죄수는 이에 죄를 자백했다. [구양문충歐陽文忠[6]이 편찬한 묘지墓誌에 실려 있다.]

정극이 말한다.

"구양엽이 그 험장驗狀[7]을 보고 오른쪽 늑골이 다쳐서 죽었다는 사실을 알았기 때문이다. 따라서 음식을 먹을 때 사용하는 손을 살핀 것이다. 그 죄수 혼자만이 왼손으로 젓가락질을 하였으니, 바로 그가 범인인 것이다. 이로써 증거를 확보해 범인이 자백했다. 전유제錢惟濟가 무고誣告를 간파한 것과 마찬가지인 것이다. 그가 전심전력으로 사안을 살피지 않았더라면, 어찌 이를 헤아릴 수 있었겠는가?"

---

6 歐陽文忠: 歐陽修(1007-72)를 가리킴. 자는 永叔, 文忠公은 시호. 北宋 때의 정치가이자 문인으로서 명성이 높았으며 唐宋八大家의 한 사람. 翰林院侍讀學士, 樞密副使를 거쳐 參知政事(副宰相)가 되었다. 만년에는 青州 장관이 되었으나 王安石의 견제를 받아 은퇴했다. 『新唐書』, 『新五代史』, 『毛詩本義』, 『集古錄』, 『歸田錄』, 『洛陽牡丹記』, 『六一詩話』 등 다수의 저작이 있는데, 『신오대사』를 제외한 대부분의 저작이 『歐陽文忠公集』에 수록되어 있다.

7 驗狀: 檢屍書를 가리킴.

유후留後[8] 전유제錢惟濟[9]가 강주絳州[10] 지주知州[11]였을 때의 일이다. 그 지역에서 뽕잎을 따는 주민이 있었다. 강도가 억지로 빼앗으려고 하다가 실패하자, 이에 스스로 오른쪽 어깨를 찔러 사람을 죽이려고 했다고 무고했다. 관리는 이 사건을 판결할 수 없었다. 전유제가 그를 불러서 심문하고, 그에게 식사를 내어 주고는 지켜보았다. 도적이 왼손으로 젓가락질을 하자 이에 그에게 말했다.

"다른 사람이 칼로 찔렀다면 상처가 윗부분이 심하고 아랫부분이 가벼운데, 지금은 아래쪽이 심하고 위쪽이 가벼우니, 바로 왼손으로 오른쪽 어깨를 찌른 것이다."

무고한 자가 이에 자백했다. [본전本傳[12]에 보인다.]

정극이 말한다.

"그 상처가 아래쪽이 심하고 위쪽이 가벼운 것을 근거로 하여 스스로 자해한 것임을 안 것이다. 다만 오른쪽 어깨에 대해서는 의문의 여지가 있어서 그에게 음식을 주어서 그 손을 조사해 확연하게 무고임을 밝힌 것이다. 범인이 어찌 자백하지 않을 수 있었겠는가?"

---

8 留後: 唐代에는 節度觀察使 등에게 사고가 있을 때 그의 아들 혹은 부하가 이를 대신하는 것을 留後라고 하였는데, 宋代는 하나의 관명이 되었다. '節度觀察使留後'라고 하는 것이 바로 이것인데, 후에 承宣使라고 개칭하였다. 한 省의 정무를 담당하여 조정의 법령을 받아서 이를 주민에게 선포하는 업무를 하였다.

9 錢惟濟: 宋代 사람. 자는 嚴天. 관직은 仁宗 때 武昌軍節度觀察留後에 올랐다.

10 絳州: 지금의 山西省 絳縣.

11 知州: 州의 최고 지방관.

12 本傳: 『宋史』「列傳」을 말한다. 이하 '본전'은 모두 동일하다.

원문 1

都官歐陽曄知端州, 有桂陽監民爭毆死, 獄久不決. 曄出囚飮食之, 皆還於獄. 獨留一人, 留者色動. 曄曰 "殺人者汝也." 囚不知所以然, 曄曰 "吾視食者皆以右手, 汝獨以左. 今死者傷右肋, 此汝殺之明也." 囚乃服. [出歐陽文忠公所撰墓誌.]

鄭克曰 "按曄以觀其驗狀, 云傷右肋死. 故因飮食視其所用手, 彼獨左手持匕箸, 乃是毆殺之人也. 以此爲證. 其辭自屈. 與錢惟濟辨誣之術同矣. 苟非盡心察獄, 則亦豈能然耶?"

원문 2

錢惟濟留後知絳州, 民有條桑者, 盜强奪之不能得, 乃自斫其右臂, 誣以殺人. 官司莫能辨. 惟濟引問, 面給以食. 而盜以左手擧匕箸, 因語之曰 "他人行刃則上重下輕, 今下重上輕, 正用左手傷右擘也." 誣者乃伏. [見本傳.]

鄭克曰 "按此以其傷下重上輕, 知爲自用刃矣. 但疑在右臂, 故給之食, 以驗其手, 而誣狀灼一然. 彼安得不服耶?"

6. 심괄은 벙어리가 소리낼 수 있는 방법을 고안하고, 이남공은 코를 막아 자백을 받아내다沈括顙喉 南公塞鼻

이야기 1

한림翰林[1] 심괄沈括[2]이 한 말이다.

"사람들은 대·나무·상아·뼈 등으로 규자叫子[3]를 만들어 목 안에 넣고 움직여서 말을 할 수 있게 했다. 내 생각으로는 벙어리가 괴롭고 억울한 일로 힘들지만 스스로 밝힐 수 없을 때 규자를 넣어 움직여 인형처럼 소리를 내서 거칠게나마 한두 마디 말이라도 알아들을 수 있다면, 아마도 원통함을 풀 수 있을 것이다." [심괄의 『몽계필담夢溪筆談』에 보인다.]

정극이 말한다.

---

1 翰林: 唐宋시대에는 翰林을 內翰이라고 하였다.

2 沈括: 송대 사람. 자는 存中, 호는 夢溪翁. 仁宗 때 翰林學士에 올랐지만, 후에 좌천되었다. 天文, 曆數, 音樂, 醫藥 등에 통달했으며, 저작으로는 『夢溪筆談』, 『蘇沈良方』 등이 있다.

3 叫子: 沈括의 『夢溪筆談』 卷13에서 "세상 사람들이 대·나무·상아·뼈 등으로 규자를 만들어 목구멍에 넣어 말을 할 수 있게 하였는데 이것을 顙叫子라 한다(世人以竹木牙骨之類爲叫子, 置人喉中吹之能作人言謂之顙叫子)"고 하였다.

"사람들은 미친 사람을 등한시하고, 벙어리는 깔본다. 억울한 일이 있는데 풀지 못한다면 진실로 불쌍하다 하겠다. 그러므로 이러한 일을 기록하여 마음을 다하는 군자에게 귀감으로 삼을 수 있게 한다."

이야기 2

상서上書 이남공李南公[4]이 하북河北의 제점提點[5] 형옥刑獄으로 있을 때의 일이다. 중앙의 벼슬아치들 중에 죄를 저지른 자가 있어 옥에 가두고 취조했는데, 그가 자백하지 않았다. 그는 입을 닫고는 백여 일 동안이나 음식을 먹지 않아 옥리는 감히 고문을 하지 못하고 골머리를 앓았다. 그가 헌사憲使[6]에게 알리니, 남공이 말했다.

"내가 당장 그에게 음식을 먹일 수 있다."

그를 끌어내어 물었다.

"내가 물건 하나로 네 코를 막으려 하는데 네가 끝까지 먹지 않을 수 있겠느냐?"

그 사람이 두려워하며 즉시 음식을 먹고 죄를 자백했다. 원래 그 범인은 복기술服氣術[7]에 능해 물건으로 코를 막으면 기가 통하지 않게 되므로 두려워서 실토한 것이다. 이 역시 박문博聞의 효험이다. [사림士林[8]에게 들었다.]

---

4 李南公: 熙寧(1068-1077)연간 京西常平提擧, 陝西·河北刑獄提点, 京西轉運副使 등을 역임했다. 그 후 조정에 들어가 屯田員外郞을 역임했다.

5 提點: 官名으로 송나라 때 처음 만들어졌다. 司法, 刑獄 등의 일을 관장하였다.

6 憲使: 憲吏라고도 한다. 提點 刑獄을 가리킨다.

7 服氣術: 吐納術로 道家 養生術의 하나이다.

8 士林: 관직에 있으면서 학덕이 높은 자들로서 讀書人을 가리킨다.

정극이 말한다.

"사대부들이 유혹이나 위협에 동요되지 않는 것은 『맹자孟子』에서 말하는 부동심不動心에 가깝다. 그가 법을 어겼다면 어찌 그럴 수 있겠는가? 이것을 반대로 적용할 수 있다. 따라서 심문의 기술은 여기에 근거한 것이다. 진표陳表[9]가 형구를 풀어주겠다고 한 것은 그를 유혹한 것이고, 남공이 코를 막겠다고 한 것은 그를 위협한 것이다. 이른바 위협하는 것은 반드시 참혹하게 고문을 할 필요는 없는 것이고, 핵심은 그가 꺼리는 것을 정확히 파악하여 그로 하여금 두려워서 자백하게 하는 데 달려 있다. 그러므로 코를 막는다는 설에도 취할 것이 있다."

원문 1

沈內翰云: "世人以竹木牙骨之屬作叫子, 置喉中顙之, 能作人言. 予謂瘖者苦煩冤, 無以自明, 取叫子令顙之, 作聲如傀儡子, 粗能辨其一二, 冤或可伸." [見沈括『筆談』.]

鄭克曰: "按狂者, 人皆忽略. 瘖者, 人所鄙棄. 有冤不伸, 誠亦可憐. 故著此事, 使盡心君子得以爲鑒也."

원문 2

李南公尚書提點河北刑獄, 有班行犯罪, 下獄案之, 不服. 閉口不食者百餘日, 獄吏不敢拷訊, 甚以爲患. 訴於憲使, 南公曰: "吾能立使之食." 引出問曰: "吾欲以一物塞汝鼻, 汝能終不食乎?" 其人懼, 卽食, 且服罪. 蓋彼善服氣, 以物塞鼻, 則氣結而不通, 故懼, 是以自服. 此

9 陳表: 진표가 범인의 형구를 풀어주고 음식을 주며 자수를 유도한 이야기로 제68장에 나온다.

亦博聞之效也. [聞之士林.]

鄭克曰: "按士大夫不爲誘脅所動者, 近於孟子之不動心矣. 彼有負犯, 則豈能然? 斯可反而用也. 故鞫情之術有在於是者. 陳表破械, 是誘之也. 南公塞鼻, 是脅之也. 所謂脅之者, 不必拷掠慘酷也, 要在中其忌諱, 使之悚然畏服, 故於塞鼻之說, 亦有取焉."

7. 정림은 아궁이에서 화재의 원인을 찾고, 강지는 유막에서 원인을 찾다程琳烓竈 强至油幕

이야기 1

정선휘鄭宣徽[1]가 개봉부開封府의 부윤府尹으로 있을 때였다. 황궁에서 불이 나 사방으로 번져 궁궐 두 채가 타버렸다. 관리가 여러 봉인縫人[2]들을 끝까지 추궁하자 봉인들은 마침내 허위로 자백했다. 그리하여 관리는 범인을 관부로 보내 형을 결정짓고 사건을 종결하게 했다. 정림程琳이 그 시비를 분별하게 되었다. 그는 화공에게 명하여 불이 지나간 자취를 그리도록 한 후 이렇게 말했다.

"후궁後宮에 사람들이 많이 사는데 거처는 비좁았다. 부엌 아궁이가 나무판자 벽과 가까워 바싹 건조해져서 불이 난 것이다. 이것은 거의 천재天災에 가까우니 사람에게 죄를 물을 수 없다."

---

1 鄭宣徽: 程琳(985-1054)을 가리킨다. 정림은 자가 天球, 지금의 河北省 博野縣 程委村 사람으로 宣徽北院使를 지낸 적이 있다. 송대 철학자 程頤, 程顥의 아버지 程珦의 숙부이다. 宋 仁宗때 太常博士를 지냈고, 『眞宗實彔』을 편찬했다.

2 縫人: 왕궁에서 재봉일을 담당하는 관직.

황제께서 그 사건을 너그러이 용서하셔서 결국 사형에 처해진 사람이 없었다. [본전本傳에 보인다.]

정극이 말한다.

"정림이 불이 지나간 자취를 그려서 고문을 받아 거짓으로 자백한 봉인들의 죄를 분별해낸 것은 옳은 일이다. 화재가 후궁에서 발생했는데, 그 곳은 사람들은 많은 반면 공간은 비좁았다. 이를 끝까지 추궁하려 든다면 어찌 제멋대로 법을 집행하여 억울한 일이나 남형濫刑이 없을 수 있겠는가? 그리하여 '이것은 거의 천재에 가까우니 사람에게 죄를 물을 수 없다'고 한 것이고, 이에 그 사건을 너그러이 용서해준 것이다. 그러니 어찌 억울하게 죽은 이가 있겠는가?"

이야기 2

사부祠部 강지强至[3]가 개봉부開封府 창조참군倉曹參軍일 때의 일이다. 궁중 노천에 쌓여 있던 유막油幕[4]에서 어느 날 밤 불이 났다. 유막을 지키던 자는 (법에 의거하면) 마땅히 죽을 죄였다. 강지가 이 사건을 맡아 판결하게 되었다. 그는 심문하다가 불이 일어난 까닭이 의심스러워 유막 만드는 막공幕工을 불러 물어보았다. 막공은 유막을 만들 때 반드시 다른 약품을 섞어야 하는데, 오랫동안 겹쳐 두어 습기가 차면 타버린다고 말했다. 개봉부에서 이를 황제께 아뢰니, 인종仁宗[5]이 깨닫고 이렇게 말했다.

3 强至: 자는 几聖으로 杭州 錢塘人이다. 관직은 太常博士와 尙書祠部郎中 등을 지냈다.

4 油幕: 기름을 먹인 장막.

5 仁宗: 北宋 仁宗(재위: 1022-1063).

"몇 년 전에 진종眞宗[6]의 어릉에서도 유의油衣에서 불이 났는데, 그 일도 바로 이 때문이었구나!"

유막을 지키던 자는 마침내 가벼운 벌을 받았다. [행장行狀에 보인다.]

정극이 말한다.

"옛날에 진晋나라의 무기 창고에서 불이 났는데, 장화張華는 유막 만 필이 쌓여 있어서 그렇게 된 것이라고 여겼다. 이것은 모두 기름에서 불이 난 것이지 사람이 불을 낸 것이 아니다. 그 일을 맡았던 사람은 다만 지키는 데 삼가 조심하지 않은 죄가 있을 뿐이니, 방화죄에 연루된다면 억울한 죽음이 될 것이다."

원문 1

程宣徽知開封府時, 禁中失火, 延燒兩宮. 宦者根治諸縫人, 已誣服. 乃送府具獄. 琳辨其非是. 又命工圖火所經處, 且言"後宮人多而居隘, 其烓竈近板壁, 以燥而焚, 此殆天災, 不可罪人." 上爲寬其獄, 卒無死者. [見本傳.]

鄭克曰: "按琳圖火所經處以辨掠服縫人之非, 是也. 火發於後宮, 而人多居隘, 苟欲根治, 豈無枉濫? 故曰此殆天災, 不可罪人. 於是爲寬其獄. 豈有冤死者耶?"

원문 2

强至祠部爲開封府倉曹參軍時, 禁中露積油幕, 一夕火. 主守者皆應死, 至預聽讞, 疑火所起, 召幕工訊之, 工言製幕須雜他藥, 相因旣久,

6 眞宗: 북송의 3대 황제(재위: 968-1022). 즉, 太宗의 아들이자 4대 황제 인종의 부친이다. 휘는 趙德昌.

得濕則燔. 府爲上聞, 仁宗悟, 曰: "頃歲眞宗山陵火起油衣中, 其事正爾." 主守者遂傳輕典. [見行狀.]

鄭克曰: "昔晋武庫火, 張華以爲積油幕萬匹而然. 此皆油㠯火發, 非人所致. 主者但有守護不謹之罪爾, 坐以失火, 則爲冤死也."

8. 첩과 아전이 송담년을 독살하고, 옥소가 곽정일을 독살하다妾吏酖宋 玉素毒郭

이야기 1

승상丞相 범순인范純仁[1]이 하중부河中府[2] 부윤으로 있었을 때였다. 녹사참군錄事參軍[3] 송담년宋儋年이라는 사람이 손님을 초청해 연회를 베풀었다. 연회가 끝나고 나서 아프다고 하더니 그날 밤 갑자기 죽었다. 아마도 그 첩과 소리小吏가 공모한 사실이 있었던 듯하다. 범순인이 그의 죽음이 심상치 않음을 알고는 마침내 형리刑吏에게 그 사건을 조사하게 했다. 마침 송담년의 자식이 장례를 위해 관을 운구하려 했는데, 형리를 보내 그 시신을 검험檢驗하도록 했다. 시신의 아홉 구멍에서 피가 흐르고 눈동자와 혀가 말라 있었고 온몸에 반점이 있었다. 형리들이 죄수를 심문하자 자라 요리에 독을 넣었다고 말했다. 범순인이 물었다.

---

1 范純仁: 宋의 명신. 神宗 때 侍御史, 知諫院을 지냈다. 후에 王安石의 新法에 반대하여 河中府의 知事로 좌천되었다가 哲宗 때 尙書僕射가 되었고, 中書侍郎에 올랐다.

2 河中府: 오늘날 山西省 永濟縣.

3 錄事參軍: 기록 문서를 관장하는 관직.

"자라 요리가 연회에서 몇 번째 나왔는가? 사람들이 독이 든 요리를 먹고도 연회가 끝날 때까지 있었겠는가? 분명 사실이 아니다."

다시 심문하도록 명령하니, 이에 손님들이 다 취해 돌아간 후에 술잔에 독을 타서 그를 죽였다고 자백했다. 이는 아마도 범인이 송담년이 자라 요리를 좋아하지 않고, 또 손님들도 모두 그 사실을 알고 있었을 뿐만 아니라, 그 후에도 여러 번 손님들이 자라 요리를 먹었다는 것을 잘 알고 있었을 것이다. 이 때문에 이들은 사건을 오심으로 번복시켜 죽음을 면하려는 계획을 가지고 있었던 것이다. [『범충선공언행록范忠宣公言行錄』[4]에 보인다.]

정극이 말한다.

"무릇 간사한 자를 잘 조사하려면, 반드시 정황을 자세히 심문해 보아야 한다. 만약 그 정황을 잘 파악하지 못하면, 후에 반드시 사건이 번복되는 사태가 일어나게 되는데, 이 간악한 이들도 이러한 계산을 하고 있었던 것이다. 사실을 자세히 조사할 때는 대충하는 것을 경계해야 한다. 이런 까닭에 『한서漢書』에서는 엄연년嚴延年[5]의 판결을 칭송하고 있는 것인데, 그의 사건보고서 작성은 치밀하여 아무도 번복할 수가 없었다. 그가 비록 혹리酷吏라서 언급하기에 부족함이 있더라도 이것만큼은 역시 취할 점이 있다고 할 만하다."

4 『范忠宣公言行錄』: 忠宣公은 范純仁의 諡號.

5 嚴延年: 漢代 사람. 자는 次卿. 宣帝 때 侍御史가 되었으나 霍光이 황제의 폐위를 거론한 것을 탄핵한 일로 河內 태수로 좌천되었다. 사면한 적이 없을 만큼 엄혹하기로 유명하여 河南 사람들이 그를 일컬어 '屠伯'(백정의 우두머리)이라 했다고 한다.

당唐의 중서사인中書舍人[6] 곽정일郭正一[7]은 평양을 정벌[8]한 후 한 고구려 여인을 사로잡아 노비로 삼았다. 그녀는 이름이 옥소玉素였고 빼어나게 아름다워서, 그녀에게 재물 창고의 관리를 맡겼다. 그는 밤마다 마시는 죽을 끓이는 일도 옥소에게만 맡겼다. 이에 옥소는 죽에 독을 탔다. 한참 지나서 옥소와 금은 기물을 찾았으나 행방이 묘연했다. 칙령을 내려 장안長安 만년萬年[9]에서 불량배 체포를 담당하는 군졸[10]에게 그녀를 체포하게 했다. 군졸의 우두머리인 위창魏昶이 계략을 짜냈다. 그는 곽정일의 노비들을 불러 그중 단정한 젊은이 세 사람을 골라 간통한 사람이 없는지 조사했다. 또한 문지기 네 사람을 포박하고는 물었다.

"열흘 동안 누가 중서사인의 집을 찾았는가?"

"어떤 귀화한 고구려인이 중서사인의 집 마부에게 편지를 보냈습니다."

마부에게 그 편지를 제출하게 했다. 편지에는 '금성방金城坊[11]

---

6 中書舍人: 문서와 詔勅을 담당하는 中書省에 속한 관직.

7 郭正一: 高宗 때 中書侍郎이 되었고, 則天武后가 정권을 잡았을 때 國子祭酒로 있다가 쫓겨나 陝州 刺史가 되었다. 후에 비방을 받아 살해당했다고 하는데, 고구려인 시녀에게 살해당했다는 이야기는 『唐書』나 『舊唐書』에는 없다.

8 평양 정벌: 高宗 乾封元年(666) 李勣이 고려, 즉 고구려 정벌을 단행한 일을 가리킨다. 이듬해 당은 17성을 빼앗았고 다음해에 고구려를 멸망시켰다. 이후 당은 고구려 땅에 安東都護府를 설치했다.

9 萬年: 長安 萬年縣을 가리킴. 지금의 陝西省 西安市 남쪽. 장안은 당의 수도.

10 불량배 ~ 군졸: 원문은 尉石良이나, 捉不良의 誤記이다. 『朝野僉載』 권5의 원문과 대조해 수정했다. '捉不良'은 唐代 官府 중 범인의 체포를 담당하는 吏卒이며 그 우두머리를 '捉不良主帥'라고 한다.

11 金城坊: 장안의 거리 이름.

에 빈 집이 있다'라는 말 밖에는 없었다. 위창이 그곳에 가서 수색했는데, 그 빈 집에 도착해보니 문이 굳게 닫혀 있었다. 문을 열어보니 거기에 옥소와 귀화한 고구려인이 함께 있었다. 귀화한 고구려인과 마부가 함께 그녀를 숨겼던 것이다. 칙령을 받들어 그들을 동쪽 저자[12]에서 참수했다.

정극이 말한다.

"위창이 중서사인의 노비를 소환했을 때 소년 중 단정한 자 세 사람을 골라 간통죄를 조사한 것은 진범을 속이고자 함이다. 또한 문지기 네 사람을 포박하여 열흘 동안 어떤 사람이 사인의 집에 온 적이 없는지 물은 것은 진범을 추적하고자 함이다. 비록 두 가지 수사 방법을 모두 사용했지만, 진범을 속인 것은 효과가 없었고 진범을 추적한 것만 효과가 있었다. 비유컨대 참새를 잡으려고 그물을 칠 때 그물눈 한 개로는 도저히 참새를 잡을 수 없는 것과 같은 이치이다. 위창은 비록 소인이나 도적을 잘 잡기로 유명한데, 소蘇 아무개나 동행성董行成[13]과 비슷한 부류이다."

원문 1

范純仁丞相知河中府時, 錄事參軍宋儋年會客罷, 以疾告, 是夜暴卒. 蓋其妾與小吏爲奸也, 純仁知其死, 以不理, 遂付有司按治. 會儋年子以喪柩歸, 移文追驗其屍, 九竅流血, 睛枯舌爛, 擧體如瘢. 有司訊囚, 言置毒鱉胾中, 純仁問: "鱉胾在第幾巡? 民有中毒而能終席耶? 必非

12 동쪽 저자: 원문은 東市. 동시는 장안 동쪽의 시장을 가리킴.

13 蘇 아무개 · 董行成: 소 아무개가 무덤을 파헤쳐 도둑맞은 물건을 찾고, 동행성이 소리를 질러 나귀 훔친 자를 체포한 이야기로 제65장에 나온다.

實情.” 命再劾之, 乃因客散醉歸, 置毒酒杯中而殺之. 此蓋罪人以僭年不嗜鱉而爲坐客所並知, 且其後巡數尙多, 欲爲他日翻異逃死之計爾. [見『范忠宣公言行錄』.]

鄭克曰: “凡善核奸者, 必善鞫情也. 若不得其情, 則後必翻異, 而奸人得計矣. 推核之際, 戒在疏略. 是故漢史稱嚴延年之治獄也, 文案整密, 不可得反, 雖酷吏無足道, 然於此一節亦有取焉耳.”

원문 2

唐中書舍人郭正一破平壤, 得一高麗婢, 名玉素, 極姝艶, 令專知財物庫. 正一夜須漿水粥, 非玉素煮之不可. 玉素乃毒之. 良久, 覓婢及金銀器不得. 錄奏勅, 令長安萬年(尉石)[捉不]良捕之. 不良主帥魏昶. 有策略, 請喚舍人家奴, 取少年端正者三人, 布衫籠頭, 及縛衛士四人, 問: “十日內何人覓舍人家?” 衛士云: “有投化高麗留書遣付舍人.” 牧馬奴索驗之, 乃云: “金城坊中有一空宅.” 更無他語. (石)[捉不]良往彼處搜之, 至一宅, 封鎖甚密, 打開, 婢與化士並在其中. 乃是化士共牧馬奴藏之. 奉敕, 斬於東市.

鄭克曰: “按昶喚舍人家奴, 取少年端正者三人, 布衫籠頭, 欲以譎取之也. 又縛衛士四人, 問十日來何人覓舍人家, 欲以迹求之也. 雖兼用二術, 然譎賊不效, 而迹賊效矣. 譬猶得雀者網之一目, 而不可以一目之網捕雀也. 昶雖小人, 而善捕賊, 與蘇無名, 董行成類矣. 特著其事, 以勸能者, 不爲無補也.”

9. 언초가 거짓 도둑을 맞고, 도양이 죄수를 속이다彦超虛盜 道讓詐囚

이야기 1

(오대五代) 한漢의 모용언초慕容彦超[1]가 운주鄆州[2]의 장수였을 때의 일이다. 관아에서 창고를 설치해 전당업[3]을 했는데, 어떤 간사한 백성이 위조한 은銀 두 덩이를 저당 잡히고 10만 전을 빌렸다. 담당 관리는 이 사실을 나중에야 깨닫게 되었다. 모용언초가 보고를 받고나서 밤에 창고 벽에 구멍을 뚫고 (창고 안의) 금과 비단을 모두 다른 곳으로 옮겨 놓았다. 그러고는 도둑맞았다고 고발하도록 몰래 담당 관리에게 명하였다. (관리가 시킨 대로 하자) 모용언초는 즉시 저잣거리에 방문榜文을 내걸고 범인들을 체포하도록 했다. 이에 백성들로 하여금 저당 잡힌 물건이 있으면 배상해 준다고 했다. 백성들은 앞 다투어 자신이 저당 잡힌 물건이 있다고 신고했는데, 위조한 은

---

1 慕容彦超: 五代 漢高祖의 동생. 관직은 鎭寧郡 節度使에 올랐으나, 훗날 後周 太祖와의 전쟁에서 패배한 뒤 우물에 떨어져 죽었다.

2 鄆州: 현재 山東省 鄆城縣의 동쪽.

3 전당업: 원문은 質錢.

덩이를 저당 잡힌 자도 그 가운데 있었다. 이에 그를 체포하니 범죄 사실을 자백했다.

정극이 말한다.

"관리들이 (도적을 잡을 때) 속임수를 써서 잘 안 되는 경우가 있는데 어째서인가. 도적이 다른 곳으로 도망가거나, 혹은 도적이 속임수를 쓰는 것을 알았기 때문이다. 그렇기 때문에 속임수를 쓸 때는 마땅히 은밀하고 신속해야 하며, 이는 병법兵法과 같은 것이다." [모용언초의 일은 『오대사五代史』[4] 본전本傳에 나온다.]

이야기 2

후위後魏 고겸지高謙之[5]의 자字는 도양道讓인데, 하음河陰[6] 현령縣令이 되었다. 어떤 사람이 주머니 속을 자갈로 가득 채우고는 이를 금이라고 속여서 사람들에게 말을 산 후 도망쳤다. 고겸지가 그를 체포하게 했다. 고겸지는 이에 어떤 죄수에게 형구를 씌워 마시馬市에 세워 두었다. 그는 거짓으로 말을 판 도적이라고 하면서 처형하려고 했다. 그러고는 몰래 사람을 보내 저잣거리에서 의논하는 자가 있는지 살피게 했다. 그중에 어떤 자가 기뻐하면서 말했다.

"이제 더 이상 걱정할 필요가 없다."

마침내 그를 체포해 심문하고, 그 일당을 모두 체포하니 죄

4 『五代史』: 송 太宗 때 薛居正 등이 칙명으로 편찬한 梁·唐·晋·漢·周의 역사. 후에 歐陽修가 『오대사』를 改修해 『五代史記』를 편찬했는데, 속칭 『新五代史』라 부른다.

5 高謙之: 어려서부터 계모를 잘 섬겨서 효성으로 유명하였다. 孝明帝 시기에 河陰縣令이 되어 명성이 높았으나, 훗날 讒言으로 인해 살해되었다.

6 河陰: 현재 河南省 洛陽市 북쪽, 孟津縣의 동쪽.

를 자백했다. [『북사北史』「고공지전高恭志傳」에 나온다. 겸지는 그 형이다.]

정극이 말한다.

"도적을 속이는 방법은 간사한 자를 적발하는 방법과 같은 것이다. 이 역시 간사한 꾀를 써서 도적을 적발한 것이다."

원문 1

漢慕容彦超爲鄆帥日, 置庫質錢, 有奸民以僞銀二鋌質錢十萬, 主吏以之乃覺. 彦超知之, 陰敎主 吏夜穴庫墻, 盡徙其金帛於他所, 而以盜告. 彦超卽牓於市, 召人收捕. 仍使民自佔所質以償之. 民皆爭以所質物自言, 已而得質僞銀者, 執之, 服罪.

鄭克曰: "彼有譎之不出者, 何哉? 或盜轉而之他, 或盜知其爲譎也. 是故用譎宜密而速, 與兵法同矣." [彦超出『五代史』本傳.]

원문 2

後魏高謙之字道讓, 爲臨河陰令. 有人囊盛瓦礫, 詐作金, 以市人馬. 因而逃走. 詔令人捕之. 謙之乃枷一囚, 立於馬市. 宣言詐市馬賊, 欲刑之, 密遣人察市中私議者, 有一人忻然曰: "無復憂矣." 遂執送案問, 悉獲其黨服罪. [出『北史』「高恭之傳」, 謙之其兄也.]

鄭克曰: "按譎盜之術, 與擿奸同, 彼亦用譎以擿之也."

10. 손보가 곡식을 절구질하고, 허원이 배를 불태우다孫甫舂粟 許元焚舟

이야기 1

대제待制[1] 손보孫甫[2]가 화주華州[3] 추관推官으로 있을 때의 일이다. 화주의 창고에 오래 보관된 곡식이 (변질되어) 못쓰게 되자, 담당 관리들이 수백만 전을 배상해야 했다. 전운사轉運使[4] 이굉李紘[5]이 해당 관리들의 신병을 손보에게 넘겼다. 이때 손보는 한 말의 곡식을 절구질하도록 시켰다. 그런데 버릴 만한 곡식이 겨우 십분의 일, 이에 불과했다. 또한 다른 곡식을 시험 삼아 절구질해보니 역시 똑같았다. 관리들이 다투어 창고로 달려가 계속 절구질하니, 배상금은 겨우 수십만 전에 지나지 않았다. 이굉은 이 일을 계기로 손보를 조정에 추천하였

1 待制: 殿閣에 소속된 侍從顧問의 관리.

2 孫甫: 송나라 사람으로 자는 之翰. 관직은 河北郡 轉運使, 侍讀에 올랐다. 저작에는 『唐史記』가 있었으나 전해지지 않고, 『唐史論斷』만이 전해지고 있다.

3 華州: 陝西省 華縣. 推官은 節度使 또는 監察使의 속관.

4 轉運使: 諸道의 邊防, 刑獄, 糧食, 按察을 맡은 관리.

5 李紘: 송나라 사람. 자는 仲綱. 관직은 龍圖閣直學士까지 올랐다.

다. [황증공晃曾鞏이 지은 묘지墓誌에 보인다.]

정극이 말한다.

"엄명함이란 세속에서 여기듯이 가혹한 것을 '엄嚴'이라고 하고, 각박한 것을 '명明'이라고 하는 것과는 다른 것이다. 사리를 지키고 따르면서 물정을 밝게 비추는 것이야말로 참된 엄명함이다. 사리로 본다면, 창고의 곡식이 비록 못쓰게 되었다고 하더라도 모두 다 버려서는 안 될 것이다. 물정物情으로 보아 수백만 전의 배상금이 있다면 어떻게 다 갚을 수 있을 것인가. 손보가 한 말의 곡식을 절구질하게 시키니, 버릴 만한 것이 열 중 한, 둘이어서 배상금은 겨우 수십만 전에 불과했다. 담당 관리들은 무거운 부담에서 벗어날 수 있었고, 관부 역시 비축한 곡식을 보존할 수 있었다. 이는 사리를 지키고 따르며 물정을 비추어 헤아리는 효험이니, 어찌 엄명함이라 하지 않을 수 있겠는가."

이야기 2

대제待制 허원許元[6]이 발운판관發運判官[7]으로 있었을 때의 일이다. 그는 관선官船에서 사용되는 걸쇠의 숫자가 허위로 보고되는 경우가 많아 이를 근심하고 있었다. 선박에 사용되는 걸쇠는 (그 숫자를 헤아리려 해도) 배의 밑바닥이 모두 물에 잠겨 있어서 걸쇠를 도저히 헤아릴 수가 없었다. 이 때문에 선박을 만드는 자들은 그 숫자를 속이는 경우가 많았다. 어느 날 허

6 許元: 송나라 사람. 자는 字春. 江淮制置發運判官으로 江淮에 십여 년을 머물렀다. 후에 權勢에 의지하여 郞中이 되었고, 또한 揚州, 越州, 泰州의 장관이 되었다.

7 發運判官: 發運使의 부관.

원은 명령을 내려서 새 선박 한 척을 가져오게 한 뒤에 이를 불살랐다. 그러고 나서 그 걸쇠의 숫자를 세어 보니 사용되었다고 보고한 것과 비교하여 겨우 십분의 일에 불과하였다. 이로써 (배에 쓰는 걸쇠의) 정액定額을 정하게 하였다. [위태魏泰[8]의 『동헌필록東軒筆錄』에 보인다.]

정극이 말한다.

"허원許元은 (걸쇠를) 썼다는 것을 거짓으로 보고한 죄를 다스리지 않고 다만 정액定額을 정했을 따름이니 나쁘지 않은 방법이다. 그러나 유안劉晏[9]의 경우와는 다르다. 상서尙書 소식蘇軾[10]의 이야기다. 유안이 강회발운사江淮發運使[11]였을 때 양주揚州[12]에서 쌀 천 섬을 실을 수 있는 배 한 척을 만드는 데 일천 관貫을 썼는데, 실제 비용은 오백 관에도 미치지 못했다. 어떤 사람이 쓸데없는 비용이 많다고 비난하자 유안은 다음과 같이 말했다.

'대국大國은 작은 도리로써 다스릴 수 없으며, 무릇 (배를) 만

---

8 魏泰: 송나라 사람. 자는 道輔, 호는 東軒. 문장에 능하고 달변으로 유명했다. 徽宗 때 재상 章惇에게 관직을 추천받았지만, 고사하고 받지 않았다. 저작에 『臨漢隱居詩』, 『括異志』, 『東軒筆錄』이 있다.

9 劉晏: 당나라 사람. 자는 士安. 관직은 德宗 때 關西, 河東 및 諸道靑苗使에 올랐다. 安史의 난 때 조정의 부고가 궁핍하였을 때 理財愛民의 기치를 내걸고 정치에 힘썼다고 한다.

10 蘇軾: 송나라 사람. 자는 子瞻. 시호는 文忠公. 唐宋八大家의 한 사람. 神宗 때 그의 시가 忌諱를 어겼다 하여 하옥되었으나, 후에 사면되어 黃州團練副使가 되었다. 이 때 西湖의 東坡에 雪堂을 짓고 東坡居士라는 호를 지었다. 哲宗 때 관직이 翰林學士, 兵部尙書에 올랐다. 저작에 『易書傳』, 『論語說』, 『仇池筆記』, 『東坡志林』, 『東坡詞』 등이 있다.

11 江淮發運使: 江淮는 현재 江蘇省, 安徽省에 해당한다. 發運使는 江淮 지방에서 곡물을 수도로 수송하는 일을 맡은 관리.

12 揚州: 현재 江蘇省 江寧縣(南京市) 남쪽에 위치한다.

들 때 오랫동안 궁리해야 한다. 조선소[13]에서 일하는 사람이 한둘이 아닌데, 먹을 것과 입을 것에 여유가 있으면 사사로이 쓰는 것이 궁핍하지 않게 되고, 관선官船도 견고해질 것이다.'

이로 인해 조선소 사람들이 모두 부유해졌고, 오십여 년 동안 곡물 수송이 멈추지 않게 되었다.

함통咸通[14] 말년에 오요경吳堯卿이라는 사람이 있었다. 오요경은 처음으로 선박 한 척마다 사용해야 할 물자의 실제 수량을 조사해 그 비용만큼만 지급하니, 조금도 여유가 없게 되었다. 그러나 이때부터 조선소가 쇠퇴하고 곡물 수송도 끊어지게 되었으니, 유안의 말은 참으로 믿을 만한 것이다. 허원이 걸쇠의 가격을 정한 것은 오요경의 경우와 다르지 않을 것이다. 비록 다행히도 일을 그르치지는 않았으나, 엄명함이라는 것은 속된 선비가 자랑하는 방법인 반면 군자라면 비천하게 여기는 방법이다. 허원의 사례를 후세의 모범으로 삼아서는 안 된다."

원문 1

待制孫甫爲華州推官, 舊州倉粟惡, 吏當負錢數百萬. 轉運使李紘以吏屬甫, 甫乃令取斗粟舂之, 可棄者十纔一二. 又試之, 亦然. 吏遂得馳繫, 負錢纔數十萬而. 紘因薦之. [見晁曾鞏所撰墓誌.]

鄭克曰: "按嚴明者, 非若世俗以苛爲嚴, 以刻爲明也. '持循事理, 照察物情'之謂也. 以事理 言之, 則倉粟雖惡, 不應盡可棄也. 以物情言之, 則負錢數百萬將何以償耶? 甫取斗粟舂之, 可棄者十纔一二, 但負

13 조선소: 원문은 船場.

14 咸通: 당나라 懿宗 때 年號. 기간은 860-873년.

錢數十萬而已. 吏旣得馳重負, 官亦獲保舊積. 是持循照察之效也, 可不謂之嚴明乎?"

원문 2

待制許元初爲發運判官, 患官舟多虛破釘鞠之數, 蓋以陷於水中不可稱盤, 故得爲奸. 元一日命取 新造船一支, 焚之, 秤其釘鞠, 比所破但十分之一. 自是立爲定額. [見魏泰『東軒筆錄』.]

鄭克曰: "按元不治虛破之罪, 而但立爲定額, 可也. 然亦異乎劉晏矣. 蘇軾尙書說, 晏爲江淮發運使時, 於揚州造船, 每隻載米一千石, 破錢一千貫, 而實費不及五百貫. 或譏其枉費, 晏曰: '大國不可以小道理, 凡所創制, 須謀經久. 船場執事者非一, 有餘剩衣食, 則私用不窘, 而官物牢固.' 由是船場人皆富贍, 五十餘年餽運不闕. 至咸通末, 有吳堯卿者, 始勘驗每船合用物料實數, 估給其直, 無復寬剩, 而船揚自此破壞, 饋運自此闕絶, 晏言良可信也. 元定釘鞠額無乃吳堯卿乎? 雖幸而不至敗事, 然則嚴明乃俗士所誇, 君子所鄙, 不可爲後世法也."

11. 마종원이 판결을 기다리고, 위도가 죽음을 증명하다宗元守辜 魏濤證死

이야기 1

대제待制 마종원馬宗元[1]이 젊었을 때의 일이다. 아버지 마린馬麟이 사람을 때려 구속되었는데 처벌을 기다리는 중에 맞아 다친 사람이 죽었다. 법에 따라 사형에 처해질 운명이었다. 마종원은 (구타로 인해 사람이 사망했는지 확인하기 위해) 구타 시점부터 사망 시각까지의 법정 기한을 계산해 사각四刻[2]을 초과한 사실을 밝혀냈다. 이 사실을 관아에 알렸고, 아버지는 살인죄를 면할 수 있었다. 마종원은 이 사건으로 유명해졌다.

정극이 말한다.

"폭행으로 인한 치사의 처벌 기한은 날로 계산하며, 날(하루)은 백각百刻으로 계산한다. 구타당한 사람이 기한을 넘어 죽으면 구타로 살인한 죄에 해당하지 않으며, 구타로 상해를 입힌 죄에 해당한다. 법에는 (사망 시각이) 한참 지났는지, 혹은 조금 지났는지는 상관이 없어서 비록 겨우 사각에 불과하지

1 馬宗元: 미상.

2 四刻: 一刻이 약 15분이므로 약 한 시간 정도.

만 이것도 역시 법정 기한이 지난 것이다. 담당 관리가 법을 의론할 때 마땅히 이와 같이 했어야 한다. (그렇게 했더라면) 그 아들이 호소한 뒤에야 사면할 필요가 없었을 것이다. 만일 경솔하게 처리했다면 억울한 희생자가 생길 뻔했다."

이야기 2

조봉朝奉 위도魏濤[3]가 기주沂州 영현永縣[4]의 지현으로 있을 때였다. 원수진 두 사람이 싸우다가 한쪽이 다쳤다. 이미 판결이 난 후에 다친 사람이 죽었다. 위도가 그 까닭을 알아보았지만 알 수가 없었는데, 죽은 이의 아들이 감사監司[5]에게 상소했다. 감사가 노하여 욕설을 퍼부었다. 위도가 탄식하며 말했다.

"관직은 빼앗을 수 있으나 죄인은 함부로 죽일 수 없다."

그 후 사실을 밝혀냈는데, 그날 밤 다친 사람이 말을 타고 집에 돌아오다가 문 앞에 이르러 말에서 떨어져 죽었다. 그 이웃이 증언해 사실이 밝혀졌고, 그 아들이 무고한 사실도 밝혀지게 되었다. [진무기陳無己[6]가 지은 묘지墓誌에 보인다.]

정극이 말한다.

3 朝奉 魏濤: 朝奉은 朝奉郎의 약칭. 조봉랑은 司諫의 별칭으로 천자에게 간언을 올리는 직책이다. 魏濤는 송나라 사람. 조봉랑을 지냈다. 『송사』에 그에 대한 기록이 없다.

4 沂州 永縣: 沂州는 오늘날 山東省 臨沂縣. 永縣은 미상.

5 監司: 제5장 참조. 州縣의 감찰권을 지닌 지방장관의 약칭. 宋代 轉運使·轉運副使·轉運判官·提点刑獄·提擧常平은 모두 관할 지역 관리의 감찰을 맡았으며 監司로 통칭했다.

6 陳無己: 송나라 사람. 이름은 師道, 자는 履常·無旗이며, 호는 後山이다. 哲宗 때 太學博士, 秘書省正字의 벼슬을 지냈다. 시문에 능하였고, 성품이 고결해 安貧樂道했다는 칭송을 들었다. 저작에 『後山集』·『後山談叢』·『後山詩話』가 있다.

"아마도 죽은 자의 아들이 싸움을 핑계로 상대방을 무고한 듯하다. 싸운 후 즉시 판결이 난 것으로 보아 다친 상처가 그리 심하지 않았을 것이고, 이는 법으로도 처벌할 스 없었다. 그런데 이제 상해로 인해 죽었다고 무고한 것이다. 폭행치사죄로 인정되는 법정 기한 내에 죽었더라도 만약 다른 원인이 있으면, 상해죄만 적용된다. 그가 말을 타다 떨어진 것은 다른 원인이므로 그가 상해를 입은 것으로 처벌해서는 안 된다는 것을 알 수 있다. 위도가 그 사실을 밝혀내어 무고함을 증명해 낼 수 있었으니, 마음을 다한 것이라고 할 수 있다."

원문 1

待制馬宗元少時, 父麟毆人被繫, 守辜而傷者死, 將抵法. 宗元推所毆時在限外四刻, 因訴於郡, 得原父罪. 由是知名.

鄭克曰: "辜限計日, 而日以百刻計之. 死在限外, 則不坐毆殺之罪, 而坐毆傷之罪. 法無久近之棄, 雖止四刻, 亦有限外. 有司議法, 自當如此, 不必因其子訴而後得原也. 苟爲鹵莽, 或致枉濫."

원문 2

魏濤朝奉知沂州永縣, 兩仇鬥而傷, 旣決遣, 而傷者死. 濤求其故而未得, 死者子訴於監司. 監司怒, 有惡語. 濤嘆曰: "官可奪, 囚不可殺." 後得其實, 乃因其夕罷歸, 騎及門而隧死. 鄰證旣明, 其誣自辨. [見陳無已撰墓誌.]

鄭克曰: "按此, 蓋死者子因其嘗鬥, 以誣仇人也. 夫鬥而卽決考, 傷不至甚, 法無保辜. 今乃誣以傷而死也. 且辜限內死, 若有他故, 唯坐傷罪. 彼騎而隧, 是他故也, 亦可見其傷而不應保辜也. 濤能求得其實, 辨明其誣, 可謂盡心矣."

12. 상익이 울타리를 폐쇄하고, 소진이 저잣거리에서 군령을 내리다桑懌閉柵 蘇秦徇市

이야기 1

상익桑懌[1]이 처음에 우반전직右班殿直[2]으로 영안永安의 순검巡檢[3]이 되었다. 송 인종 명도明道[4] 말년에, 경서京西[5] 지역에 가뭄과 메뚜기떼의 재해가 일어난 데다가, 악랄한 도적 무리 23인이 출몰했다. 추밀원樞密院[6]에서 상익을 불러 도적들의 명단을 주며 그들을 체포하도록 지시했다. 상익이 말했다.

"도적들이 내 이름을 두려워하여 분명 흩어져 도망갈 것이

---

1 桑懌: 송나라 사람. 勇力과 지략이 뛰어나 오랑캐를 토벌하는 데 공을 세웠다. 관직은 右班殿直·閤門祗候에 올랐다. 송 寶元 元年(1038) 趙元昊가 반란을 일으켰을 때 涇原路兵馬都監이 되어 토벌에 나섰다가 전사했다.

2 右班殿直: 송나라 때 관명. 殿直은 군주 곁에서 숙직을 서는 武官. 右班과 左班이 있다.

3 永安의 巡檢: 송나라 때 永安은 지금의 河南省 鞏縣 서남쪽 芝田鎭. 巡檢은 송대 관명. 변경지역이나 沿江, 沿海지역에 都巡檢 및 순검을 두었는데, 순찰·도적 체포·병사 훈련 등의 임무를 맡았다.

4 明道: 송 인종의 두 번째 연호(1032-1033).

5 京西: 수도의 서쪽 지역. 즉, 汴梁(오늘날 河南省 開封市)의 서쪽.

6 樞密院: 관부의 명칭. 송대 추밀원은 군사를 관장하는 최고의 행정기구로, 장관은 樞密使였다.

니, 우선 우리가 겁먹은 인상을 보여주는 것이 좋겠습니다."

그리하여 영안현에 이르러 진영의 울타리를 폐쇄하고 군졸들에게 나가지 못하도록 경계령을 내렸다. 부하들이 나가서 목숨 바쳐 싸울 것을 여러 번 청했으나 그는 모두 허락하지 않았다. 그러던 어느 날 밤 몇몇 군졸들과 도적 복장을 하고 도적들이 자주 다니는 곳을 추적하여 민가로 들어갔다. 백성들은 모두 달아났는데 한 노파만 남아서 마치 도적떼를 섬기듯 음식을 차려 주었다. 상익은 돌아와 다시 사흘 동안 울타리를 닫고 있다가, 다시 직접 먹을 것을 가지고 노파를 찾아가 남은 것을 노파에게 주었다. 노파는 그들이 진짜 도적이라 여겼고, 다가가 몇 마디 나누던 중 도적떼에 관한 이야기를 하게 되었다. 노파가 말했다.

"저들은 우반전직 상익이 왔다는 말에 모두 달아났지요. 그런데 요새 군영을 폐쇄하고 나오지 않는다는 것을 알고는 점차 돌아오고 있습니다. 아무개는 어디에 있고, 아무개는 어디에 있답니다."

상익은 사흘 후 또 노파에게 가서 후하게 선물을 내리며 사실대로 말했다.

"나는 우반전직 상익이오. 나를 위해 도적들의 진짜 거처를 알아봐 주시오. 단, 이 일을 절대로 발설해서는 안 되오."

그러고는 군사를 나누어 보내 도적들을 모두 잡아들였다. [본전本傳[7]에 보인다.]

정극이 말한다.

"상익이 우선 진영을 폐쇄하여 도적들을 속인 것은 달아나

7 本傳: 여기에서 본전은 『歐陽文忠公集』 卷65 「桑懌傳」, 『宋史』 卷325 「桑懌傳補」를 가리킨다.

지 못하게 하기 위함이요, 그러고 나서 노파를 통해 도적의 소재를 파악한 것은 (도적들이) 눈치채지 못하게 하기 위함이었다. 그런 후에 도적들을 모두 소탕했으니, 이는 모두 병법이다. 후한後漢의 우후虞詡[8]가 조가朝歌[9]의 수령으로 있을 때 녕계寧季를 비롯한 수천 명의 도적들이 지방장관을 공격해 살해하고, 몇 해 동안 관아를 점령하고 행패를 부렸지만 지방 관아에서 막을 수 없었다. 이 무렵 부임한 우후는 도적들을 유인해 민가를 약탈하게 하는 한편, 미리 병사를 잠복시켜 도적들을 죽였다. 또한 은밀히 가난한 백성 가운데 바느질 솜씨가 좋은 사람을 뽑아 도적 소굴로 들여보내 도둑의 옷을 만들도록 시켰다. 이때 우후는 그들로 하여금 도적의 옷자락을 색실로 꿰매어 도적의 표지로 삼게 했다. 이리하여 그 옷을 입고 고을에 나타나는 도적은 모조리 포졸에게 체포되었고, 도적들은 마침내 크게 놀라 뿔뿔이 흩어졌다. 모두들 우후를 귀신같이 신명한 사람이라고 혀를 내둘렀다. 이 또한 병법이다. 이처럼 도적을 물리치는 데에는 깊이 생각하는 바가 있어야 한다. 이 모든 기술은 참고할 만한 가치가 있는데, 사용하는 사람이 어떻게 하느냐에 달려 있을 뿐이다. 그러므로 그 기술을 모두 기록하여 후세에 참고할 수 있도록 한다."

---

8 虞詡: 자는 升卿. 후한 安帝 때 朝歌의 장이 되어 도적 수백 명을 죽인 것으로 명성을 얻었다. 후에 武都태수가 되어 羌族을 크게 물리쳐 공을 세웠다. 尙書僕射, 尙書令의 벼슬에 올랐다.

9 朝歌: 오늘날 河南省 濬縣 서쪽.

이야기 2

소진蘇秦[10]이 제齊나라에 있을 때의 일이다. 제나라 대부大夫들이 왕의 총애가 두터운 것을 시기하여 사람을 시켜 소진을 칼로 찌르게 했다. 소진은 죽지 않았으나 범인은 도망치고 말았다. 소진이 위독하여 거의 죽을 지경에 이르자, 소진이 제나라 왕에게 말했다.

"제가 죽거든 왕께서는 제 시신을 거열형車裂刑[11]에 처하여 저잣거리에 내걸고, '소진이 연나라를 위해 역모를 꾸몄다'고 말하십시오. 이렇게 하면 저를 찌른 범인을 잡게 될 것입니다."

왕이 소진의 말대로 하자 과연 소진을 죽인 범인이 나타나, 이에 그를 처벌했다. [『춘추후어春秋後語』[12]에 나온다.]

원문 1

桑懌初以右班殿直爲永安巡檢, 明道末, 京西旱蝗, 有惡賊二十三人. 樞密院召懌授以賊姓名, 使捕之. 懌曰: "盜畏吾名, 決潰去, 宜先示以怯." 至則閉柵戒軍吏不得出. 其下數請自效, 皆不許. 乃夜與數卒服盜服, 迹盜所常行處, 入民家. 老小皆走, 獨一媼留爲治飮食, 如事羣盜. 懌歸, 閉柵三日, 復自携饌就媼, 而以餘遺媼. 媼以爲眞盜, 乃稍就與語, 因及羣盜. 媼曰: "彼聞桑殿直來, 皆遁去. 近知閉營不出, 漸還矣. 某在某處, 某在某處." 懌後三日又往, 厚遺之, 遂以實告, 曰:

---

10 蘇秦: 戰國시대의 說客. 洛陽 사람. 秦 惠文王에게 등용되지 않자, 燕·趙·韓·魏·齊·楚 6국을 설득해 合縱으로 진에 대항하게 했다. 스스로 합종을 이끄는 長이 되어 6국의 재상이 되었다. 張儀에 의해 합종의 계약이 파기된 후 제나라의 객이 되었으나 대부들에 의해 살해되었다.

11 車裂刑: 사지를 수레로 끌게 하여 찢어 죽이는 형벌.

12 『春秋後語』: 晋 孔衍의 저작.

"我桑殿直也, 爲我察盜之實的居處, 切勿泄." 乃分軍士, 悉擒獲之. [見本傳.]

鄭克曰: "按懌先閉柵譎賊, 使不走; 乃因媼迹賊, 使不覺, 然后悉擒之, 皆兵法也. 後漢虞詡爲朝歌長時, 賊寧季等數千人攻殺長吏, 屯聚連年, 州郡不能禁. 詡到官, 旣誘令劫掠, 伏兵殺之; 又潛遣貧人能縫者, 傭作賊衣, 以綵線縫其裾爲幟, 有出市里者, 吏輒擒之, 賊遂駭散, 咸稱神明. 是亦兵法也. 然於迹賊之術, 悉皆有所考焉, 顧用者何如耳. 故並著之, 以備採擇也."

원문 2

蘇秦在齊, 齊大夫多與之爭寵, 使人刺之, 不殄而走. 求賊不得. 秦且死, 乃謂齊王曰: "臣死之後, 王車裂臣, 以徇於市, 曰: '蘇秦爲燕作亂於齊.' 如此, 則刺臣之賊必得矣." 王如其言, 殺蘇秦之賊果出, 乃誅之. [出『春秋後語』.]

13. 임성왕이 신발을 보여 사건을 해결하고, 양진이 비단을 되찾다任城示靴 楊津獲絹

이야기 1

북제北齊 임성왕任城王 고개高湝[1]가 병주자사幷州刺史로 있을 때의 일이다. 어떤 부인이 분수汾水 강가에서 빨래를 하고 있었는데, 이때 말을 타고 지나던 사람이 부인의 새 신발을 바꿔 신고 달아났다. 부인이 범인의 헌 신발을 들고 돌아와 병주幷州 관아에 신고했다. 이에 고개는 성안에 사는 노파들을 불러 모아놓고 신발을 보여주며 거짓말을 했다.

"길에서 말을 타고 가다가 도적에게 살해된 사람이 있는데, 이 신발을 남겼다. 아마도 누군가 친척이 있지 않을까?"

이윽고 한 노파가 가슴을 치며 울음을 터뜨렸다.

"제 아들이 어제 이 신발을 신고 처가에 갔습니다."

이리하여 고개는 범인을 잡을 수 있었다. [『북사北史』 본전本傳에 나온다.]

정극이 말한다.

---

1 任城王: 高湝는 北齊 高祖의 열 번째 아들로 임성왕으로 봉해졌다. 임성은 지금의 山東省 濟寧縣이다.

"고개가 헌 신발을 놓고 가라고 한 것은 범인을 추적하여 붙잡기 위함이었다. 노파들을 거짓말로 속인 것은 모두 속임수로 범인을 잡기 위함이었다. 이는 앞에서 고유高湝[2]가 소가죽을 사들인 일과 매우 비슷하다. 그런데 성안의 노파들을 모두 불러 모은 것은 당시 북제가 후위後魏와의 전란을 겪은 터라 성안에 사는 사람들이 많지 않았던 탓이다. 그래서 다 불러 모으더라도 그리 소란스럽지 않았던 것이다. 만일 인구가 조금만 더 많았더라면, 마땅히 양진楊津[3]이 교시를 내렸던 것처럼 했어야 한다. 이는 사안에 따라 적절하게 대처해야 할 것이다."

이야기 2

주周나라[4] 양진은 자가 나한羅漢으로, 기주자사岐州刺史가 되었을 때의 일이다. 무공武功[5] 주민이 비단 3백 필을 싣고 가다가 성에서 십 리쯤 떨어진 곳에서 도적을 만나 비단을 약탈당했다. 때마침 말을 타고 달려오던 나졸이 이르자, 약탈당한 사람이 그 사실을 나졸에게 알렸다. 나졸은 관아에 도착해 이

---

2 高湝: 北齊 高祖의 다섯째 아들. 彭城王에 봉해졌다. 후에 도적떼 田子禮 등에게 잡혔을 때 주인으로 섬기기를 강요당했지만, 이를 거부해 살해당했다. 고유의 이야기는 제19장 및 제22장에 나온다.

3 楊津: 後魏 사람. 처음에 岐州, 華州의 刺史가 되어 명성을 날렸다. 후에 定州 자사로 있을 때 杜落周에게 성이 포위되어 3년이나 성을 방어했다. 결국 성이 함락되어 체포되었지만, 이후 사면되었다. 元顥가 난을 일으켰을 때 中軍大都督으로 공을 세워 司空이 되었으나, 후위 말년에 爾朱天光에게 살해되었다.

4 周나라: 원문에는 周(北周)라고 되어 있지만, 양진은 실지로는 후위 사람이다.

5 武功: 오늘날 陝西省 武功縣. 후위가 岐州를 설치할 때 무공현을 없애고 기주로 불렀다.

사건을 보고했다. 보고를 받은 양진은 곧 다음과 같은 교시를 내렸다.

"아무 색의 옷을 입고 아무 색의 말을 타고 가던 어떤 사람이 성 동쪽 십 리쯤에서 살해되었는데, 피살자의 성명을 알 수가 없다. 만일 가족이 있거든 속히 시체를 확인해 거두어 가라."

한 노파가 통곡을 하며 나오더니 피살자가 자신의 아들이라고 했다. 이에 양진은 도적을 체포하고 약탈당한 비단도 되찾았다. [『북사北史』「양파전楊播傳」[6]에 나온다. 양진은 양파의 아들이다.]

정극이 말한다.

"이는 고개가 (범인이) 남긴 신발로 노파들을 속인 것과 같은 수법이다. 그는 신발을 증거로 삼았고, 양진은 옷과 말 색깔을 증거로 삼았는데, 둘 다 속임수를 사용해 범인을 체포했다. 다른 점이 있다면, 고개는 실제로 범인의 신발을 확보했기에 증거물을 위주로 하면서 속임수를 병행했고, 양진은 (증거물 없이 피해자가 본) 옷과 말 색깔만 말했기에 속임수를 위주로 하면서 증거를 제시했다는 점이다."

원문 1

北齊任城王湝領幷州刺史時, 有婦人臨汾水浣衣, 有乘馬行人換其新靴而去者, 婦人持故靴詣州訴之. 湝召城中諸嫗, 以靴示之. 紿曰: "有乘馬於路被賊殺害者, 遺此靴, 得非親屬乎?" 一嫗撫膺哭, 曰: "兒昨着此回妻家也." 卽捕而獲之. [出『北史』本傳.]

鄭克曰: "按湝留故靴者, 將以迹求之也. 紿諸嫗者, 兼以譎取之也, 與

6 楊播: 실지로는 양진의 큰형. 衛尉少卿, 華州刺史의 관직에 올랐다.

湔貫皮事頗相類. 然居城諸嫗所以可召者, 北齊承後魏喪亂之後, 并州城中居人不多, 雖盡召之, 亦不爲擾. 苟或蕃庶, 當如楊津下教而已. 此在隨事制宜也."

원문 2

周楊津字羅漢, 爲岐州刺史. 有武功人齎絹三百匹, 去城十里, 爲賊所劫. 時有使者馳騎而至, 被劫人因以告之. 使者到州, 以狀白之, 津乃下教曰: "有人着某色衣, 乘某色馬, 在城東十里被殺, 不知姓名. 若有家人, 可速收視." 有一老母行哭而出, 云是己子. 於是收捕, 並絹俱獲. [出『北史』「楊播傳」, 津其子也.]

鄭克曰: "按此與高湝留靴給嫗術同, 彼以靴爲迹, 此以衣與馬之色爲迹, 而皆用譎取之. 其異者, 彼實得靴, 則主於迹而兼以譎. 此空言衣與馬之色, 則主於譎而示以迹也."

14. 이걸이 관을 사게 하여 사건을 해결하고, 중영이 계모를 꾸짖어 활로 쏘다李傑買棺 重榮咄箭

이야기 1

당唐나라 이걸李傑[1]이 하남河南[2] 수령이었을 때의 일이다. 한 과부가 아들의 불효를 고발했다. 그러나 정작 그녀의 아들은 스스로 변명도 하지 않은 채 단지 모친에게 죄를 지었으니 죽어 마땅하다고 할 뿐이었다. 이걸이 그 사건의 정황을 조사해보니, 불효 사건이 아닌 것 같았다. 이걸이 과부를 불러 말했다.

"그대는 과부가 되어 십 년 동안 홀로 살았고, 슬하에 아들 하나를 두었을 뿐이다. 이제 그대가 아들을 고발하여 사형을 당하게 되었는데, 그래도 후회하지 않겠는가?"

그러자 과부가 말했다.

"아들이 불량하여 어미에게 순종하지 않으니, 어찌 조금이

1 李傑: 본명은 務光. 河南尹으로부터 御史大夫의 벼슬에 올랐다. 행정업무에 정통한 것으로 명성을 얻었다.

2 河南: 당대에 하남은 道의 이름. 오늘날 河南省, 山東省의 黃河 이남 지역과 江蘇省, 安徽省의 淮水 이북 지역을 일컫는다.

라도 애석하겠습니까?"

"정녕 그대가 그렇다면, 관을 사다가 아들의 시신을 거두어 가거라!"

이걸은 아전들을 시켜 과부의 뒤를 밟게 했다. 과부는 관아에서 나와 어떤 도사를 만나 이렇게 말했다.

"모든 일이 끝났어요."

과부는 잠시 후 관을 사서 관아로 갔다. 이걸은 그래도 과부가 뉘우치기를 기대하며 여러 번 타일렀지만, 과부는 여전히 막무가내였다. 때마침 도사가 관아 밖에 서 있었다. 은밀히 그를 잡아들여 문초하자, 도사가 사실을 자백했다.

"저는 그동안 과부와 사통했는데, 일찍이 아들에게 들켜 제지당하자 아들을 없애고자 했습니다."

도사와 과부는 장살杖殺[3]에 처해졌고, 결국 그들이 산 관에 나란히 입관되었다. [『당서唐書』 본전本傳[4]에 나온다.]

이야기 2

진晋의 안중영安重榮[5]이 상산常山[6] 수령으로 있을 때의 일이다. 아들의 불효를 함께 고발한 부부가 있었다. 안중영이 대질 심문을 하면서 아들의 불효를 꾸짖고는 칼을 뽑아 주며 부부에게 직접 그 아들을 죽이라고 했다. 그 아비는 눈물을 흘리며

3 杖殺: 죽을 때까지 매질하는 형벌.

4 『唐書』: 新·舊 두 책이 있는데, 일반적으로 『新唐書』를 『唐書』라고 부른다. 『舊唐書』는 五代 後晋 때 편찬되었는데, 劉昫이 완성했다. 『신당서』는 송 歐陽修와 宋祁가 편찬한 사서. 이 이야기는 『신당서』 「李傑傳」에 나온다.

5 安重榮: 진은 오대 후진(936-46). 안중영은 말타기와 활쏘기를 잘해 명성을 날렸다. 벼슬은 成德軍節度使에 올랐다.

6 常山: 현의 이름. 오늘날 浙江省 常山縣.

말했다.

"차마 그럴 수는 없습니다."

그러나 그 어미는 아들에게 욕설을 퍼부으며 칼을 잡고 아들을 뒤쫓았다.

안중영이 물어보니 그 어미는 계모였다. 이에 계모를 끌어내라고 소리친 뒤 뒤에서 화살 한 방을 쏘아 계모를 죽였다. 그 이야기를 들은 사람들이 모두 통쾌하게 여겼고, 이로부터 고을 안에서는 이를 강직한 처사라고 여겼다.

정극이 말한다.

"옛부터 후처가 전처 자식을 미워하는 일은 비일비재하였다. 만일 그러한 사정을 알게 된다면, 호되게 꾸짖고 엄하게 훈계하는 것으로 충분하다. 그럼에도 어찌하여 한순간 통쾌함을 얻기 위해 위법적인 혹형을 행한단 말인가? 옛말에 '가르치지 않고 죽이는 것을 포학이라 한다'[7]고 했다. 중영은 진정 도가 부족하니, 이 일 역시 취할 바가 아니다. 옛 기록에 실려 있어 간략하게 밝힌다."

원문 1

唐李傑爲河南尹, 有寡婦告其子不孝. 其子不能自理, 但云得罪於母, 死所甘分. 傑察其狀非不孝. 傑謂寡婦曰: "汝寡居十年, 惟有一子, 今告之, 罪至死, 得無悔乎?" 寡婦曰: "無賴不順於母, 寧復惜之." 傑曰: "審如此, 可買棺來取兒屍." 因使人覘其後. 寡婦旣出, 謂一道士曰: "事了矣" 俄將棺至. 傑尙冀其悔, 再三喩之, 寡婦堅執如初. 時道士立

7 '가르치지 ~ 한다': 원문은 '不敎而殺, 謂之虐.' 『論語』「堯曰」편에 나온 구절이다.

於門外, 密令擒之, 一問承伏. 曰: "某與寡婦有私, 嘗爲兒所制, 欲除之." 乃杖殺道士及寡婦, 卽以棺盛之. [出『唐書』本傳.]

원문 2

晉安重榮鎭常山日, 嘗有夫妻共訟其子不孝者. 重榮面加詰責, 抽劍令自殺之. 其父泣曰: "不忍也." 其母詬詈, 仗劍逐之. 重榮問之, 乃繼母也. 因咄出, 自後射一箭而斃. 聞者莫不稱快, 由是境內以爲强明之政. 鄭克曰: "按古之後婦嫉前妻子, 亦已多矣, 苟得其情, 則切責而嚴戒之可也, 何必取快一時, 加之非法乎? 語曰: '不敎而殺, 謂之虐.' 重榮固不足道, 此事亦非所取, 舊集載之, 故略辨焉."

15. 소채가 관을 합장시키고, 가암이 복상 연장을 기각하다蘇請祔柩 賈廢追服

이야기 1

소채蘇寀[1]가 대리시大理寺[2] 상단관詳斷官[3]이었을 때의 일이다. 아버지가 죽은 뒤 어머니가 개가한 한 백성이 있었다. 그 후 개가한 어머니가 죽어 장사를 지냈다는 이야기를 들은 아들은 남몰래 어머니의 무덤에서 관곽을 훔쳐 죽은 아버지와 합장했다. 이는 당시 법으로는 사형에 해당하는 죄이다. 소채가 홀로 중얼거렸다.

"자식이 어머니의 관곽을 훔쳐 아버지의 무덤에 합장한 것을 어찌 분묘를 도굴해 재물을 가로챈 것과 비교할 수 있을까!"

그리하여 소채는 정상참작을 요청했고, 죄인은 사형을 면할 수 있었다. [본전本傳에 나온다.]

---

1 蘇寀: 송나라 사람. 자는 公佐. 刑名에 능한 것으로 유명했다.

2 大理寺: 刑獄을 다스리던 관부로 지금의 사법부에 해당한다. 송대에는 장관이 卿이었고, 그 아래 少卿 2인, 丞 2인, 그리고 그 아래에는 司務, 寺正, 寺福, 評事 등의 관직을 두었다.

3 詳斷官: 형벌을 판단하는 관직.

정극이 말한다.

"소경少卿 후근候瑾[4]이란 사람이 섬서陝西[5] 형옥刑獄의 제점提點[6]으로 있을 때였다. 하중河中[7] 사람이 있었는데, 일찍이 아버지가 죽고 어머니는 개가했다. 그로부터 십여 년 후 어머니마저 죽었다. 그러자 그는 즉시 무덤을 파 관곽을 훔쳐다가 아버지의 무덤에 합장했다. 법으로는 사형에 해당하는 죄를 지었지만, 담당 관리는 선례에 따라 가볍게 처벌하였다. 이에 후근이 법령에 이 사례를 명기하도록 상주했다. 이는 일찍이 소채가 주청한 사건을 선례로 삼은 것이다. 아마도 어머니가 개가한 남편과 같은 무덤에 합장되었는데, 그 무덤을 파헤쳐 어머니의 관을 훔쳤기 때문에, 무덤을 훼손하고 시신을 욕보인 사건을 처리하는 법으로 논죄했을 것이다. 그래서 (사정을 감안해 달라고) 주청하여 간신히 죽음을 면할 수 있었다.

장원壯元 장당경張唐卿[8]이 섬주陝州 통판通判[9]으로 있을 때, 어떤 백성의 어머니가 재혼했다가 죽었다. 이 사람은 아버지의 장례 때[10] 어머니와 합장하지 못함을 한탄하던 끝에 죽은 어

---

4 候瑾: 송나라 사람. 傳 미상. 少卿은 각 省의 차관을 일컬음.

5 陝西: 송대에는 路의 명칭. 오늘날의 섬서성 남부와 북부를 제외한 중앙부를 중심으로 山西, 河南, 甘肅省 일부를 포함한 지역.

6 提點: 송나라 때 처음 만들어진 관직으로 司法, 刑獄 등의 일을 관장하였다.

7 河中: 송대에는 陝西路에 속했으며 지금의 山西省 永濟縣에 해당한다.

8 壯元 張唐卿: 장원은 科擧의 최고시험인 殿試에 1등으로 급제한 자를 일컫는다. 장당경은 송나라 사람. 그 傳은 미상.

9 陝州 通判: 섬주는 오늘날 河南省 陝縣. 통판은 송대 각 郡에 설치된 관직으로서 州의 정치를 감독하는 벼슬.

10 아버지의 장례 때: 이 경우 부친은 모친이 재혼하기 전에 죽었지만, 자식은 모친이 사망할 때를 기다려 부친과 함께 장례지낼 수 있었다. 당시에는 시신을 묘지에 안치하거나 고향에 운구할 때까지 집안에 두거나 절에 임시로 안치했다.

머니의 관을 훔쳐 합장했다. 담당관이 법대로 처리하도록 상주했으나, 당시 주정州政을 맡았던[11] 장당경이 말했다.

'이는 효도가 있는 줄만 알았지, 법이 있는 줄은 몰랐을 따름이다.'

마침내 그 백성을 석방하고 상부에 보고했다. 그런데 이 백성의 경우는 소채가 상주한 사건과는 다르다. 아마도 재혼한 남편이 아직 생존해 있었고, 어머니는 사망했지만 장사지내기 전이었다. 단지 어머니의 관을 훔쳐 돌아 왔을 뿐 무덤을 파헤쳐 관을 들어낸 것이 아니었다. 따라서 법에 따르면 역시 경미한 범죄에 불과하니, 이 백성은 석방해도 괜찮은 것이다."

이야기 2

시독侍讀 가암賈黯[12]이 류내전流內銓[13]으로 있을 때였다. 익주益州[14]의 추관推官 상택桑澤이 촉蜀에 부임한 지 3년이었는데, 부친의 사망 사실을 몰랐다. 임기가 끝나 다시 조정으로 복귀할 때가 되었는데, 인사를 맡은 전리銓吏[15]가 인사고과의 문서를 작성하지 않았다. 상택은 비로소 임지를 떠나 출상했다. 복상服喪 기간이 끝난 뒤에 인사고과[16]를 신청했다. 이때 가암이

11 주정을 맡았던: 원문은 權府事. 관아의 사무를 대행해 감독한다는 뜻.

12 侍讀 賈黯: 侍讀은 황제 앞에서 책을 강의하는 벼슬. 송대의 시독에는 翰林侍讀學士와 翰林侍讀이 있었다. 賈黯은 송나라 사람. 자는 直孺. 翰林侍讀學士의 벼슬에 올랐다.

13 流內銓: 궁중에서 일하는 벼슬. 流內라는 것은 일품부터 구품까지의 관료를 일컬음. 유내전은 관료에 대한 전형 및 인사고과를 관리하는 벼슬.

14 益州: 오늘날 四川省.

15 銓吏: 유내전이 거느리는 관리로 관료의 인사고과를 담당함.

16 인사고과: 원문은 '磨勘'으로 관리의 성적을 조사하는 것을 말한다. 여기에서는 유내전이 맡고 있으나, 후에는 磨勘院을 두었다. 인사고과를 신청했다는 말은 여기에서는 새로운 임지를 결정해 달라는 의미이다.

말했다.

“상택이 3년 동안 부친을 문안하지 못했으니, 설사 부친상을 숨긴 것이 아닐지라도 이를 어찌 효라 할 것인가?”

결국 상택의 관직을 박탈하고 낙향하도록 했다. [왕규王珪[17]가 지은 묘지墓誌에 나온다.]

정극이 말한다.

“가암이 상택의 죄를 의론할 때 지나치게 법률 문구에 얽매인 듯이 보인다. 이는 아마도 명교名敎[18]는 엄하지 않으면 안 되기 때문이다. 이는 공자孔子가 『춘추春秋』에 간악한 일을 기록해 필주筆誅[19]한 뜻과 통한다.”

원문 1

藴宗爲大理寺詳斷官時, 有父卒而母嫁, 後聞母死已葬, 乃盜其柩而祔於父, 法當死. 宷獨曰: “子盜母柩納於父墓, 豈可與發塚取財者比.” 請之, 減死. [見本傳]

鄭克曰: “按侯瑾少卿提點陝西刑獄時, 河中有民父死其母改嫁, 十餘年亦死, 輒盜發塚, 取其棺與父合葬, 法當大辟. 有司例從輕, 瑾請著於令. 此乃用宷所請爲例者. 蓋母與後夫同穴而葬, 於是發塚取其柩, 故論以劫墓見屍之法, 而請之, 僅得減死也. 張唐卿狀元通判陝州時, 民有母再適人而死者, 及父之葬, 子恨母不得相聚, 乃盜喪同葬之. 有司請論如法, 唐卿權府事, 乃曰: ‘是知有孝, 不知有法耳.’ 遂釋之以聞. 則異乎宷所請者. 蓋後夫尙在, 而母死未葬, 獨盜其喪以歸, 非發

17 王珪: 송나라 사람. 자는 禹玉. 哲宗 때 尙書左僕射, 門下侍郎의 벼슬에 올랐다. 저작에 『華陽集』이 있다.

18 名敎:성인의 가르침. 즉, 효도.

19 筆誅: 글로써 징벌하다.

塚取棺, 則法亦輕矣, 雖釋之可也."

侍讀賈黯判流內銓時, 益州推官桑澤在蜀三年, 不知其父死. 及代還, 銓吏不爲領文書, 始去發喪. 旣除服, 且求磨勘. 黯曰: "澤與父不通問者三年, 借非匿喪, 是豈爲孝?" 卒使坐廢田里. [出王珪撰墓誌]
鄭克曰: "按黯議澤罪若深文者, 蓋以名敎不可不嚴, 是春秋誅意之義也."

16. 자산이 간통한 일을 알아채고, 장준이 울음소리를 의심하다子産知奸 莊遵疑哭

이야기 1

정鄭나라 자산子産[1]이 어떤 아낙의 곡성을 듣고는 그녀를 잡아들여 문초하게 했다. 그랬더니 과연 그 남편을 직접 칼로 찔러 살해한 것이었다. 이에 사람들이 어떻게 그 사실을 알았냐고 물었다. 자산이 말했다.

"사람이란 근친이 병들면 근심하고, 죽음이 임박하면 두려워하고, 이미 죽은 뒤에는 슬퍼하는 법이다. 그런데 지금 그녀는 자기 남편이 죽었는데도 곡하는 것이 슬프지 않고 오히려 두려움이 깃들어 있으니, 이에 아낙네에게 부정한 소행이 있음을 알 수 있었다." [『독이지獨異志』[2]에 나온다.]

---

1 子産: 春秋시대 鄭나라의 大夫 公孫僑. 자산은 그의 자. 공손교는 40여 년간 정나라를 잘 다스려 그 때문에 秦이나 楚도 정나라를 건드릴 수 없었다고 한다.

2 『獨異志』: 唐 李穴 편찬. 태고로부터 당에 이르기까지 雜事를 기록한 책.

장준莊遵[3]이 양주楊州 자사刺史가 되었을 때의 일이다. 영내를 돌며 순찰하던 중에 한 아낙의 곡성을 들었는데, 두려워할 뿐 슬퍼하지 않았다. 장준이 수레를 멈추고 아낙에게 연유를 물어보니, 아낙은 남편이 화재를 당해 불에 타서 죽었다고 대답했다.

장준은 아낙의 말이 의심스러워 아전에게 시신을 잘 지켜보도록 했다. 그런데 시신의 머리에 파리 떼가 모여들었다. 아전이 시신의 상투를 풀어 헤치고 살펴보니 쇠못이 박혀 있었다. 이로 인해 아낙이 정부情夫와 공모해 남편을 살해한 사실을 알아챘다. 취조를 하자마자, 그녀는 자신의 죄를 실토했다.

정극이 말한다.

"사건은 다르지만 이치는 다르지 않다. 이 역시 자산의 말을 적용해 간사함을 살핀 예가 아니겠는가? 말이 진실로 이치에 딱 들어맞으니, 어느 때건 증명되지 않는 때가 없다. 이는 속임수와 간사한 말로 꾸며대면서 남들이 엿보고 알게 될까 꺼리는 부류와는 다르다. 이미 제사상에 올렸던 볏짚으로 만든 개를 다시 사용하면 재앙이 미치는 것과 같은 이치이다.[4] 임금이 정치를 할 때에도 반드시 옛 말씀에 비추어 따랐는데, 마음을 다하는 군자라면 어찌 소홀함이 있겠는가?"

---

3 莊遵: 송나라 사람. 傳 미상.

4 볏짚으로 만든 개: 원문은 芻狗. 볏짚으로 개 형상을 만들어 제사상에 올리고, 제사를 지내고 난 다음에는 대개 다시 사용하지 않고 버린다.

원문 1

鄭子產聞婦人哭, 使執而問之, 果手刃其夫者也. 或問何以知之? 子產曰: "夫人之於所親也, 有病則憂, 臨死則懼, 旣死則哀. 今其夫已死, 哭不哀而懼, 是以知其有奸也." [出『獨異志』]

원문 2

莊遵爲揚州刺史, 巡行部內, 忽聞哭聲懼而不哀, 駐車問之. 答曰: 夫遭火燒死. 遵疑焉, 因令吏守之. 有蠅集於屍首, 吏乃披髻視之, 得鐵釘焉. 因知此婦與奸人共殺其夫也, 即按伏其罪.

鄭克曰: "此其事異而理不異也. 豈非亦用子產之言以察奸乎? 蓋言苟中理, 無時不驗. 非若譎詐, 忌人窺測. 已陳芻狗, 用輒爲崇也. 王者發政, 必占古語, 盡心君子, 焉可忽哉."

17. 사긍이 손님을 속이고, 좌사가 배광을 무고하다思兢詐客 佐史誣裴

이야기 1

당나라 측천무후則天武后[1] 때 어떤 사람이 부마駙馬 최선崔宣[2]이 모반을 꾸민다고 알렸는데, 어사御史[3] 장행급張行岌에게 이 사건을 조사하라는 어명을 내렸다. 모반 사실을 고자질한 자가 먼저 최선의 첩을 유인해 숨겨 놓고는 장행급에게는 이렇게 말했다.

---

1 則天武后: 중국의 유일한 女帝. 武는 그녀의 姓. 太宗 때 才人이라는 후궁으로 입궐했고, 高宗 때 昭儀가 되었다가 이어서 황후가 되어 정권을 장악했다. 고종이 죽자 中宗을 세웠다가, 중종을 폐위하고 그녀의 동생을 睿宗으로 세웠다. 다시 예종을 폐위한 후 스스로 帝位에 올라 측천황제라 칭했다. 재위 16년에 중종이 복위해 폐위되어 81세의 나이로 죽었다.

2 駙馬 崔宣: 駙馬는 駙馬都尉의 약칭으로 황제의 수레를 그는 말을 돌보는 관직. 魏晋代 이후로 이 벼슬은 오직 皇女의 남편에게만 부여되어, 황제 또는 諸王의 사위를 부마라고 일컫게 되었다. 崔宣은 高祖의 열일곱 번째 딸 館陶公主의 남편인 崔宣慶인 듯하다.

3 御史: 百官의 죄를 규탄하는 관리. 그 관청을 御史臺라고 하였다. 장관은 御史大夫, 차관은 御史中丞, 그 아래는 臺院, 殿院, 察院의 삼원이 있었고, 각자 侍御史, 殿中侍御史, 監御史(監察侍御史라고도 한다)가 설치되었다.

"(최선의) 첩이 모반 사실을 누설하려 했기 때문에 최선이 그 첩을 (이미) 살해했습니다."

장행급이 심문했으나 모반과 관련된 증거를 찾을 수 없었다. 측천무후가 진노하여 다시 거듭 최선을 심문하도록 했으나, 끝내 증거를 찾을 수 없었다. 측천무후가 노발대발하며 말했다.

"최선이 이미 첩을 죽였으니, 반란 사실이 자연히 밝혀진 것이나 다름없다. 첩을 찾지 못했으니, 어찌 그가 스스로 누명을 벗을 수 있겠는가?"

장행급이 두려워하면서 첩을 찾도록 최선의 집안을 다그쳤다. 최선의 재종제再從弟인 최사긍崔思兢은 여러 차례 돈과 비단을 현상금으로 내걸었으나, (첩에 관한) 어떤 소식도 듣지 못했다. 그런데 최선의 집안에서 매번 이 문제를 논의할 때마다 모반 사실을 고발한 자가 이를 알아내곤 했다. 사긍은 집안에 공모한 자가 있는지 의심했다. 그래서 짐짓 거짓말로 이렇게 말했다.

"협객을 고용해 밀고자를 죽여야겠다."

말을 마치고 잠자리에 들었다. 그러고는 새벽에 최선의 집 대문[4] 옆에서 몰래 지키고 있었다. 어떤 문객이 평소에 최선의 신임을 받고 있었는데, 문지기에게 뇌물을 주고는 밀고자에게 알리고자 했다. 사긍이 문객을 꾸짖었다.

"만일 최선을 모함한다면 반드시 너를 죽일 것이다."

문객은 뉘우치고 사죄하면서 마침내 고자질한 무리들의 소굴로 사긍을 안내했고, 최선의 첩을 찾게 되었다. 최선은 비

4 대문: 원문은 臺. 부마 저택의 대문을 臺라고 하였다.

로소 무죄가 입증되어 사면되었다.

정극이 말한다.

"잔혹한 혹리酷吏들이 정사를 담당했던 측천무후의 집권 당시, 장행급만이 홀로 측천무후의 교지를 따르지 않고 무고한 사람들을 주살하지 않으려 했다. 비록 여러 차례 (측천무후에게) 문책당했으나 역시 그의 신념을 온전히 지켜냈다. 따라서 마침내 최선의 무고를 밝혀낼 수 있었던 것이다! 그러나 그가 서유공徐有功[5]에게 미치지 못하는 이유는 질책을 두려워하지 않는 경지까지 이를 수 없었기 때문이다. 그러나 그 두려움으로 인해 최선의 집안을 다그쳐 첩을 찾아냈으니, 두려워서 신념을 지키지 못하는 자들과는 다르다. 어찌 현명하다고 칭찬하지 않을 수 있겠는가. 역사서에 그 일이 기록되어 있지 않기에 여기에 갖추어 기록한다."

이야기 2

당나라 수공垂拱(685-88)연간에 무고[6] 사건이 일어났다. 호주湖州[7]의 좌사佐史[8] 강침江琛은 자사刺史 배광裴光이 쓴 문서를 훔친 다음 그 글자들을 오려냈다. 그런 다음 오린 글자들을 짜깁기하여 문장을 (거짓으로) 만들어냈다. 이로써 모반을 모의하기 위해 서경업徐敬業[9]에게 주는 서신으로 날조해 고발했다. 측천

5 徐有功: 서유공이 연좌 죄로 다스리려는 황제의 결정이 불합리함을 주장하여 수백 가구의 재산 몰수를 면하게 한 이야기가 제62장에 나온다.

6 무고: 원문은 羅織. 죄가 없는 자를 체포해서 '죄를 짜낸다'는 의미에서 나왔다.

7 湖州: 지금의 浙江省 吳興縣.

8 佐史: 刺史의 속관.

9 徐敬業: 당 왕조의 창업 공신인 李勣의 손자. 이적의 본래 성은 徐氏였다. 서경업은 어려서부터 할아버지 이적을 따라 전장을 누볐다. 후에 조부의 작

무후는 어사를 보내 배광을 심문하게 했는데, 그는 솔직하게 글씨는 자신의 것이나 말(문장)은 자신의 것이 아니라고 했다. (이 사건을 해결하기 위하여) 잇달아 세 명의 어사가 파견되었으나 모두 판결을 내리지 못했다. 어떤 이가 장초금張楚金[10]이라는 인물이 수사에 능하다면서 그를 추천했다. 장초금으로 하여금 다시 심문하도록 했지만, 배광의 진술은 예전과 다름없었다. 장초금은 우울한 나머지 몸져누웠다. 그런데 (침대 옆) 창문으로 햇빛이 들어오고 있었다. 그러다 문득 배광의 문서를 들고 햇빛에 비춰보자, 글자를 이어 붙여서 만든 것임을 알 수 있었다. 평소 그냥 보면 알 수 없었지만, 햇볕에 비춰보자 모두 낱낱이 알 수 있었다. 마침내 주현州縣의 관리들을 모두 소집해 물 한 대야를 가져 오게 했다. 강침으로 하여금 서신을 물속에 집어넣게 하자, 서신의 글자가 한 자 한 자 뿔뿔이 흩어졌다. 강침이 머리를 조아리며 죄를 자백했다. 측천무후는 곤장 일백 대를 친 후 참수형에 처하라는 칙령을 내렸다.

정극이 말한다.

"이 사건은 지략과 계산으로 해결한 것이 아니라 우연히 깨달았을 뿐이다. 순경荀卿[11]은 다음과 같이 말했다. '이제 바늘을 잃어버렸는데 온종일 찾아도 찾을 수가 없었다. 마침내 바늘을 찾았다면, 그것은 눈이 더욱 밝아졌기 때문이 아니라 가만히 눈을 내리깔고 있다가 찾은 것이다'[12]라고 하였다. 사고

위를 이어 받았으나, 武后가 중종을 폐하고 황제에 즉위했을 때 唐之奇, 駱賓王 등과 함께 무후를 토벌하려다 패배해 살해되었다.

10 張楚金: 관직은 秋官尙書까지 이르렀고, 南陽侯에 봉해졌으나 혹리로 탄핵을 받아 嶺表에 유배되었다.

11 荀卿: 전국시대 諸子百家의 한 사람인 荀子의 본명.

하는 마음 씀씀이도 역시 이와 같다. 중요한 것은 지극한 정성(至誠)이니, (포기하지 않고) 끊임없이 찾아야 하는 것이다. 장초금이 무고 사건을 해결한 이치도 어찌 이와 다르겠는가. 이 또한 마음을 다한 효험인 것이다."

원문 1

唐則天時或告駙馬崔宣謀反, 敕御史張行岌按之. 告者先誘宣妾藏之, 乃云: "妾將發其謀, 而宣殺之." 行岌按而無狀, 則天怒, 令重勀, 終無實. 則天厲色曰: "崔宣旣殺其妾, 反狀自然明矣, 妾今不獲, 何以自雪?" 行岌懼, 逼宣家訪妾. 宣再從弟思兢多致錢帛募之, 略無所聞耳. 宣家每議事, 則獄中告者輒知, 思兢疑宣家有同謀者, 乃詐曰: "須倩俠客殺告者." 語了遂寢. 晨伺於臺側. 有門客素爲宣所信任, 乃至臺賂門吏以通告者. 思兢因罵門客曰: "若陷崔宣, 必殺汝矣." 門客悔謝, 遂引思兢於告者之黨, 搜獲其妾, 宣始得免.

鄭克曰: "按行岌當酷吏任事之時, 獨不順旨妄族平人, 雖再被詰責, 亦全其所守, 故卒能辨誣也. 其不及徐有功者, 未能無懼矣. 然其懼也, 但逼宣家訪妾而已, 則異乎懼而失守者, 可不謂之賢哉! 史逸其事, 故備言之."

원문 2

唐垂拱年, 羅織事起. 湖州佐史江琛取刺史裵光製書, 割取其字, 輳合成文, 以詐爲與徐敬業反書告之. 則天差御史往推, 光款云書是光書, 語非光語. 前後三使, 皆不能決. 或薦張楚金能推事, 乃令再勀. 不移前疑. 楚金憂悶偃臥, 窗邊日光穿透, 因取反書向日看之, 乃見書字補葺而成, 平看不覺, 向日皆見. 遂集州縣官吏, 索水一盆, 令琛投書於

12 '이제 ~ 것이다': 『荀子』「大略」편에 실린 이야기이다.

水中, 字字解散. 琛叩頭服罪, 敕決一百, 然後斬之.

鄭克曰: “按此非智算所及, 偶然見之耳. 荀卿有言: ‘今夫亡箴者, 終日求之而不得. 其得之, 非目益明也, 靜而見之也.’ 心之於慮亦然, 要在至誠, 求之不已也. 楚金之求獄情, 何以異於此哉! 是亦盡心之效也.”

18. 부계규가 닭에게 콩을 먹인 것을 밝혀내고, 장거가 불에 탄 돼지의 재로 범죄를 밝혀내다

季珪鷄豆 張擧猪灰

이야기 1

송나라 부계규傅季珪[1]가 산음山陰[2] 수령으로 있을 때의 일이다. 닭의 주인이 누구인가를 둘러싸고 다툼이 생겨 부계규에게 제소했다. 부계규가 물었다.

"아침에 닭에게 무슨 모이를 먹였는가?"

한 사람은 좁쌀을 먹였다고 했고, 다른 한 사람은 콩을 먹였다고 했다. 이에 닭을 죽여 (닭의) 모이주머니를 열어 보니, 콩이 남아 있었다. 이에 좁쌀을 먹였다고 한 이에게 벌을 주었다. 군민들이 그를 신명하다고 칭송했다. [『남사南史』[3] 본전本

1 송나라 傅季珪: 송은 南朝의 송을 가리킨다. 劉裕(武帝)가 세운 나라라고 하여 劉宋이라고도 한다. 8대 60년(420-479) 만에 멸망했다. 계규는 傅琰의 자. 南齊 사람으로 송에서 벼슬을 했고, 武康, 山陰의 수령이 되어 傅聖으로 칭송되었다. 후에 益州 刺史, 行荊州事에 올랐다.

2 山陰: 현재 浙江省 紹興縣 주변. 會稽山 북쪽이라서 이러한 이름이 붙었다.

3 『南史』: 당 李延壽 편찬. 南朝의 宋, 齊, 梁, 晋 4대 170년간의 일을 기록했다.

傳에 나온다.]

정극이 말한다.

"허종예許宗裔가 장물을 조사할 때 명주실 감는 실패로 무엇을 사용했는지 묻자, 한 사람은 살구 씨앗이라고 하고 다른 한 사람은 기와 조각이라고 했다. 열어서 보니 살구 씨였다.[4] 이에 기와 조각이라던 이를 처벌했으니, 계규의 방법은 아마도 여기에 바탕을 둔 것이다."

이야기 2

장거張擧[5]는 오吳나라 사람인데, 구장현句章縣[6]의 수령이 되었다. 어떤 아낙이 남편을 살해한 뒤 집에 불을 내어 태우고는, 짐짓 남편이 불에 타서 죽었다고 둘러대었다. 남편 집안이 이를 의심해 관에 진상을 밝혀달라고 하소연했다. 아낙은 사실을 끝까지 부인하며 범죄를 인정하지 않았다. 그리하여 장거는 돼지 두 마리를 가져오게 하여 한 마리는 죽이고 다른 한 마리는 살려 두었다. 그러고는 장작을 쌓고 이 돼지들을 불에 태웠다. 죽은 돼지들을 살펴보니, 미리 죽인 돼지는 입 속에 재가 남아 있지 않은 반면, 산 채로 불에 탄 돼지의 입 속에는 재가 있었다. 이로써 남편의 입 속에 재가 없었다는 사실을 검증하여 심문하니, 아낙은 결국 죄를 자백하였다.

정극이 말한다.

"손보孫寶[7]는 환산環繖[8] 하나의 무게를 증거로 삼백 개라고 속

4 허종예가 ~ 살구 씨였다: 허종예가 명주실을 감는 실패의 재료를 물어 도둑을 가려낸 이야기는 제30장에 나온다.

5 張擧: 삼국시대 오나라 사람. 이 이야기로 명성을 얻었다.

6 句章: 지금의 浙江省 慈谿縣 서남쪽.

7 孫寶: 前漢 말의 인물. 벼슬이 京兆尹에 이르렀다. 哀帝 때 鄭崇의 억울함

인 사기죄를 밝혀냈다. 반면, 장거는 죽은 돼지의 입에 재가 없음을 증거로 삼아 남편이 불에 타 죽었다는 거짓말을 밝혀냈다. 이는 속이고 아직 발각되지 않은 범죄에 대하여 사물로써 증거를 삼은 것이니, 범죄를 도저히 감출 수 없다. 그리하여 장준莊遵[9]도 시체를 지켜보다가 (시체의) 머리에 파리가 모여든 것을 보고 간악한 범죄를 파헤쳐 성과를 거두었다. 그러나 어찌 장거가 시신의 입 속에 재가 없다는 것을 조사해 사특한 속임수를 입증한 경우처럼 그 이치를 다했다고 할 수 있겠는가?"

원문 1

宋傅季珪爲山陰令, 有爭鷄者訴於季珪. 季珪問: "早何食?" 一云粟, 一云豆. 乃令殺鷄破嗉, 有豆焉, 遂罰粟者. 郡人稱爲神明. [出『南史』本傳.]

鄭克曰: "按許宗裔之驗贓也, 問細線胎心用何物, 一云杏核, 一云瓦子, 開見杏核, 而罪言瓦子者. 其術蓋本於此."

원문 2

張擧, 吳人也, 爲句章令. 有妻殺夫, 因放火燒舍, 乃詐稱夫被火燒死. 夫家疑之, 訴之於官. 妻拒而不承. 擧乃取猪二口, 一殺之, 一活之, 乃積薪燒之, 察殺者口中無灰, 活者有灰. 因驗夫口中無灰, 以此鞫之, 妻乃服罪.

鄭克曰: "按孫寶以環饊一枚之重爲證, 而誣言三百枚之僞顯矣, 張擧

을 상소해 관직을 박탈당했으나, 平帝 때 다시 등용되어 大司農까지 되었다. 손보의 이야기는 제35장에 나온다.

8 環饊: 과자의 한 종류로 環餠 또는 饊子라고도 한다.

9 莊遵: 장준의 이야기는 제16장에 나온다.

以死猪口中無灰爲證, 而誣言夫燒死之慝顯矣. 是謂慝未顯者, 以物證之, 則不可諱也. 然則莊遵守屍, 而首有蠅集, 爲核奸有效, 豈若張擧驗屍而口無灰入, 爲證慝盡理乎?”

19. 고유가 쇠가죽으로 도둑을 잡고, 사슴고기를 사들이다 定牧認皮 滄州市脯

이야기 1

북제北齊 팽성왕彭城王 고유高湝[1]가 정주定州[2] 자사刺史였을 때의 일이다. 어떤 사람이 검정소 한 마리를 도둑맞았는데, 그 소의 등에는 흰 털이 나 있었다. 장리長吏[3] 위도건韋道健이 종사從事[4] 위도승魏道勝에게 말했다.

"사군使君[5]께서 창주滄州[6]에 계실 적에 간악한 이를 잡는 것이 마치 귀신같았다고 하니, 만일 이 도둑마저 체포하신다면 정말로 귀신같다고 할 수 있겠지요."

이에 고유는 상부에 상납할 가죽을 산다고 사람들을 속이고는 가죽 값을 곱절이나 많이 쳐주었다. 마침내 검정소의 가죽이 들어왔다. 고유는 검정소 주인을 불러다 확인하고는 소를

---

1 北齊 彭城王 高湝: 北齊 高祖의 다섯째 아들. 후에 도적떼 田子禮 등에게 잡혔을 때 주인으로 섬기기를 강요당했지만, 이를 거부해 살해당했다.
2 定州: 지금의 河北省 定縣.
3 長吏: 지위가 비교적 높은 縣級 관리.
4 從事: 從事中郎의 약칭. 南北朝 때 관청에 둔 屬官의 명칭.
5 使君: 刺史에 대한 존칭.
6 滄州: 북제 때의 창주는 오늘날 河北省 南皮縣 동남쪽.

훔친 범인을 체포해 처벌했다.

이야기 2

북제 팽성왕 고유가 창주滄州 자사로 있었을 때의 일이다. 어떤 사람이 나귀에 말린 사슴고기를 싣고 유주幽州[7]로부터 창주의 경계에 이르렀다. 그는 발이 아파 걸음이 더뎠는데, 때마침 한 길손을 만나 길동무가 되었다. 그런데 그만 나귀와 함께 말린 사슴고기도 몽땅 도둑맞았다. 다음 날 아침 그는 주 관아에 이 사건을 고발했다. 고유는 아전들을 풀어 말린 사슴고기를 사들이되, 달라는 대로 값을 쳐주도록 했다. 마침내 그 주인이 자신의 사슴고기를 식별하자 도둑을 체포할 수 있었다. (이 사건이 상부에 알려져) 고유는 정주 자사로 승진하게 되었다. [두 이야기 모두 『북사北史』 본전本傳에 나온다.]

정극이 말한다.

"살피건대 고유가 해결한 두 사안은 모두 범인의 행적을 추적할 수 있는 경우였다. 상부에 바친다고 하면서 값을 곱절로 쳐서 가죽을 사들인 일은 속임수를 써서 범인을 체포하려는 것이었다."

원문 1

北齊彭城王浟爲定州刺史, 有人被盜黑牛, 上有白毛. 長史韋道健謂從事魏道勝曰: "使君在滄州日, 擒奸如神, 若獲此賊, 實如神矣." 浟乃詐爲上府市皮, 倍酬其直. 皮至, 使牛主認之, 因獲其盜, 伏罪.

7 幽州: 북제 때의 유주는 지금의 河北省 盧龍縣의 북쪽.

원문 2

北齊彭城王浟爲滄州刺史，有一人從幽州來，驢馱鹿脯，至滄州界，以足疾行遲，偶遇一人爲伴，遂盜驢及脯去. 明旦告州，浟乃命左右及府僚分市鹿脯，不限其價. 其主見而識之，推獲盜者. 遂遷定州刺史. [並出『北史』本傳.]

鄭克曰: “按浟之二事，皆有迹可求. 若夫詐爲上府買皮而𠻳酬其直，乃兼以譎取之者也.”

20. 장윤제가 월소[1]를 받고, 배자운은 소를 돌려주도록 명하다張受越訴 裴命急吐

이야기 1

당나라의 장윤제張允濟[2]가 무양武陽[3] 수령으로 있을 때의 일이다. 덕으로 백성들을 훈계하여 백성들이 그를 잘 따랐다. 정읍鄭邑 원무현元武縣[4]에 처가살이를 하면서 암소를 키우는 사람이 있었다. 처가살이 8, 9년 사이에 암소가 송아지 십여 마리를 낳았다. 이제 분가하려고 하자, 처가에서 소를 내어주려 하지 않았다. 결국 원무현에 고발했으나, 관아에서는 여러 해 판결을 내리지 못했다. 이에 그 사람은 경계를 넘어 (무양현의) 장윤제에게 판결을 호소했다.

장윤제가 말했다.

"그대가 사는 고을에도 수령이 계시거늘, 어찌하여 이곳까지 왔는가?"

---

1 越訴: 해당 관할지역을 넘어서 다른 지역의 관아에 고소하는 것.

2 張允濟: 隋末唐初 시기의 인물. 수나라 때에는 武陽令이 되었고, 당나라 때에는 幽州 刺史가 되었다.

3 武陽: 현재 山東省 費縣의 서쪽.

4 元武縣: 미상. 무양에서 가까운 현인 듯하다.

그는 눈물을 흘리며 물러가지 않았고, 그 까닭을 낱낱이 말했다. 마침내 장윤제는 아전들로 하여금 소주인을 포박해 베옷으로 그의 얼굴을 가리게 한 다음 처가가 있는 마을로 보냈다. 그러고는 소도둑을 찾는다고 하면서, 마을사람들에게 소를 어디에서 데려왔는지 일일이 캐물었다. 처가에서는 영문을 모르고 연루될까 두려워 이렇게 말했다.

"이 소들은 사위의 것입니다."

윤제가 얼굴을 가린 베옷을 벗기게 했다.

"이 사람이 네 사위이다. 소를 돌려줘야 마땅하다."

이야기 2

당나라 위주衛州[5]의 신향현新鄕縣[6] 수령 배자운裵子雲은 기묘한 술책의 소유자였다. 주민인 왕공王恭이라는 사람이 변경을 지키는 수자리로 가게 되었다. 그는 암소 여섯 마리를 외삼촌 이진李璡에게 맡겼다. 5년이 지나자, 맡아 기르던 조카의 암소들이 송아지 30마리를 낳았고, 그 값어치가 일만 냥을 넘었다.

왕공이 돌아와서 맡긴 암소를 돌려달라고 했다. 그러자 외삼촌이 말했다.

"암소 두 마리는 이미 죽었으니, 늙은 암소 네 마리만 돌려주겠다. 나머지는 네가 준 암소들이 낳은 소가 아니다."

왕공은 외삼촌의 처사에 화가 나서 배자운에게 이 사실을 하소연했다. 그러자 배자운은 왕공을 감옥에 가두고는 소도둑을 체포하라고 아전들을 (이진의 집에) 보냈다. 외삼촌 이진이

5 衛州: 현재 河南省 濬縣.

6 新鄕縣: 衛州의 서남쪽에 위치하며, 오늘날 汲縣(新鄕市) 부근.

벌벌 떨며 관아에 출두하자, 배자운은 그를 이렇게 꾸짖었다.

"네가 소도둑과 함께 소 30마리를 훔쳐서 네 집에 숨겨 놓았으니, 이 때문에 너를 소환해 소도둑과 대질하려 한다."

한편 배자운은 왕공의 얼굴을 베옷으로 가리고는 남쪽 담장 밑에 세워 두었다. 그러고는 이진에게 사실대로 실토할 것을 명했다.

"소 30마리는 모두 외조카의 암소들이 낳은 것이지 정말로 훔친 것이 아닙니다."

그러고 나서 왕공의 얼굴을 가린 베옷을 벗기니, 이진이 놀라면서 말했다.

"이 사람이 바로 제 외조카입니다."

"그렇다면 즉시 소를 돌려주어야 마땅하다. 무슨 할 말이 더 있는가?"

이진은 잠자코 말이 없었다. 배자운이 말했다.

"5년 동안 암소를 기르느라 고생이 많았으니, 이진에게 다섯 마리를 주고 나머지는 모두 왕공에게 돌려주어라."

고을 사람들이 모두 그의 명철함에 감복했다.

정극이 말한다.

"이는 장윤제가 사특한 자를 갈고리로 낚는 수법을 사용했다. 단지 관할 주민이라면 수색하기 쉽지만, 관할 주민이 아니라면 수색하기 어려운 점이 다를 뿐이다. 따라서 장윤제는 다른 마을에서 도둑을 잡았다고 속인 것이다. 그러나 장윤제는 그의 관할지역을 넘어 도둑을 체포해 한 마을의 소들을 모조리 조사했다. 당시에는 이런 일이 가능했을지 모르나, 만약 다른 시대라면 관할 관아에 문서를 보내 허가를 얻은 후에야 수색이나 심문을 계속할 수 있다. 예를 들면 조화趙和[7]의 경우가 그렇다. 다만 교묘하게 빨리 일을 처리했을 뿐, (일을 처리하는) 형세는 이와 같을 따름이다."

원문 1

唐張允濟爲武陽令, 以德教訓下, 百姓懷之. 鄭邑元武縣有以牸牛依其妻家者, 人九年間牸生十餘牛. 及將異居, 妻家不與. 本縣累年不能決. 其人乃越界訴於允濟. 允濟曰: "爾自有令, 何至此也?" 其人垂泣不肯去, 具言所以. 允濟遂令左右縛牛主, 布衫蒙頭, 將詣妻家村中, 云捕盜牛賊, 悉問此村牛所仔從來. 妻家不知其故, 恐致連及, 乃曰 "此是女婿家牛." 允濟令發其蒙, 謂曰: "此卽女婿, 當以牛歸之."

원문 2

唐衛州新鄉縣令裴子雲有奇策, 部人王恭戍邊, 留牸牛六頭於舅李璡家, 養五年, 產犢三十頭, 例直十千已上. 恭還乃索牛, 舅曰 "牸牛二頭已死, 只還四頭老牸, 餘並非汝牛所生." 恭忿之, 訴於子雲. 令送恭獄禁, 取追盜牛賊. 李璡惶怖至縣, 子雲叱之曰: "賊與汝同盜牛三十頭, 藏汝莊內, 喚汝共對." 乃以布衫蒙恭頭, 立南墻下. 命璡急吐詞云: "牛三十頭, 總是外甥牸牛所生, 實非盜得." 子雲遣去王恭布衫, 璡驚曰: "此是外甥也." "若是, 卽當還牛, 更欲何語?" 璡默然. 子雲曰: "五年養牛辛苦, 與璡五頭, 餘並還恭." 一縣伏其明察.

鄭克曰: "此乃用允濟鉤慝之術者. 但部民則易追, 而非部民則難追矣, 故允濟譎彼村中捕盜也. 然越境有所捕, 召集一村牛, 亦是當時可以爲此, 若在異日, 止合移文追而詰之, 如趙和者是也. 但欲巧捷者. 勢須爲此耳."

7 趙和: 당나라 때 사람. 강음현의 현령으로서 판결을 잘하기로 유명했다. 조화가 이웃 현에 공문은 보내 이웃 현 주민의 저당 잡힌 문서를 되찾아 준 이야기는 제67장에 나온다.

21. 왕질은 사면을 허락하지 않고, 마량은 죄인을 모두 방면하다王質毋原 馬亮悉貸

이야기 1

대제待制 왕질王質[1]이 여주廬州[2] 수령으로 있을 때의 일이다. 어떤 도둑이 그 무리를 죽이고 재물을 빼앗아 달아났는데, 포졸이 그를 잡았다. 왕질이 죄수를 사형으로 다스리려고 하자, 전운사轉運使 양고楊告[3]가 이를 반대했다.

"도둑이 도둑을 죽인 경우 마땅히 사형을 사면해야 합니다."

왕질이 말했다.

"도둑이 그 무리를 죽이고 자수한 경우에는 마땅히 사면해야 합니다. 그러나 이번에는 사람을 죽이고 금품을 탈취했으며 자수한 것이 아니라 체포한 경우인데, 사면한다면 어찌 법의法意라 하겠습니까?"

여러 차례 상소했지만, 받아들여지지 않았다. 왕질은 오히

1 王質: 송나라 사람. 자는 子野. 벼슬이 尙書祠部員外郞에 이르렀다.
2 廬州: 지금의 安徽省 合肥市.
3 楊告: 송나라 사람. 자는 道之. 벼슬이 開封府推官, 右諫議大夫에 이르렀다. 법에 정통한 사람으로 유명했다.

려 서주舒州[4] 영선관靈仙觀[5]의 감시역監視役으로 좌천되었다. 다음해 한기韓琦[6]가 심형원審刑院의 장관이 되었는데, 도둑이 그 무리를 죽이고 자수하지 않은 경우에는 사면하지 않는다고 했다. [본전本傳[7]에 보인다.]

정극이 말한다.

"자수하면 사면한다는 것은 아마도 스스로 개심改心한 경우일 것이다. 자수하지도 않았는데 사면한다면 어찌 이런 경우라고 할 수 있겠는가? 그 무리를 죽이고 금품을 탈취한 후 도망가다가 체포된 경우라면, 처음부터 과오를 뉘우치지 않은 경우이다. 그런데도 사면한다면 법의를 잃는 것이다. 그 사건을 심의한 사람이 왕질의 상소를 들어주는 것이 마땅하다."

이야기 2

상서尙書 마량馬亮[8]이 담주潭州[9]의 지주知州로 있을 때였다. 담주의 속현屬縣에 민가를 약탈하는 도망병이 있었는데 마을사람들의 골칫거리였다. 사람들이 모의하여 그를 죽였는데, 법에 따라 사형을 당해야 할 사람이 모두 네 사람이었다. 마량이 말했다.

"백성들을 위해 해악을 제거하고도 오히려 사형으로 처벌한

---

4 舒州: 지금의 安徽省 懷寧縣.

5 靈仙觀: 道教 사원을 가리킴.

6 韓琦: 자는 稚圭, 시호는 忠獻이다. 范仲淹과 함께 송의 賢相으로 韓范이라 일컬어졌던 인물. 仁宗, 英宗, 神宗 때 벼슬했으며, 魏國公에 봉해졌다. 문집으로 『韓魏公集』이 있다.

7 本傳: 『宋史』 「王祐傳」을 가리킨다. 왕질은 왕우의 손자임.

8 馬亮: 송나라 사람으로 자는 叔明이다. 工部尙書와 太子少保를 지냈다. 정무 처리가 민첩하고 청렴한 인물로 알려졌다.

9 潭州: 지금의 湖南省 長沙市.

다면 어찌 법의法意라 할 수 있겠는가?"

그러고는 모두 방면해주었다. [본전本傳에 나온다.]

정극이 말한다.

"백성을 약탈한 자는 체포하도록 법률에도 명시되어 있다. 그런데 만약 체포한 것이 아니라 오히려 그를 모살謀殺했다면 이는 그에게 죄를 덮어씌우려는 의도가 있을 수도 있기에 법률에 허락하지 않는 바이다. 상부에 보고하고 재가裁可를 기다리는 것이 가장 합리적이라고 생각한다."

원문 1

王質待制知廬州, 有盜殺其黨, 併其貲而遁, 邏者得之. 質抵之死, 轉運使楊告駁之曰: "盜殺其徒者, 死當原." 質云: "盜殺其徒而自首者, 當原. 今殺人而取其貲, 非自首而捕得之, 原死豈法意乎?" 數上疏, 不報. 降監舒州靈仙觀. 逾年, 韓琦知審刑院, 謂盜殺其徒而不首者, 毋得原. [見本傳.]

鄭克曰: "按首則原之, 許自新也. 不首而原, 復何謂也? 殺其徒取其貲, 遁去捕得, 初非悔過, 而貸其死, 失法意矣, 宜乎議者有是請也."

원문 2

尙書馬亮知潭州. 屬縣有亡命卒剽攻, 爲鄕民患. 或謀殺之, 在法當死者四人. 亮曰: "能爲民除害, 而反坐以死, 豈法意耶?" 乃實貸之. [出本傳.]

鄭克曰: "按剽攻之人, 於法許捕. 若非名捕者, 輒以謀殺之, 則慮有誣枉, 法所不許也. 能奏聽裁, 尤爲得體云."

22. 장윤제가 파 냄새를 맡고, 팽성왕이 채소 잎에 글씨를 쓰다 允濟聽葱 彭城書菜

이야기 1

당나라 장윤제張允濟[1]가 처음으로 맡은 벼슬이 무양武陽[2] 수령이었다. 길을 가다가 한 노파가 밭에 파를 심어 놓고 옆에 움막을 짓고 지키는 것을 보았다. 장윤제가 말했다.

"이렇게 번거롭게 지키지 말고 집으로 돌아가시오. 만약 도둑맞거든 즉시 관아에 와서 알리시오."

노파가 지시를 따라 집으로 돌아갔다. 그런데 하룻밤 사이에 파를 많이 도둑맞았다. 노파가 이를 관아에 알렸다. 그리하여 장윤제가 파밭 근처에 사는 이웃들을 소집해 놓고 한 사람씩 앞으로 나오도록 명령했다. 그는 일일이 그들의 손을 냄새 맡고 주의 깊게 살폈고, 마침내 파를 훔친 도둑을 잡아 처벌했다. [월소越訴의 일[3]과 함께 『당서唐書』에 나온다.]

---

1 張允濟: 隋末唐初 시기의 인물. 수나라 때 武陽令을 지냈으며, 당나라 때 幽州 刺史를 지냈다.

2 武陽: 지금의 山東省 費縣 서북쪽.

3 越訴의 일: 張允濟가 이웃 현 주민의 越訴를 받고 해결해 준 이야기로 제20장에 나온다.

정극이 말한다.

"『주례周禮』[4]에 따르면 오성五聲으로 옥송獄訟을 살피면 민심을 얻을 수 있다고 했다. 첫째는 말을 살피는 것[사청辭聽]이다. 말하는 모양을 잘 살피면 정직하지 않은 자는 말이 장황하고 횡설수설한다는 것을 알 수 있다. 둘째는 안색을 살피는 것[色聽]이다. 안색을 잘 살피면 정직하지 않은 자는 얼굴이 붉어짐을 알 수 있다. 셋째는 숨소리를 살피는 것[氣聽]이다. 숨소리를 잘 살펴보면 정직하지 않은 자는 숨이 가쁜 것을 알 수 있다. 넷째는 귀를 살피는 것[耳聽]이다. 그 듣는 모양을 살펴보면 정직하지 않은 자는 잘 알아듣지 못하는 것을 알 수 있다. 다섯째는 눈을 살피는 것[目聽]이다. 눈으로 보는 모양을 살펴보면 정직하지 않은 자는 눈동자가 흐리고 불안정함을 알 수 있다. 장윤제가 파밭 근처에 사는 이웃들을 소집해 한 사람씩 앞으로 나오도록 하여 일일이 손을 살펴서 파를 훔친 도둑을 잡은 것도 아마 이런 방법을 이용한 것인 듯하다. 그러나 그런 방법을 지나치게 과신하여 그 의도를 내보이고, 부득이해서 이 방법을 사용하지 않는다면, 각옹郄雍[5]이 도둑을 조사할 때 도둑의 눈썹 사이를 살펴보고 진범이라고 생각한 것과 무엇이 다르겠는가? 진실로 백성들이 도둑질하는 것을 부끄럽게 여기도록 만들 수 없다면, 노파가 파밭을 지키도록 놔두느니만 못하다."

4 『周禮』: 經書의 하나. 원래는 『周官』이라고 한다. 天地, 春夏秋冬의 변화에 따라 官制를 정하고 그 직무를 기록함. 아래의 이야기는 「秋官·小司寇」편에 나온다.

5 郄雍: 『列子·說符篇』에 보이는 晋의 郄雍을 가리킴. 도적을 더 잘 분별하려다가 오히려 도적에게 살해당했다고 함.

이야기 2

북제北齊의 팽성왕彭城王 유浟[6]가 창주자사滄州刺史로 있을 때 왕노파라는 사람이 있었다. 그녀는 혼자서 삼백 평이나 되는 채소밭을 가꾸고 있었다. 채소가 여러 차례 도둑질당해 팔린 것을 알고 고발했다. 팽성왕 유는 몰래 사람을 시켜 채소 잎에 글자를 써넣게 했다. 다음날 시장에서 그 채소 잎을 발견하여 마침내 도둑을 잡을 수 있었다. [『북사北史』 본전本傳에 나온다.]

원문 1

唐張允濟初仕隋爲武陽令時, 道中見一姥, 種葱結庵守之. 允濟曰: "但歸, 不煩守此. 若遇盗, 即來告." 姥如戒歸, 一宿而葱大失. 姥以告, 允濟乃召集葱地左右居人, 呼令前, 一一聽其手, 遂獲盗葱者伏罪. [此與受越訴事並出『唐書』本傳.]

鄭克曰: "按『周禮』, 以五聲聽獄訟, 求民情. 一曰辭聽. 觀其出言, 不直則煩. 二曰色聽. 觀其顏色, 不直則赧. 三曰氣聽. 觀其氣息, 不直則喘. 四曰耳聽. 觀其聽聆, 不直則惑. 五曰目聽. 觀其顧視, 不直則眊. 允濟召集葱地左右居人, 呼令前, 一一聽之, 遂獲盗葱者, 蓋用此術也. 然其意度頗涉矜衒, 非不得已而用之, 則與郤雍視盗, 察其眉睫之間, 而得其情者, 何以異哉? 苟未能使人耻爲盗, 不若聽姥守之也."

원문 2

北齊彭城王浟爲滄州刺史, 有老姥姓王, 獨種菜三畝. 菜數被盗賣, 浟乃令人密往書菜葉爲字, 明日市中認之, 遂獲盗. [出『北史』本傳.]

---

6 彭城王 浟: 성은 高, 이름이 浟이다. 北齊(500-577) 高祖의 다섯째 아들. 彭城王에 봉해졌다. 북제는 東魏의 실권자 高洋이 세운 魏晋南北朝 시대의 왕조. 제13장과 제19장에도 등장한다.

23. 여공작이 부인의 팔목을 절단한 사건을 판결하고, 포증이 소의 혀를 절단한 사건을 판결하다呂婦斷腕 包牛割舌

이야기 1

시독侍讀 여공작呂公綽[1]이 개봉부開封府 부윤으로 있을 때였다. 병영 내에 거주하는 아낙이 있었는데, 마침 남편이 출타 중이었다. 밤에 도둑이 들었는데 그 아낙의 손목을 절단한 후 달아났다. 사람들이 모두 놀라서 시끄럽게 떠들었다. 여공작이 말했다.

"남편의 원수가 아니라면 이런 일을 생각해낼 수가 없을 것이다."

병사를 보내 그 남편을 심문하여 마침내 같은 병영에 있는 韓元이라는 자를 체포했다. 범행에 대한 조서를 갖추어 사형으로 다스렸다. [왕규王珪[2]가 지은 묘지墓誌에 나온다.]

---

1 侍讀 呂公綽: 侍讀은 황제 앞에서 책을 강의하는 벼슬이다. 呂公綽은 송대 사람으로 자는 仲祐이며 벼슬이 翰林侍讀學士에 이르렀다.

2 王珪: 송나라 사람. 자는 禹玉. 哲宗 때 尙書左僕射, 門下侍郞의 벼슬에 올랐다. 저작에 『華陽集』이 있다.

정극이 말한다.

"이 일은 아마도 그 부인의 사람됨이 불량하지 않음을 알고, 따라서 그 남편이 원한을 산 일이 있어서 부인을 해쳤을 것이라고 의심한 것이다. 이미 그 사정을 짐작하고 그 증거를 살피니, 그가 숨고자 해도 어디로 도망갈 수 있겠는가? 이 역시 과연 명판관이라 일컬을 만하다."

이야기 2

부추副樞 포증包拯[3]이 처음에 양주揚州 천장현天長縣[4] 지현으로 있을 때였다. 어떤 사람이 도둑이 들어 소의 혀를 잘라 갔다고 고발했다. 포증은 몰래 그 사람에게 집으로 돌아가 소를 도살해 고기를 내다 팔라고 지시했다. 마침내 어떤 이가 집에서 사사로이 소를 도살한 사람이 있다고 고발했다. 포증이 그를 꾸짖었다.

"그 사람 소의 혀를 잘라놓고 이제 와서 또 고발하는 이유는 무엇이냐?"

그 사람이 놀라서 자신의 죄를 자백했다. [본전本傳에 보인다.]

정극이 말한다.

"일찍이 전화錢和[5]가 수주秀州 가흥현嘉興縣[6]의 지현으로 있을

---

3 副樞 包拯: 부추는 樞密副使를 일컫는다. 樞密院에 관해서는 제12장 참조. 포증은 송나라 사람으로 자는 希仁. 벼슬은 右司郎中, 禮部侍郎에 이르렀으며, 청렴하고 강직하기로 유명하여 후에 '包靑天'이라는 별명이 붙을 정도였다. 元代 公案劇과 明代 『百家公案』이라는 공안소설의 주인공으로 민간에 널리 알려졌으며, 염라대왕과 연관성이 있는 것으로 여겨져 '包閻羅'라고도 불렸다.

4 揚州 天長縣: 오늘날 安徽省 동쪽의 天長縣을 가리킨다.

5 錢和: 송나라 사람. 자는 曽仲. 벼슬이 秘閣直學士, 荊南知府에 이르렀다. 장서가로 유명하다.

때였다. 마을사람이 도둑이 소를 죽였다고 고발했다. 그러자 전화는 빨리 집으로 돌아가 관에 신고했다고 말하지 말라고 일렀다. 그러고는 마을사람들을 불러 고기를 잘라 모든 사람들에게 고기를 나눠주어 알리고, 그중에서도 원한이 있는 사람에게는 곱절로 고기를 주라고 말했다. 그 사람이 지시를 따랐다. 이튿날 고기를 가지고 관아에 와서 사사로이 소를 도살한 사람이 있다고 고발한 이가 있었다. 전화가 즉시 그를 체포하여 심문하니, 과연 그 사람이 소를 죽인 자였다. 이는 곧 포증이 이용한 낚시 수법[7]이었다. 아마도 원수가 아니라면 할 수 없는 일임을 미리 살핀 까닭에 이런 속임수를 이용하여 범인이 다시 고발하도록 만들었던 것이다. 예전에 조광한趙廣漢[8]이 이 낚시 수법[9]에 능해 사건을 잘 해결했다고 한다. 진작晋灼[10]은 '구鉤'는 끌어내는 것이고, '거距'는 막는 것이라고 했다. 아마도 수법을 은폐하는 것을 '거'라고 한 것인데, 범인이 낚시 바늘임을 감쪽같이 모르게 하는 것이다. 대개 범인이 깊숙이 숨어 있어서 잡을 수 없을 때 낚시 바늘로 끌어내는 것인데, 범인이 그것이 낚시 바늘이라는 것을 아는 날에는 그는 반드시 더욱 깊숙이 숨어버릴 것이다. 비유하자면 물고기가 연못 깊은 곳으로 도망가 다시는 찾을 수 없는 것이나 마찬가지이다. 이런 까닭에 역사에서는 오직 조광한만이 이런 작전에 정통했고, 다른 사람들은 효과를 볼 수 없었다고 기록한

---

6 秀州 嘉興縣: 오늘날 浙江省 嘉興縣을 가리킨다.

7 낚시 수법: 원문은 鉤慝之術.

8 趙廣漢: 漢나라 사람. 자는 子都. 宣帝 때 京兆尹이 되었다. 갈고리 작전에 능해 간사한 일을 잘 꾸미기로 유명했다.

9 낚시 수법: 원문은 鉤距.

10 晋灼: 晋나라 사람. 벼슬이 尙書郎에 올랐다. 저서로 『漢書音義』가 있다.

것이다. 이런 몇몇 판관들은 역시 보통사람들의 재능을 뛰어넘었기에 가능한 일이었다.

원문 1

呂公綽侍讀知開封府, 有營婦, 夫出於外. 盜夜入舍, 斷其腕而去. 都人喧駭. 公謂: "非其夫之仇, 不宜快意如此." 遣騎詰其夫. 果獲同營韓元者, 具奸狀伏誅. [出王珪所撰墓誌.]

鄭克曰: "按此蓋知營婦爲人非不良者, 故特疑其夫仇戕害之也. 旣得其事, 乃察其實, 彼之隱慝, 將何所遁? 斯亦可以謂之明矣."

원문 2

包拯副樞初知揚州天長縣時, 有訴盜割牛舌者, 拯密諭令歸屠其牛而鬻之. 遂有告其私殺牛者, 拯詰之曰: "何爲割某家牛舌而又告之?" 其人驚服. [見本傳.]

鄭克曰: "按錢和嘗知秀州嘉興縣, 有村民告牛爲盜所殺, 和令亟歸, 勿言告官, 但召同村解之, 遍以肉餽知識, 或有怨卽倍與. 民如其言. 明日, 有持肉告民私殺牛者, 和卽收訊, 果其所殺. 此乃用拯鉤慝之術者. 蓋以揣知非仇不爾, 故用此譎, 使復出告也. 昔趙廣漢善爲鉤距, 以得事情. 晋灼云: "鉤, 致也. 距, 閉也." 蓋以閉其術爲距, 而能使彼不知爲鉤也. 夫惟深隱而不可得, 故以鉤致之, 彼若知其爲鉤, 則其隱必愈深, 譬猶魚逃於淵, 而終不可得矣. 是故史稱惟廣漢至精能用之, 他人效者莫能及也. 此數君子, 材知過人亦庶幾焉."

24. 최암이 금고를 수색하고, 장로가 굴로 들어가다崔黯搜帑 張輅行穴

이야기 1

당唐나라 최암崔黯[1]이 호남湖南[2]을 다스리고 있을 때의 일이다. 어떤 악당이 마을에서 받아들여 주지 않자 스스로 머리를 깎고 칼을 쓰고[3] 절에 들어갔다. 절에서 일꾼으로 일하면서 불교 수행을 빙자하여 사람들을 속이고 수많은 재물을 모았다. 최암이 처음 부임하였을 때라 일이 잘못될까 두려워 도첩[4]을 가지고 관아로 출두했다. 악당이 말했다.

"제가 불교 수행을 발원한 지 삼년이 지났으니 이제 그만두고 환속還俗할까 합니다."

최암이 물었다.

---

1 崔黯: 자는 直卿. 벼슬이 監察御使, 員外郎諫議大夫에 이르렀다.

2 湖南: 송대 호칭으로 路의 명칭. 지금의 湖南省 이남과 廣西省 전역을 포괄한다.

3 머리를 ~ 쓰고: 원문은 髡鉗. 이는 고대 형벌로 '髡'는 머리를 깎는 것, '鉗'은 동그란 모양의 쇠고리를 머리에 쓰는 것을 가리킨다.

4 도첩: 원문에는 牒. 바로 '度牒'을 가리킨다. '度牒'은 관아에서 승려에게 부여하는 허가증으로, 受戒의 날에 허가증을 받고 사망 혹은 환속하는 경우 반납하는 규정이 있다.

"삼 년 동안 중생을 교화했으니 그동안 얻은 재물이 얼마인가?"

"겨우 조금 얻은 것을 조금씩 썼기에 그 액수를 기록하지 않았습니다."

"비용은 얼마였느냐?"

"엽전 삼천 냥[5]은 족히 넘습니다."

"준 것은 액수를 아는데 받은 것은 액수를 기록하지 않았다니, 속이는 것이 아니고 무엇이랴!"

이에 그의 집을 수색하게 했는데, 처자도 있었고 재물이 보통사람보다 더 많았다. 그 악당은 백성을 속인 것을 자백하고 법에 따라 처벌되었으며, 그의 재물을 가난한 사람들에게 모두 나눠 주었다.

정극이 말한다.

"백성을 속임수로 현혹시키는 것을 '요민妖民'이라고 한다. 귀신을 빌어 백성을 속이는 것이나 사설邪說을 퍼뜨려 정치를 어지럽히는 것이나 모두 마찬가지이다. 모두 징벌해야 한다."

이야기 2

석진石晋의 고조高祖[6]가 업鄴[7]을 다스릴 때였다. 위주魏州 관씨현冠氏縣[8] 화촌華村에 사원이 있었는데, 그곳에는 키가 한 장丈

5 엽전 삼천 냥: 원문은 三千緡. '緡'은 줄에 꿴 동전꾸러미를 말한다. 대개 일천 냥이 한 꾸러미였다.

6 石晋의 高祖: 석진은 五代 晋(936-946)의 별칭. 고조는 석진을 건국한 石敬塘을 일컫는다. 그는 後唐 明宗의 사위였는데 후에 거란족과 결탁하여 황제를 폐위시키고 洛陽에 들어가 즉위했다. 汴州로 천도하다가 재위 7년 만에 사망했다.

7 鄴: 魏郡 18縣의 하나. 오늘날 河南省 安陽市 동쪽이다.

8 魏州 冠氏縣: 魏郡 18縣의 하나로 館陶라고도 한다. 오늘날 山東省 館陶縣 남쪽이다.

이 넘는 철불鐵佛이 있었다. 불상은 속이 비어 있었는데, 어느 날 갑자기 불상이 말을 하고 설교를 베푼다는 것이었다. 신도들이 칭찬하는 소리가 마을에 자자했고, 일반 백성과 사인士人들까지 구름처럼 모여들어 그들이 보시한 재물이 사원을 가득 메울 정도였다. 현에서 그 일을 상부에 보고했다. 고조가 그 일의 진위를 헤아릴 수 없어 무관인 상겸尙謙에게 명하여 불공을 드리게 하는 한편, 그 일을 조사하게 했다. 그때 위병衛兵[9]인 장로張輅라는 자가 동행을 요청했는데, 그 일이 의심스럽다고 했다. 그는 부하들이 사원을 포위하도록 명령하고, 승려들은 모두 사원 밖으로 내쫓았다. 장로가 몰래 승방을 열고 들어가서 굴을 발견했는데, 그 굴은 불상 아래로 통했다. 그는 불상으로 들어가서 승려들의 과오를 큰 소리로 꾸짖었다. 마침내 무관 상겸은 주모자를 체포했다. 고조는 주모자를 죽이도록 명령했고, 장로를 장하현長河縣[10] 주부主簿[11]에 임명했다.

정극이 말한다.

"이 역시 백성을 속임수로 현혹시키는 일이기에 사형에 처한 것이다."

9 衛兵: 원문은 三衛. 唐代에는 禁衛軍의 親衛, 勳衛, 翊衛를 三衛라 하고, 송대에는 殿前司, 侍衛司馬軍, 侍衛司步軍의 三司를 三衙, 혹은 三衛라 하였다.

10 長河縣: 魏郡 18縣의 하나로 元城이라고도 한다. 오늘날 河北省 故城縣.

11 主簿: 縣의 主簿를 일컫는다. 문서와 장부를 관장하는 벼슬.

원문 1

唐崔黯鎭湖南，有惡少不爲鄕里所容，乃有髡鉗依佛敎爲傭隸，假託梵修，幻惑愚俗，積財萬計．黯始下車，恐其事敗，乃持牒詣府，云："某發願梵修三年，今已畢，請脫鉗歸俗．" 黯問："三年敎化，所得幾何?" 曰:"旋得旋用，不記其數." 又問:"費用幾何?" 曰:"三千緡不啻."
黯曰:"給者有數，納者不記，豈無欺隱!" 乃命搜其室，妻帑蓄積甚於俗人．旣服矯妄，卽以付法，並以財物施之貧下．

鄭克曰:"按矯妄幻惑，乃妖民也．與假鬼神以疑衆，執左道以亂政者同矣．可不懲歟?"

원문 2

石晋高祖鎭鄴時，魏州冠氏縣華村僧院有鐵佛一軀，高丈餘，中心且空．一旦忽云佛能語，似垂敎戒．徒衆稱贊，聞於鄕縣．士庶雲集，施利塡委．縣申州府，高祖莫測其事，命衙將尙謙持香設供，且驗其事．有三衛張輅請與偕行，詰其妖狀．乃率人圍寺，盡遣僧出赴道場．輅乃潛開其僧房，搜得一穴，通佛座下，卽由穴入佛身，厲聲歷數諸僧過惡，衙將遂擒其魁．高祖命就彼戮之，以輅爲長河縣主簿．

鄭克曰:"按此亦以矯妄幻惑而戮之也."

棠陰比事

卷中

[illegible]

[illegible]

25. 두호가 초상화를 훼손한 사건을 해결하고, 차옹이 사내들을 사형으로 다스리다 杜鎬毁像 次翁戮男

이야기 1

시랑侍郎인 두호杜鎬[1]의 형이 강남江南[2]에서 법관으로 있을 때였다. 그때 아들이 아버지의 초상화를 훼손한 사건이 있었는데, 가까운 친척이 그 아들을 고소했다. 두호의 형은 이런 일을 규정한 법령이 없어서 처결하지 못하고 있었는데, 고민하는 기색이 역력했다. 당시 두호는 아직 어렸지만, 그 까닭을 듣고는 곧바로 이렇게 말했다.

"도사나 스님이 천제天帝의 초상이나 불상을 훼손한 일로 유추해 다스릴 수 있겠군요."

형이 크게 감탄하면서 마침내 그의 말대로 처결했다. [본전本傳에 보인다.]

정극이 말한다.

---

1 杜鎬: 송나라 사람. 자는 文周. 太宗 때 直秘閣, 眞宗 때 禮部侍郎에 올랐다.

2 江南: 송대 路의 명칭. 오늘날 江蘇省 揚子江 이남, 丹徒 서쪽 지역과 安徽省 양자강 이남 및 江西省 전역을 가리킨다. 14州 6軍을 두었다.

"순자荀子가 말하기를, '법에 정해진 일은 법대로 행하고, 법에 없는 일은 유추하여 처벌한다'라고 했는데, 이 일이 바로 유추해 처벌하는 경우이다. 이는 황패黃霸가 간통을 저지른 세 남자를 사형한 일과 같다고 할 수 있는데, 모두 유사한 일로 유추해 처결한 경우이다. (황패의 경우) 법령에는 짐승의 패륜[3]을 엄금하지 않았지만, 사람이 짐승을 죽이는 것은 무죄이므로 짐승은 죽여도 된다고 했다."

이야기 2

황패黃霸[4]의 자字는 차옹次翁인데, 한漢 선제宣帝 때 승상에 올랐다. 연燕과 대代[5] 지방 사이에 세 사내가 살았는데, 그들은 모두 한 여자와 관계를 맺어 아들 둘을 낳았다. 그들은 서로 아이들을 빼앗으려고 다투다가 어사대御史臺[6]에 나아가 황패에게 판결해주기를 요청했다. 황패가 말했다.

"(그들이 저지른 패륜은) 사람의 일이라고 할 수 없으니, 마땅히 짐승과 매한가지로 처단해야 한다."

결국 세 사내를 사형시키고, 아이들은 어머니에게 돌려보냈다.

---

3 짐승의 패륜: 원문은 聚麀. '麀'은 암사슴이다. 『曲禮』에 '금수는 예가 없어 父子가 암사슴을 함께 취한다'는 구절이 있다. 따라서 '聚麀'는 문란함 혹은 패륜을 일컫는다.

4 黃霸: 宣帝 시기에 廷尉正이 되었지만, 한때 억울한 죄로 옥에 갇혔다. 그 후 다시 발탁되어 영천 태수가 되었고, 丞相까지 이르렀다.

5 燕代: 漢代 代郡 혹은 代縣을 가리킨다. 燕은 河北省의 옛 지명. 代郡의 관할 아래 18縣이 있었고, 代縣은 그중 하나였다. 현재 하북성 蔚縣 부근이다.

6 御史臺: 고대 감찰 기구로서 장관은 御史大夫, 차관은 御史中丞, 그 아래는 臺院, 殿院, 察院의 삼원이 있었고, 각자 侍御史, 殿中侍御史, 監御史(監察侍御史라고도 한다)가 설치되었다.

원문 1

杜鎬侍郎, 兄仕江南爲法官. 嘗有子毁父畫像, 爲近親所訟者, 疑其法, 未能決, 形於顔色. 鎬尙幼, 聞知其故, 輒曰: "僧·道毁天尊佛像, 可以比也." 兄甚奇之, 遂以此爲斷. [見本傳.]

鄭克曰: "按荀子言: '有法者以法行, 無法者以類擧.' 此以類擧者也. 若夫黃霸戮奸男, 蓋擧其事之類耳. 法不禁禽獸聚麀, 然人殺禽獸無罪, 則戮之可也."

원문 2

黃霸字次翁, 漢宣帝時爲丞相. 燕·代之間有三男共娶一女, 因生二子. 乃欲分離, 各爭其子, 遂訟於臺, 請霸斷之. 霸曰: "非同人類, 當以禽獸處之." 遂戮其三男, 以子還母.

26. 부염이 명주실을 채찍질하고, 이혜가 양가죽을 때리다傅令鞭絲 李惠擊鹽

이야기 1

송나라 부염傅琰[1]의 자字는 계규季珪인데, 그가 산음山陰[2] 현령으로 있을 때였다. 사탕가게와 바늘가게의 양가 노모끼리 명주실 한 타래를 놓고 싸움이 벌어졌는데, 계규에게 판결해주길 요청했다. 계규는 명주실을 기둥에 걸어놓고 채찍으로 때리도록 시켰다. 그러자 얼마 후 명주실에서 쇳조각이 나왔다. 그리하여 계규는 사탕가게 주인을 처벌했다. [『남사南史』 본전本傳에 나온다.]

1 傅琰: 부염은 자가 季珪, 南齊 사람으로 宋에서 벼슬을 했고, 武康, 山陰의 수령이 되어 傅聖으로 칭송되었다.

2 山陰: 현재 浙江省 紹興縣 주변. 會稽山 북쪽이라서 이러한 이름이 붙었다.

이야기 2

후위後魏의 이혜李惠[3]가 옹주雍州[4]자사刺史로 있을 때였다. 땔감을 진 사람과 소금을 진 사람이 양가죽 한 장을 놓고 다투면서 서로 자기가 등짐 질 때 쓰는 깔개라고 우겼다. 이혜가 아전을 불러 말했다.

"이 양가죽을 문초하면 그 주인이 누군지 알 수 있을 것이다."

아랫사람들이 어안이 벙벙해 있는 사이 이혜는 양가죽을 자리에 깔아놓고 곤장을 치라고 명령했다. 얼마 후 양가죽에서 소금이 떨어진 것을 보자, 이혜는 다투던 두 사람을 불러 양가죽을 보여주었다. 그러자 땔감을 진 사람이 자신의 죄를 실토했다. [『북사北史』 본전本傳에 나온다.]

정극이 말한다.

"이 일은 부염이 명주실을 채찍질한 일과 다르지만 이치는 같다. 두 사건 모두 물증을 확보해 해결한 경우이다."

원문 1

宋傅琰字季珪, 爲山陰令. 有賣糖, 賣針兩家老母爭絲一團, 訴之季珪. 季珪令挂絲於柱鞭之, 有少鐵屑焉. 乃罰賣糖者. [出『南史』本傳.]

원문 2

後魏李惠仕爲雍州刺史, 有負薪, 負鹽者爭一羊皮, 各言藉背之物. 惠謂州吏曰: "此羊皮可拷知其主." 羣下嘿然, 惠令置羊皮於席上, 以杖擊之, 見少許鹽屑, 使爭者視之, 負薪者乃伏罪. [出『北史』本傳.]

鄭克曰: "按傅琰鞭絲, 事異理同, 皆以物爲證者也."

3 李惠: 後魏 獻文帝 思皇后의 아버지. 벼슬은 征南大將軍과 후에 青州, 雍州 刺史를 역임했다. 선정을 베풀었지만 文明太后에게 미움을 받아 모반죄로 사형당했다.

4 雍州: 後魏 때 雍州는 오늘날 山東省 臨淸縣 남쪽을 가리킨다.

27. 양주자사 이숭이 무당을 처벌하고, 설향이 상인을 체포하다揚牧笞巫 薛向執賈

이야기 1

후위後魏의 이숭李崇[1]이 양주揚州 자사刺史로 있을 때였다. 정주定州[2]에 유배된 해사안解思安이란 자가 있었는데, 노역을 하지 않고 도망갔다. 해사안의 형 경빈慶賓이 동생의 이름을 호적에서 삭제할 마음을 먹고, 성 밖에서 시체를 구해 동생의 시신이라 속이고는 소현보蘇顯甫와 이개李蓋가 동생을 죽였다고 고발했다. 양씨라는 여자 무당이 망자의 영혼이 말하는 것처럼 속여 해사안이 살해당한 고통을 이야기했다. 이개 등 두 사람은 고문의 고통을 이기지 못하고 거짓으로 자백했다. 이숭은 그들의 자백이 사실인가 하는 의심이 들었다. 따라서 그는 부하 두 사람을 (형 경빈에게) 보내 마치 외지에서 온 것처럼 속였다. 경빈을 만나기를 청하면서 이렇게 말했다.

"우리들은 북쪽 지방에서 왔는데, 어느 날 어떤 이가 하룻밤 묵기를 청했습니다. 그는 자신이 유배되어 노역하다 도망나온

1 李崇: 자는 繼長. 文成帝의 황후의 둘째 오빠의 아들. 孝文帝를 섬겨서 荊兗二州刺史, 梁州刺史를 거쳐서 開府相州刺史가 되었다.

2 定州: 後魏 때 정주는 戰國시대 中山 땅으로 오늘날 河北省 定縣이다.

해사안이라고 했습니다. 우리가 유배지로 돌려보내려 하자 제발 눈감아 달라고 통사정을 했습니다. 그러면서 그의 형 경빈이 양주에 살고 있는데, 우리가 자신을 불쌍히 여겨 형에게 알려주면 분명히 그 은혜에 후하게 보답할 것이라고 말했습니다. 지금은 우선 자신을 인질로 삼고 형을 만난 후 얻는 것이 없다면 그때 가서 관아에 넘겨도 늦지 않다고 했습니다." 경빈은 놀라서 안색이 변했고, 그들에게 잠시 머물러 달라고 부탁했다. 이숭의 부하들이 이런 사정을 이숭에게 낱낱이 보고했다. 이숭이 이에 경빈을 체포하여 심문하니, 경빈은 모든 사실을 자백했다. 며칠 후 해사안 역시 체포되었다. 이숭은 여자 무당을 일백 대의 태형으로 처벌했고, 이개 등 두 사람은 석방했다.

정극이 말한다.

"이 일 역시 (피고인의) 낯빛, 자백하는 말, 사건의 정황을 잘 살펴 무고하는 일이 없는지를 의심한 경우이다. 단지 속임수를 써서 무고한 일을 밝힌 것이 다를 뿐이다. 그러나 속임수를 써서 밝힌 까닭은 무고를 당한 사람들의 원한을 풀어 주고자 함이었다."

이야기 2

추밀樞密[3] 설향薛向[4]이 처음에 경조부京兆府[5] 사호司戶[6]로 있으면서 상세商稅를 감찰하는 책무도 겸하고 있을 때였다. 어떤 서

3 樞密: 즉 樞密使이다. 송대 군사를 관장하는 최고의 행정기구인 樞密院의 장관이다.

4 薛向: 송나라 사람. 자는 師正. 벼슬이 神宗 때 知樞密院事에 올랐다.

5 京兆府: 오늘날 陝西省 西安市 동쪽 華縣 땅으로 長安의 12縣을 관할했다.

6 司戶: 民戶를 다스리는 벼슬로 唐宋代에는 府에 戶曹參軍, 州에 司戶參軍, 縣에 司戶를 두었다.

역 상인이 세관을 통과하면서 은이 담긴 상자 두 개를 내놓았다. 상자 위에는 '추밀사樞密使가 경원涇原 도감都監[7]에게 보냄'이라고 쓰여 있었다. 설향이 말했다.

"이것은 틀림없이 거짓이다. 大臣이 다른 사람에게 물건을 보내면서 어찌 서역 상인에게 그 일을 부탁하겠는가?"

그를 체포해 府로 보내 심문했고, 마침내 그는 사기를 친 사실을 자백했다. [여대방呂大防[8]이 쓴 묘지墓誌에 보인다.]

원문 1

後魏李崇爲揚州刺史, 有定州流人解思安背役亡歸, 其兄慶賓規絶名貫, 乃認城外死屍詐稱是弟, 爲蘇顯甫, 李蓋所殺. 有女巫楊氏托鬼附, 說思安被害之苦. 李蓋等不勝其楚, 各自款服. 崇疑其非實, 乃遣二人僞從外來, 詣慶賓曰: "某住在北州, 有一人夜過寄宿, 云是流兵背役人解思安, 欲送之官, 苦求見免, 且謂有兄慶賓見住揚州, 君脫矜憫爲往告報, 須重相酬. 今但見質, 若往不獲, 送官未晚." 慶賓悵然失色, 求其少停. 此人具以報崇, 崇乃攝而問之, 即自引服. 數日間, 思安亦爲人縛至. 崇笞女巫一百, 遂釋蓋等. [出『北史』本傳.]

鄭克曰: "按此亦察其面之色·款之辭·事之情, 而疑其誣服者也. 但用譎鉤慝, 以驗誣告, 爲異耳. 然所以紿而驗之者, 欲釋誣服之冤也."

원문 2

樞密薛向初爲京兆府司戶, 兼監商稅, 有賈胡過稅務. 出銀二篋, 書其上曰: "樞密使遺涇原都監." 向曰: "此決僞也. 安有大臣餉人物, 而使賈胡致之?" 執詣府治之, 果伏其詐. [見呂大防所撰墓誌.]

7 涇原: 송대 路의 명칭. 현재 甘肅省 凉縣 서쪽을 가리키다. 都監은 路에 둔 兵馬都監을 가리키는데, 軍政을 관장하는 벼슬이다.

8 呂大防: 송나라 사람으로 자는 微仲. 벼슬이 尙書左僕射兼門下侍郞에 이르렀다.

28. 정감이 원수를 무고한 일을 다스리고, 중유가 대장군의 집안에서 벌어진 사건을 해결하다 程戡仇門 仲游帥宇

이야기 1

선휘宣徽의 정감程戡[1]이 처주處州[2] 지주로 있을 때의 일이다. 백성 중에 원수에게 원한이 많은 자가 있었다. 하루는 그 자식들이 어머니에게 말했다.

"이제 어머니는 늙고 병들어 오래 사시지 못할 것 같습니다. 부디 어머니의 죽음으로 원수를 갚을 수 있게 해주십시오."

이윽고 어머니를 살해하여 원수의 집 대문 앞에 놓아두고 관아에 고발했다. 원수는 스스로 누명을 벗지 못했지만, 정감은 이 일을 의심했다. 아전들이 모두 사건의 이치가 의심할 바가 없다고 말했지만, 정감은 다음과 같이 말했다.

"사람을 죽이고 자기 집 문 앞에 그 시체를 두었는데, 의심스

1 宣徽 程戡: 宣徽는 곧 宣徽院使로 南院과 北院이 있었다. 궁중 향사와 모든 官籍을 관리하였다. 정감은 송나라 사람으로 자는 勝之. 벼슬은 端明殿學士, 參知政事를 거쳐 鹿延經略使에 이르렀다.

2 處州: 오늘날 浙江省 麗水縣 동남쪽.

럽지 않단 말인가?"

이에 몸소 심문하여 진실을 모두 규명해냈다. [왕규王珪[3]가 쓴 묘지墓誌에 보인다.]

이야기 2

필중유畢仲游[4]가 하동河東[5]의 제형提刑[6]으로 있을 때였다. 승상 한진韓縝[7]이 태원太原[8]을 다스리고 있었는데, 그의 노비 중에 오랑캐[9] 출신 소년이 있었다. 그는 황당黃堂[10] 옆에서 어떤 병사에게 옷을 빼앗겼다고 고발했는데, 한진이 노하여 아랫사람을 시켜 이 병사에게 자자刺字하여 유배하도록 했다. 필중유가 한진에게 말했다.

"소년의 옷이 낡고 보잘 것 없는데다가 태수[11]의 거처 옆에서 옷을 빼앗았다는 것은 인정으로는 도저히 이해할 수 없는 일입니다."

---

3 王珪: 송나라 사람. 자는 禹玉. 哲宗 때 尙書左僕射, 門下侍郎의 벼슬에 올랐다. 저작에 『華陽集』이 있다.

4 畢仲游: 송나라 사람. 자는 公叔. 벼슬이 徽宗 때 吏部尙書에 올랐다. 古文을 잘 하기로 유명하며, 저서에 『西台集』이 있다.

5 河東: 송대 路의 명칭. 현재 山西省 長城 이남, 聞喜縣 이북 전 지역을 가리킨다. 또는 陝西省 葭縣 이북의 땅.

6 提刑: 提點刑獄公事의 약칭으로 提點刑獄이라고도 부른다. 宋代에 각 路에 설치하였으며 관할하는 州의 司法·刑獄·監察 및 農桑 관련 사항을 담당하였다. 그 관청은 憲司이다.

7 韓縝: 송나라 사람. 자는 玉汝. 벼슬이 哲宗 때 尙書右僕射 겸 中書侍郎에 올랐다. 포악한 행동을 일삼았다고 전해진다.

8 太原: 송대 府의 명칭. 현재 山西省 太原市에 해당한다.

9 오랑캐: 원문은 胡童. 匈奴나 回紇族 소년을 가리킨다.

10 黃堂: 太守(郡이나 府의 장관)의 거처를 일컫는다.

11 태수: 원문은 大帥·故相. 大帥는 군대의 총대장. 여기에서는 太守를 가리킨다. 故相은 宰相의 뜻.

이에 다른 사람을 시켜 사건을 조사했는데, 결국 무고한 일이 밝혀졌다. [진념陳恬[12]이 쓴 묘지墓誌에 보인다.]

정극이 말한다.

"무고한 일에는 간파해내기 어려운 사건과 쉬운 사건이 있다. 지혜가 부족하면 미혹하여 간파해내기 어려운 사건을 밝혀낼 수 없다. 용기가 부족하면 두려움이 많아 간파해내기 쉬운 사건도 감히 밝히기 어렵다. 단지 분별하는 능력이 없는 것이라면 어찌 책할 수 있겠는가? 그러나 만일 (비겁하여) 감히 분별할 수 없는 것이라면 실로 징벌하는 것이 마땅하다. 맹양孟陽[13]이 도적을 심문할 때 중승中丞[14]에게 동의하지 않았고, 필중유가 무고한 일을 판결할 때도 태수의 분노를 피하지 않았다. 이 일들은 모두 의로움으로 용기를 발휘한 일이라고 일컬을 만하다."

원문 1

程戡宣徽知處州. 民有積爲仇者, 一日諸子私謂其母曰: "今母老且病, 恐不得更壽, 請以母死報仇." 乃殺其母, 置於仇人之門, 而訴於官. 仇者不能自明, 而戡疑之. 僚屬皆言理無足疑, 戡曰: "殺人而自置於門, 非可疑也?" 乃親劾治, 具得本謀. [出王珪所撰墓誌.]

---

12 陳恬: 송나라 사람. 자는 叔易. 시문에 능하여 鮮于綽, 崔鶠과 함께 陽城三士로 일컬어졌다. 후에 晁以道와 함께 嵩山에 은거하다가 徽宗 때 부름을 받아 校書郎이 되었다. 저서에 『澗上丈人集』이 있다.

13 孟陽: 晋 張載의 자. 장재는 박학과 문장으로 유명했고, 동생 張協, 張亢과 함께 三張이라 일컬어졌다. 벼슬이 中書侍郎에 올랐다.

14 中丞: 御史臺의 차관으로 御史中丞을 가리킨다.

원문 2

畢仲游爲河東提刑. 丞相韓縝出鎭太原, 其家奴胡童自陳有卒剽劫其衣服於黃堂之側, 公怒以付吏, 將黥配之. 仲游謂: "小童衣服戔薄, 而剽掠於大帥·故相之宇下, 似非人情." 易吏按治, 其誣乃辨. [見陳恬所作墓誌.]

鄭克曰: "按誣有難知者, 有易知者. 智不足, 則有所惑, 而於難知者不能辨矣. 勇不足, 則有所懼, 而於易知者不敢辨矣. 苟不能辨, 亦奚足責. 若不敢辨, 斯實可罪. 孟陽之鞫賊, 不同中丞意; 仲游之案劫, 不避大帥怒: 皆所謂勇於義者也."

29. 부융이 간부의 오살 사건을 해결하고, 옥리가 신령의 도움으로 사건을 해결하다

苻融沐枕 獄吏滌屨

이야기 1

전진前秦 부융苻融[1]의 자字는 전림傳林으로 사례교위司隷校尉[2]로 있을 때 판결을 잘 했다. 경조京兆[3] 사람 동풍董豊이 외지에서 삼 년 동안 공부를 하고 돌아와 처가에 머물고 있었다. 그날 밤 동풍의 처가 살해되었는데, 처형은 동풍이 죽인 것이라고 부융에게 고발했다. 관원의 고문을 견디다 못한 동풍은 끝내 거짓 자백을 하고야 말았다. 부융은 이를 의심해 말했다.

"네가 돌아왔을 때 괴이한 일이 자주 있어서 점을 치거나 한 적이 없느냐?"

"예전에 이런 꿈을 꾼 적이 있습니다. 말을 타고 강을 건너

1 前秦 苻融: 前秦은 五胡十六國 가운데 하나로서 苻健(明帝)이 세운 나라. 6代, 44년(351-394) 만에 멸망하였다. 원래 부융의 자는 博休이다. 부건의 명신으로 관직은 사례교위, 太子太保에까지 올랐으나, 후에 征南大將軍이 되어서 전사하였다.

2 司隷校尉: 수도를 순찰하고 도적을 잡는 관리.

3 京兆: 전진의 수도. 지금 섬서성 西安市에 해당한다.

는데 북쪽에서 남쪽으로 향했고, 고개 숙여 내려다보니 물속에 두 개의 태양이 잠겨 있었습니다. 또한 말이 왼쪽으로 가는데 습지를 향하는 것이었습니다. 잠에서 깨어났지만, 꿈이 하도 괴이해서 불안했습니다. 점쟁이를 찾아가 물어보니 송사訟事가 있을 것이라며 베개를 세 번 베지 말 것이며, 목욕을 세 번 피하라고 했습니다. 집에 돌아오니 아내가 목욕 준비를 해놓는가 하면, 밤에는 저에게 베개를 마련해 주었습니다. 점쟁이 말이 떠올라서 모두 거절했습니다. 그래서 아내 스스로 목욕을 하고 베개를 베고 잠자리에 들었습니다."

이에 부융은 다음과 같이 말했다.

"『역경易經』에서는 감坎은 물을 의미하고, 또한 북쪽을 의미한다. 리離는 말을 의미하고, 남쪽을 의미한다. 말이 강물에 들어가 북쪽에서 남쪽으로 건넜다는 것은 감坎[4]에서 리離[5]로 옮겨갔다는 것을 말한다. 그렇게 되면 3개의 효爻도 마찬가지로 변하니, 리離는 중녀中女[6]를 의미하고, 감坎은 중남中男[7]을 의미하게 된다. 말이 왼쪽으로 습지를 향한다는 것은 물을 의미한다. 물을 왼쪽으로 하고 말을 오른쪽으로 두면 풍馮이라는 글자가 되며, 해日가 두 개 있었다니 바로 창昌이라는 글자가 된다. 이 풍창이라는 자가 살인범이 아닌가?"

이 말대로 조사해 풍창이라는 자를 체포하여 심문하니, 동풍의 아내와 간통했다는 것이다. 그래서 동풍을 죽이기로 모의했는데, 잘못해서 동풍의 아내를 죽인 것이었다. [『진서晋書』

4 坎: 북쪽을 가리키는 괘의 이름.
5 離: 남쪽을 가리키는 괘의 이름.
6 中女: 11세부터 20세까지의 여자를 말한다.
7 中男: 20세 미만, 혹은 18세부터 22세까지의 남자를 말한다.

의 재기載記[8]에 나온다.]

정극이 말한다.

"옛날 소송을 심리하는 데에는 여러 가지 방법이 있었다. 점을 친다거나 괴이한 일에 의존하기도 했는데, 이는 (범인을 체포하기 위해) 최선을 다한 것이었다. 지성을 다해 억울한 이를 불쌍히 여기면, 반드시 신령의 도움을 얻게 된다. 이로써 풍창의 죄를 밝혔고, 동풍의 억울함을 풀 수 있었다."

이야기 2

강남江南[9]의 대리시大理寺[10]에서 살인사건을 조사했으나 좀처럼 그 실상을 밝힐 수 없었다. 옥리獄吏가 밤낮으로 걱정하고 두려워하여 향을 피워 신령께 간절히 빌며 도움을 청했다. 이로 인해 물이 말라 버린 강[枯河]을 지나고 높은 산에 오르는 꿈을 꾸게 되었다. 옥리가 잠에서 깨어나 꿈에 대해 곰곰이 생각했다.

"하河에 물이 없으면 가可라는 글자가 되고 산이 높으니 숭嵩자가 아니겠는가. 가숭은 분명 승려의 이름일 것이다"

어떤 사람이 숭효사崇孝寺에 가숭이라는 승려가 있다고 말했다. 즉시 이 사실을 대리시의 우두머리에게 보고해 체포영장을 발급받아[11] 가숭이라는 승려를 체포했다. 관아로 데려와

8 『晋書』의 載記: 『晋書』는 唐 太宗의 칙령으로 房玄齡, 李延壽 등이 편찬한 晋의 역사서이다. 西晋 4대 54년, 東晋 11대 120년간의 일을 기록했다. 十紀, 二十志, 七十列傳, 三十載記로 구성되었는데, 이 중 載記는 오호십육국의 일을 적고 있다.

9 江南: 송대 路의 명칭. 오늘날 江蘇省 揚子江 이남, 丹徒 서쪽 지역과 安徽省 양자강 이남 및 江西省 전역을 가리킨다. 14州 6軍을 두었다.

10 大理寺: 刑獄을 다루던 관청.

11 체포영장을 발급받아: 원문은 下符. '符'는 조정에서 명령을 내릴 때 사용

심문했으나 혐의라고 할 만한 것이 발견되지 않았다. 갑자기 승려가 신고 있는 신발 위에 먹을 칠한 흔적이 눈에 띄었다. 그 연유를 추궁하자 승려가 대답했다.

"먹물이 묻은 것입니다."

신발을 벗게 하여 살펴보니 먹을 칠한 것이었다. 다시 그 연유를 추궁하니 승려의 낯빛이 달라졌다. 즉시 먹물을 닦아내자 핏자국이 드러났다. 이를 증거로 추궁하니, 승려는 이에 범죄를 자백했다. [오숙吳叔[12]이 교정한 『비각한담秘閣閑談』에 보인다.]

정극이 말한다.

"가숭의 사건과 풍창의 사건은 서로 같은 사례이다. 범행의 흔적이 발견되지 않은 상태에서 그 때 만약 피묻은 신을 신고 있지 않았더라면 무엇으로 그 범행을 조사할 것인가? 이는 신령이 도운 것으로, 마치 소엄蕭儼이 신에게 기도를 하자 벼락이 쳐서 소가 죽은 일처럼[13] 사람의 지혜가 미칠 바가 아닌 것이다.

일찍이 화응和凝[14]이 이렇게 말했다.

'그 태도가 진심에 차 있고 부정한 일을 멀리하고 심신을 깨끗이 하면서 하늘에 도움을 빌고 그 뜻이 전분典墳[15]처럼 예리

하던 증빙을 위한 표지.

12 吳叔: 원문은 吳叔이지만 吳淑의 표기가 맞다. 송나라 사람으로 자는 正儀. 관직은 大理評事에 올랐다. 『太平御覽』, 『太平廣記』, 『文苑英華』의 편찬에 참가하였다. 저작에 『說文字義』 『江淮異人錄』 『飛閣文誤』 등이 있다.

13 蕭儼이 ~ 죽은 일: 제44장에 이 이야기가 나온다.

14 和凝: 後周 사람. 자는 成績. 梁나라 進士로서 진나라와 한나라를 섬겼고, 左僕射, 太子太傅가 되었다. 아들과 함께 『疑獄集』을 편찬했다.

15 典墳: 三墳五典의 줄임말. '三墳'은 伏羲, 神農, 黃帝의 책으로 불렸다. '五典'은 五帝 시기에 있었다고 하는 古書. 모두 옛 사람의 슬기로움을 상징한다.

하다면, 사건을 판단함에 옛사람의 아득한 경지에 도달할 수 있을 것이다.'

이 두 가지를 겸비해서 사건을 판결한다면, 생각건대 아무런 어려움이 없을 것이다."

원문 1

前秦苻融字傳林, 爲司隸校尉, 善斷獄. 京兆董豐游學三年而歸, 宿妻家. 是夜妻爲人所殺, 妻兄訴豐殺之, 不勝楚掠, 遂自誣服. 融疑而問曰: "汝行往還, 頗有怪異及卜筮否?" 豐言 "嘗夢乘馬入一水, 自北而南, 俯見兩日在水, 又馬左向濕. 寤而心悸. 筮者云: "憂獄訟, 遠三枕, 避三沐." 旣至, 妻爲具沐, 夜授豐枕. 憶筮者言而皆拒之. 妻乃自沐, 以其枕眠." 融曰: "在易, 坎爲水, 爲北. 離爲馬, 爲南. 馬北渡從北而南, 從坎之離. 三爻同變, 離爲中女, 坎爲中男. 馬左向而濕, 水也. 左水右馬, 馮字. 兩日, 昌字. 其馮昌殺之乎?" 推驗獲昌, 詰之具服與豐妻姦, 故謀殺豐, 誤中婦人. [出『晉載記』本傳.]

鄭克曰: "按古之察獄, 亦多術矣. 卜筮·怪異, 皆盡心焉. 至誠哀矜, 必獲冥助. 是以馮昌之罪具明, 而董豐之冤得釋也."

원문 2

江南大理寺嘗鞫殺人獄, 未得其實. 獄吏日夜憂懼, 乃焚香懇禱, 以求神助. 因夢過枯河, 上高山, 寤而思之曰: "河無水乃可字, 山而高乃嵩字, 可嵩, 僧名也." 或言崇孝寺有僧名可嵩, 乃白長官, 下符攝之. 旣至訊問, 亦無奸狀. 忽見屨上有墨污, 因問其由, 云: "墨所濺." 使脫視之, 乃墨塗也. 復詰之, 僧色動. 遂滌去其墨, 卽見血痕, 以此鞫之, 僧乃服罪. [見吳叔校理『秘問閑談』.]

鄭克曰: "按可嵩事與馮昌類矣, 然未見奸狀, 時若不着血汚之履, 將何以核其奸乎? 蓋獲冥助. 如蕭儼禱神, 而雷震牛而死, 非智算所及也. 和凝嘗曰: '潔誠齋戒, 祈獲佑於上穹. 銳意典墳, 思有得於邃古.' 兼此二者, 用以折獄, 諒無難矣."

30. 허종예가 비단으로 사건을 해결하고, 고방이 옷감을 살피다宗裔卷紬 高防校布

이야기 1

오대五代 시대 왕건王建이 세운 촉蜀나라[왕촉王蜀[1]]에 허종예許宗裔라는 이가 검주劍州[2] 수령으로 있었다. 한 백성이 도둑을 맞았는데, 등불을 켠 후에야 도난당했다는 것을 알게 되었다. 새벽이 되어서 관아에 고발했다. 어떤 사람을 체포했는데, 압수한 장물이 신발에 사용하는 명주실과 흰 비단뿐이었다. 허종예가 잡혀 온 피의자를 불러내 심문하자, 결박당한 죄수는 억울함을 호소하면서 압수당한 물건이 본래 자기 집 물건이라고 했다. 피의자는 도둑맞은 사람과 서로 말다툼을 벌였다. 이에 두 집안에서 사용한 물레를 모두 가져오도록 명령했다. 장물로 압수한 명주실의 굵기를 재도록 했는데, 피의자의 집에서 사용하는 물레의 것과 같았다. 허종예가 다시 물었다.

"흰 비단을 짤 때 실패는 어떤 것을 쓰느냐?"

1 王蜀: 오대 前蜀(891-925)을 가리킴. 王建이 세운 蜀이라는 의미. 오늘날 四川省.

2 劍州: 현재 四川省 劍閣縣.

"살구 씨앗을 씁니다."

다른 이는 이렇게 말했다.

"기와 조각을 씁니다."

이에 서로 마주보게 한 후, 장물로 압수한 명주실타래를 풀어 보였다. 그러자 피의자가 말한 바와 같이 살구 씨앗이 나왔다. 이에 도둑맞은 사람은 망인妄認[3]죄를 자백했고, 피의자를 체포한 포졸은 사람을 잘못 추궁한 죄를 받게 되었다. 이로써 짧은 시간 안에 억울한 사건을 해결했다.

이야기 2

오대五代 주周나라 세종世宗[4] 때 고방高防[5]은 채주蔡州[6]의 수령이었다. 왕의王義라는 백성이 도적들에게 재물을 강탈당했는데, 이 사건으로 다섯 명을 체포하였다. 이들을 옥에 가두고 문초를 거듭한 끝에 증거물인 장물과 흉기를 모두 확보하게 되었다. 이들은 장차 극형에 처해질 운명이었다. 고방은 이 사건이 의심스러워 다시 장물을 세밀히 조사했다. 그러고는 피해자인 왕의를 불러서 물었다.

"빼앗긴 옷은 일단一端[7]의 옷감으로 만든 것인가?"

"그렇습니다."

고방은 옷감의 길이, 너비, 짜임새 등을 물어보고 비교했는

---

3 妄認: 노비나 재물 등이 자신의 것이 아니라는 것을 알면서도 자신의 것이라고 주장하는 죄.

4 五代 周나라 世宗: 後周는 3대 9년(951-959) 만에 멸망했다. 세종은 제2대 황제.

5 高防: 자는 修己. 송나라 때 樞密直學士, 鳳翔知府에 올랐다.

6 蔡州: 오늘날 河南省 汝南縣.

7 一端: 길이 2丈의 면포나 비단을 말함. 2단은 한 匹이라고 함.

데 장물과 달랐다. 이에 죄수들은 곧바로 억울함을 호소했다. 고방은 그들에게 물었다.

"어째서 자백했느냐?"

"고문을 이기지 못해 차라리 빨리 죽는 편이 낫다고 생각했습니다."

며칠이 지나 진범이 잡혔고, 이에 이들은 모두 석방되었다. 훗날 고방은 송 나라를 섬기게 되었고, 마침내 상서좌승尙書左丞[8]에까지 올랐다. [본전本傳에 보인다.]

정극이 말한다.

"고방이 옷감을 조사한 일은 허종예가 장물을 조사한 것과 방법이 동일했다. 그런데 (고방이 조사한) 장물이라고 한 옷은 원래 진짜 장물이 아니었다. 만일 불행히도 그 품질이나 폭, 너비 등이 서로 같았다면, 어찌할 뻔했는가? 만일 정황상 의심스러운 부분이 있다면, 비록 물증이 피의자의 자백과 부합한다 하더라도 성급히 처결해서는 안 될 것이다.

옹희雍熙[9]연간 간의諫議 소엽邵曄[10]이 봉주蓬州[11]의 녹사참군錄事參軍[12]으로 있을 때의 일이었다. 그때 수령인 양전楊全은 경솔하고 난폭했다. 백성 열세 명이 무고로 인해 도둑으로 몰려 모조리 사형에 처해지게 되었다. 소엽은 그들이 억울하다고 보고 양전에게 이들을 다시 조사해야 한다고 청했으나, 양전

8 尙書左丞: 제6장 주 참조. 尙書令 아래에 左僕射와 右僕射가 있고 그 아래 左丞과 右丞이 있다.

9 雍熙: 송나라 太宗 때의 연호. 984-987년.

10 諫議 邵曄: 諫議는 황제에게 직간하는 관리. 송대에는 간의의 장관으로서 左右諫議大夫가 있었다. 邵曄의 자는 日華. 벼슬은 蓬州錄事參軍에서 右諫議大夫, 廣州知에 올랐다.

11 蓬州: 오늘날 四川省 營山縣 동북쪽.

12 錄事參軍: 기록 문서를 관장하는 관직으로 대체로 書記의 일을 담당했다

은 허락하지 않았다. 이에 그중 두 명을 기시棄市[13]로 처형하고, 나머지는 수갑을 채워서 수도로 압송했다. 다음 날 과연 진범이 잡혔다. 양전은 관직을 삭탈당해 평민으로 강등되었고, 소엽은 비어대緋魚袋[14]를 하사받고 광록사승光祿寺丞[15]으로 승진했다.

경덕景德[16]연간에 내한內翰[17]의 양호梁顥[18]가 개봉부開封府 부윤府尹이었을 때의 일이다. 개봉현開封縣의 현위縣尉[19]인 장역張易이 도둑 여덟 명을 체포하여 판결을 내리고, 모두 유배형으로 처벌했다. 그러나 형을 집행하고 나서 진범이 잡혔다. 어사대御史臺가 이를 조사하여 진상이 드러났고 관리들은 모두 처벌받고 강등되었다. 이는 오로지 장물이라는 물증만을 믿고 그 사안의 정리情理를 헤아리지 않고 서둘러서 판결한 사례이다. 설령 장물이라 하더라도 사실이 아닌 경우가 있고, 증거라 하더라도 사실이 아닌 것이 있을 수 있다. 오직 정리情理를 세밀히 살피지 않으면 안 된다. 그런 연후에야 억울한 사건이 없어질 것이니, 어찌 삼가지 않을 수 있겠는가?"

---

13 棄市: 사형수를 만인이 보는 앞에서 처형하는 것.

14 緋魚袋: 붉은 색의 魚袋. 어대는 물고기 모양의 符信. 왼쪽과 오른쪽으로 나누어 왼쪽은 궁중에 두고, 오른쪽은 관위와 성명을 새겨 궁중에 들어올 때 몸에 지녔다.

15 光祿寺丞: 제사나 朝會 등의 예식을 관장하는 높은 벼슬.

16 景德: 송나라 眞宗 때 연호(1004-1007).

17 內翰: 唐宋代에 翰林을 內翰이라고 불렀다.

18 梁顥: 자는 太素. 경덕연간에 權知開封府가 되었고, 후에 翰林學士에 올랐다.

19 縣尉: 縣丞(현령의 屬官)의 속관으로 주로 치안과 도둑 체포를 담당하는 관리. 여기에서는 포도대장의 뜻.

원문 1

王蜀時, 有許宗裔守劍州. 部民被盜, 燈下識之, 迨曉告官. 捕獲一人, 所收贜物, 惟絲絇·紬紈而已. 宗裔引問, 縲囚訴冤, 稱是本家物, 與被盜人互有詞說. 乃命取兩家繰絲車, 以絲絇量其大小, 與囚家車軖同. 又問: "紬紈卷時胎心用何物?" 一云: "杏核." 一云: "瓦子." 因令相對開示之, 見杏核, 與囚款同. 於是被盜人服妄認之罪, 巡捕吏當拷決之辜. 指顧之間, 便雪冤枉.

원문 2

周世宗時, 高防知蔡州. 部民王義爲賊所劫, 捕得五人, 繫獄窮治, 贜仗已具, 將加極刑. 防疑其枉, 取贜閱之, 召義問: "所失衫袴是一端布否?" 曰: "然." 防令校其幅尺, 廣狹, 疏密不同, 囚乃稱冤. 問: "何故服罪?" 曰 "不任捶楚, 求速死耳." 居數日, 獲本賊, 而五人乃免. 防歸本朝, 終於尙書左丞. [見本傳.]

鄭克曰: "按防校布事, 與許宗裔驗贜術同. 然所獲衫袴本非眞贜. 若其不幸而疏密, 廣狹如一, 則奈何? 苟於情理有可疑者, 雖贜證符合, 亦未宜遽決. 雍熙中, 邵曄諫議爲逢州錄事參軍. 知州楊全性率而悍, 部民十三人被誣爲劫盜, 悉置於大辟. 曄察其枉, 自請再劾, 不聽. 乃取二人棄市, 餘械送闕下. 次日, 果得正賊. 全坐削籍爲民. 曄賜緋魚袋, 授光錄寺丞. 景德中, 梁顥內翰知開封府時, 開封縣尉張易捕盜八人, 獄成, 坐流. 旣決, 乃獲眞盜. 御史臺劾問得實, 官吏皆坐貶責. 此乃但憑贜證, 不察情理, 而遽決之者也. 蓋贜或非眞, 證或非實, 惟以情理察之, 然後不致枉濫. 可不謹哉!"

31. 강현령이 계약서 위조사건을 밝히고, 장빈이 먹과 인주를 분별하다江分表裏 章辨朱墨

이야기 1

능주陵州 인수현仁壽縣[1]에 서리 홍씨洪氏가 있었는데, 이웃사람의 경작지를 가로채려고 그를 속여 말했다.

"내가 당신 세금을 내주고, 부역을 면하게 해주겠소."

이웃사람이 기뻐하면서 세금을 면제받는 대신에 자신의 토지를 그의 소유로 신고했다. 홍씨의 명의로 넘긴 지 이십 년이 되었을 때 홍씨는 문서를 거짓으로 꾸몄다. 그는 찻물로 문서를 물들여 오래된 것처럼 꾸며서 관아에 고발했다. 당시에 낭중郎中 강씨江氏가 현령으로 있었는데, 접힌 문서를 받아 펼치면서 말했다.

"만약 문서가 오래된 것이라면 접힌 안쪽은 당연히 흰색이어야 하는데, 문서의 안팎이 모두 같은 색이니 이는 위조한 것이다."

그를 심문하자 결국 죄를 자백했다. [강씨는 구주衢州 개화開化[2]

1 仁壽縣은 지금의 四川省 仁壽縣.

2 衢州: 오늘날 浙江省 衢縣. 開化는 그 관할 縣名.

사람으로 현재 그 이름은 전해지지 않는다. 이 사례는 주부主簿 이태백李泰伯[3]이 편찬한 묘지墓誌에 나온다.]

이야기 2

시어사侍御史[4] 장빈章頻[5]이 팽주彭州 구롱현九隴縣[6]의 현령으로 있었을 때의 일이다. 미주眉州[7]의 호족인 손연세孫延世가 문서를 위조해 친족의 토지를 빼앗았지만, 시간이 오래 지나도록 지방관이 판결을 내리지 못했다. 이에 전운사轉運使[8]가 장빈에게 이를 조사하여 처리하도록 하였다. 장빈은 다음과 같이 말했다.

"문서의 먹물이 인주 위에 떠 있는 것으로 보아, 틀림없이 먼저 도장을 훔쳐서 찍은 뒤 글씨를 쓴 것이다."

손연세가 범죄를 자백했다. 채 사건을 보고하기도 전에, 손연세의 집안사람들이 전운사에게 다시 상소했다. 전운사는 익주益州 화양현華陽縣[9]의 현령인 황몽송黃夢松에게 이 사건을 다시 조사하게 하였는데, 장빈이 판결한 것과 다를 바가 없었

3 李泰伯: 李覯는 宋代 사람으로 字가 泰伯이다. 그의 문장은 歐陽脩와 曾鞏을 계승하였다고 여겨진다. 관직은 太學說書에 올랐으며 저서로는 『周禮致太平論』·『平禮論』·『土書』·『退居類稿』·『皇祐續稿』 등이 있다.
4 侍御史: 御史臺는 관리의 감찰 기구로 그 아래 臺院, 殿院, 察院의 삼원이 있었고, 각자 侍御史, 殿中侍御史, 監御史(監察侍御史라고도 한다)가 설치되었다.
5 章頻: 송나라 사람. 자는 簡之. 三司使判官, 度支使判官을 역임했으며, 후에 刑部郎中이 되었다.
6 彭州 九隴縣: 현재 四川省 彭縣 서쪽.
7 眉州: 오늘날 사천성 眉山縣.
8 轉運使: 諸道의 邊防, 刑獄, 糧食, 按察을 맡은 관리.
9 益州 華陽縣: 익주는 오늘날 사천성 화양현은 成都市 남쪽으로 현재 中心鎭.

다. 이에 황몽송은 조정의 부름을 받아 감찰어사監察御史가 되었고, 장빈은 사건을 종결하지 못한 죄로 경주慶州의 감주監酒[10]로 강등되었다. [본전本傳에 보인다. 장빈은 경우景佑 2년[11]에 오랑캐 땅에 사신으로 파견되었는데, 가는 도중에 죽고 말았다.]

정극이 말한다.

"세상에는 문서를 위조하는 간사한 범죄가 많고, 온갖 교묘한 사기행각은 이루 다 헤아릴 수 없을 정도이다. 이 두 가지 사례를 기록하니 역시 본보기로 삼을 만하다."

원문 1

陵州仁壽縣有里胥洪氏, 利鄰人田, 紿之曰: "我爲若稅, 冤若役." 鄰人喜, 剗其稅, 歸之. 名於洪氏踰二十年, 且僞爲券, 以茶染紙類遠年者訟之於縣. 縣令江某郎中, 取紙積伸之, 曰: "若遠年紙, 裏當色白, 今表裏如一, 僞也." 訊之, 果服. [江乃衢州開化人, 今失其名. 事見李泰伯主簿所撰墓誌.]

원문 2

侍御章頻知彭州九隴縣時, 眉州大姓孫延世爲僞契奪族人田, 久不能辨, 轉運使委頻驗治. 頻曰: "券墨浮朱上, 決先盜用印而後書之." 既引伏, 獄未上, 而其家人復訴於轉運使. 更命知益州華陽縣黃夢松覆案, 亦無所異. 黃用此召爲監察御史, 頻乃坐不即具獄, 降慶州監酒. [見本傳. 頻以景佑二年使虜, 卒於道.]

鄭克曰: "按僞券之奸, 世多有之, 巧詐百端, 不可勝察, 著以二事, 亦足以鑑也."

---

10 監酒: 酒造를 감찰하는 관리.

11 景佑: 송 仁宗 때 연호. 경우 2년은 1035년.

32. 호질이 이웃을 소집하고, 고유가 낯빛을 살피다胡質集鄰 高柔察色

이야기 1

위魏나라 호질胡質[1]은 자가 문덕文德인데, 상산常山[2] 태수로 있을 때의 일이다. 동완東莞[3]의 선비인 노현盧顯이 살해되었는데, 그 범인을 아직 체포하지 못했다. 호질이 말했다.

"이 선비는 평소 원한을 산 일이 없고 어린 아내가 있을 뿐인데, 그래서 죽은 것인가?"

그 이웃에 사는 청년들을 모두 소집했다. 그 가운데 서리書吏[4]인 이약李若이라는 자가 있었는데, 호질을 보고 낯빛이 변했다. 마침내 그의 행적을 끝까지 추궁하니, 이약은 즉시 그의 죄를 자백했다. [『삼국지三國志』「위지魏志」 본전本傳에 나온다.]

정극이 말한다.

"고유高柔는 두례竇禮가 원한을 산 적이 없으나 다른 사람과

---

1 魏나라 胡質: 魏는 三國의 위를 가리킨다. 胡質의 자는 文德. 호질은 東莞의 태수로 9년간 백성을 다스렸으며, 후에 荊州刺史가 되었다.

2 常山: 오늘날 山東省 諸城縣 남쪽.

3 東莞: 위나라 때 郡의 명칭. 오늘날 산동성 沂水縣 동북쪽.

4 書吏: 회계 및 문서 등을 담당하는 小吏.

돈거래로 인해 죽었음을 알았다. 그래서 초자문焦子文을 조사해 체포한 것이다. 호질은 노현이 평소에 원한을 산 일이 없으나 어린 아내를 두고 있기 때문에 살해당했음을 알아챘다. 그래서 이약李若을 조사해 체포한 것이다. 무릇 사람이 서로 죽이고 해치는 경우 원한이 없다면, 재물로 인한 것이 아니라면 여자 관계로 인한 것이다. 이 두 가지를 미루어 살펴보면 충분히 범인을 체포할 수 있다. 그러나 이를 살필 수 있는 방법은 안색과 말투에 불과하니, 오직 총명한 까닭에 속일 수 없었던 것이다."

이야기 2

위魏 나라 고유高柔[5]가 정위廷尉[6]였을 때의 일이다. 호군영護軍營[7] 병사 두례竇禮가 외출한 뒤 돌아오지 않아서 부대에서는 그가 도망한 것으로 간주했다. 그의 아내 영씨盈氏와 자식들은 억울하다며 소송을 냈지만, 어느 누구도 이 사건에 관심을 기울이는 이가 없었다. 이들은 결국 정위인 고유에게 나아갔다. 고유가 물었다.

"남편이 도주한 것이 아니라는 것을 어떻게 아느냐?"

영씨가 울면서 대답했다.

"남편은 경박하거나 교활하여 집안을 돌보지 않는 사람이 아닙니다."

고유가 다시 물었다.

5 高柔: 자는 文惠. 曹操가 袁氏를 평정할 때 管長이 되어 奸吏를 물리친 것으로 유명하다. 文帝 때 治書侍御史, 廷尉가 되었으며, 明帝 때 壽亭侯에 봉해졌다.

6 廷尉: 정위는 형벌에 관한 사무를 맡은 벼슬.

7 護軍營: 호군은 護軍府, 뒤에 호군영이 되었으며, 친위부대를 말한다.

"네 남편이 다른 사람들에게 원한을 산 일이 있는가?"

"남편은 선량한 사람이라서, 다른 사람들에게 원수진 일이 없습니다."

"네 남편이 다른 사람과 돈이나 물건을 거래한 일이 있느냐?"

"일찍이 같은 군영 사람인 초자문焦子文에게 돈을 빌려 준 적이 있는데 받지 못했습니다."

이때 마침 초자문은 다른 사건에 연루되어 감옥에 갇힌 상태였다. 고유가 초자문을 불러내 연루된 사건과 관련해 심문하고, 그러고 나서 이렇게 물었다.

"일찍이 남에게서 돈을 빌린 일이 있는가?"

초자문이 대답했다.

"저는 홀몸인데다 가난해 감히 남에게 돈을 빌릴 엄두도 내지 못합니다."

고유는 그의 안색이 바뀌는 것을 살피면서 다시 심문했다.

"네가 두례에게 돈을 빌려놓고는 어째서 아니라고 하느냐?"

초자문은 일이 발각된 경위를 괴이하게 여겼으나, 대답하지 못하고 머뭇거렸다. 고유가 그를 추궁했다.

"네가 이미 두례를 살해했으니, 한시라도 빨리 자백하는 것이 좋을 것이다."

초자문은 이에 머리를 조아리며 죄를 자백했다. [『삼국지三國志』「위지魏志」본전에 나온다.]

정극이 말한다.

"사특함[慝]과 간사함[奸]의 차이는 간사함은 교묘하게 사람을 속이는 것이고, 사특함은 단지 사실을 감추는 것이다. 예를 들면, 남편을 못으로 살해한 다음 '불이 나서 죽었다'고 말한 것이 바로 교묘하게 사람을 속이는 것이다. 두례의 돈을 빌리고도 '홀몸인데다 가난해 감히 그럴 엄두를 내지 못한다' 운운한 것은 바로 사실을 감추는 것이다. 두례가 외출했다가 돌아오지 않자 (고유는) 그가 다른 사람에게 살해된 것이 아닌가 의심했다. 그래서 처음에 누구와 원한을 산 적이 있는지를 묻고 이어 누구와 돈이나 물건을 거래했는가를 물었다. 그래서 초자문에게 돈을 빌려주었다가 받지 못했고, 혹시 그 때문에 혐오나 원한을 사서 살해당하는 화에 이르지 않았을까 짐작한 것이다. 이에 그 얼굴빛이 바뀌고 머뭇거리며 대답하는 것을 살펴서, 초자문이 사실을 숨기고 있다는 사정을 밝혀냈다. 그리하여 그를 심문하자 죄를 자백한 것이다. 이는 사특함을 잘 살핀 사례라 하겠다.

원문 1

魏胡質字文德, 爲常山太守. 東莞士盧顯爲人所殺, 求賊未得. 質曰: "此士無讎而有少妻, 所以死乎?" 悉集其鄰居少年. 有書吏李若者, 見質而色動, 遂窮詰情狀, 若則自首伏罪. [出本傳.]

鄭克曰: "按高柔知竇禮無讎, 而與人交錢物所以死也, 故察得焦子文. 胡質知盧顯無讎, 而有少妻, 所以死也, 故察得李若. 夫人之相殺害者, 苟無讎恨, 若不因財, 則是因色. 推此二者, 足以得其人矣. 然所以察之者, 皆不過色與辭之間, 亦惟聰明, 故不可欺也."

원문 2

魏高柔爲廷尉. 護軍營士竇禮近出不還, 營以爲沒身. 其妻盈氏及男女稱冤自訟, 莫有省者, 乃詣廷尉. 柔問: "何以知夫不亡?" 盈氏泣對曰: "夫非輕狹不顧室家者." 又問: "汝夫不與人有讎乎?" 曰: "夫良善,與人無讎." "汝夫不與人交錢物乎?" 曰: "嘗出錢與同營焦子文, 求不得." 時子文適坐事繫獄, 柔乃召問所坐, 語次問: "曾擧人錢否?" 對曰: "單貧, 不敢擧人錢." 察其色動, 遂復問: "汝曾擧竇禮錢, 何言否耶?" 子文怪知事露, 應對不次. 柔詰之曰: "汝已殺竇禮, 便宜早服." 子文於是叩頭服罪. [出本傳.]

鄭克曰 "按慝與奸異者, 奸必巧詐, 慝唯隱諱. 如釘殺其夫, 而云'遭火燒死', 是巧詐也. 如擧竇禮錢而云'單貧不敢', 是隱諱也. 禮近出不還, 疑爲人所殺, 故首問其讎, 次問交錢物者. 嘗出錢與焦子文, 而求不得, 或緣嫌恨, 以致此禍, 於是察其色動, 辭對不次, 則隱諱之情得矣, 故詰之服罪. 是善察慝者也."

33. 장상이 노파를 미행하고, 사언이 아이들을 소집하다蔣常覘嫗 思彥集兒

이야기 1

당唐 정관貞觀[1]연간의 일이다. 위주衛州의 판교板橋[2]에 있는 여관 주인 장적張逖의 아내가 친정에 돌아가고 없었다. 이 때 삼위三衛[3]인 위주魏州[4]사람 양정楊正 등 세 사람이 그 여관에 투숙했다가 오경五更(새벽 3시에서 5시 사이)에 일찍 여관을 떠났다. 그런데 한밤중에 어떤 사람이 삼위의 칼로 장적을 죽이고는 그 칼을 칼집에 다시 넣어 두었는데 양정 등은 그 사실을 몰랐다. 날이 밝아 (장적이 죽은 것을 발견한) 여관 사람이 양정 등을 쫓아가 칼을 뽑아 보니 그 칼에 피가 낭자했다. 관아에서 양정 등을 감옥에 가두고 고문을 가하자, 양정 등은 호된 고문을 못 이겨 결국 자신들이 한 짓이라고 거짓 자백을 했다. 황제인 태종이 이를 이상하게 여겨 어사御史[5] 장상蔣常을

1 貞觀: 唐 太宗의 연호(627-649).

2 衛州의 板橋: 위주는 지금의 河南省 濬縣이며 판교는 지금의 河南省 開封市 서쪽에 있다.

3 三衛: 唐의 禁衛軍으로 親衛·勳衛·翊衛를 합쳐 '三衛'라고 한다.

4 魏州: 지금의 山東省 館陶縣 남쪽에 있다.

보내 다시 조사하도록 했다. 장상은 판교에 도착하자 여관에서 일하는 15세 이상의 사람들을 모두 소집하게 했다. 그러나 사람 수가 부족하자 다시 돌아가게 하고는 오직 팔순이 넘은 한 노파만을 남게 하였다. 날이 저물어 그녀를 풀어주게 한 다음 옥리에게 그녀를 은밀히 살피도록 명을 내리며 당부했다.

"노파가 여길 나가면 반드시 어떤 사람과 이야기를 할 것이니, 즉시 그 자의 이름을 기록하되 절대로 누설해서는 안 된다."

과연 노파와 이야기를 나누는 사람이 하나 있어 옥리는 그의 이름을 기록해 두었다. 다음 날도 똑같이 반복했다. 그자는 또 노파에게 이렇게 물었다.

"어사께서 뭐라고 추궁하시던가?"

이렇게 하기를 사흘, 매번 그자였다. 장상은 이에 남녀 삼백여 명을 불러 모아 그중에서 노파와 이야기를 한 자를 불러낸 다음, 나머지 사람들은 모두 집으로 돌려보냈다. 그자를 문초하니 그는 자신이 장적의 아내와 사통하여 결국 장적을 죽인 것이라고 모두 실토했다. 장상은 사실대로 이를 보고했고, 황제는 그에게 비단 2백 필을 하사하며 시어사侍御史의 벼슬을 내렸다.

정극이 말한다.

"이숭李崇[6]은 계교로써 사특한 자를 가려내고 장상蔣常은 계교로써 범인을 가려내어 모두 억울함을 풀어줄 수 있었으니, 이와 같은 경우 계교에 악의가 없는 것이다."

---

5 御史: 百官의 죄를 규탄하는 관리. 그 관청을 御史臺라고 하였다.

6 李崇: 이숭이 속임수를 써서 범인을 밝혀낸 이야기는 제27장에 나온다.

이야기 2

당나라 한사언韓思彦[7]이 병주幷州[8]자사刺史로 있을 때의 일이다. 도적이 사람을 죽였는데 그 범인을 알 수 없었다. 술에 취한 한 오랑캐[胡人]가 품속에 피 묻은 칼을 지니고 있어 그를 붙잡아 심문하니, 자신이 한 짓이라고 자백했다. 그러나 한사언은 이를 의심하여 새벽에 아이들 수백 명을 집합시켰다가 저녁에 돌려보냈다. 이와 같이 세 번을 반복하고 나서 아이들에게 물었다.

"너희들이 나갔을 때 뭔가 너희에게 물어보는 자가 없었느냐?"

아이들이 모두 대답했다.

"있었습니다."

즉시 그자를 찾아내게 하여 심문하였고, 그 결과 과연 진범을 붙잡았다. [『신당서新唐書』 본전本傳에 보인다.]

정극이 말한다.

"이것도 계략으로 범인을 잡아 억울함을 풀어준 것이지만, 장상蔣常이 한 노파만 남겨 그녀에게 은밀히 묻는 자를 정밀하게 조사한 것만 못하다."

원문 1

唐貞觀中, 衛州板橋店主張逖妻歸寧, 有魏州三衛楊正等三人投店宿, 五更早發. 夜有人取三衛刀殺逖, 其刀却內鞘中, 正等不知覺也. 至明, 店人趁正等拔刀, 血甚狼藉, 囚禁正等, 拷訊苦痛, 遂自誣服. 上疑之, 差御史蔣常復推. 至則總追店人年十五以上者集, 爲人數不足,

7 韓思彦: 자는 英遠, 관직이 監察御使에 이르렀다. 직언으로 인해 미움을 받아 여러 번 좌천당했다.

8 幷州: 지금의 山西省 太原市.

且放散, 唯留一老嫗年八十餘, 日晩放出, 令典獄密覘之, 曰: "嫗出當有人共語者, 卽記姓名, 勿令漏泄." 果有一人, 卽記之. 明日復爾. 其人又問嫗云: "使人作何推問?" 如是三日, 並是此人. 因總集男女三百餘人, 就中喚出與老嫗語者, 餘並放散. 問之, 具伏, 云與逖妻姦, 殺逖. 具實奏之, 敕賜常綵二百匹, 遷侍御史.

鄭克曰: "按李崇用譎鉤慝, 蔣常用譎察賊, 而皆能釋冤, 斯無惡於譎矣."

唐韓思彦使幷州, 有賊殺人, 主名不立. 醉胡懷刀血汙, 訊掠已伏. 思彦疑之, 晨集童兒凡數百, 暮乃出之, 如是者三. 因問: "兒出, 亦有問之者乎?" 皆曰: "有之." 卽物色其人而訊之, 於是果獲眞盜. [見『唐書』本傳]

鄭克曰: "按此亦用譎獲賊而冤乃釋, 但不若蔣常獨留一嫗密覘問者爲精審耳."

34. 유 승상이 이웃을 증인으로 삼고, 한억이 산파를 증인으로 삼다劉相鄰證 韓參乳醫

이야기 1

승상丞相 유항劉沆[1]이 형주衡州[2]의 수령으로 있을 때의 일이다. 마을 호족인 윤씨尹氏가 이웃사람의 밭을 사려고 했으나 살 수가 없었다. 이웃사람은 늙고 그의 자식은 어렸기에, 윤씨는 거짓으로 문서를 만들어 이웃사람이 죽자 그 아들을 쫓아냈다. 그리하여 송사가 벌어진 지 이십 년이 지나도록 판결이 나지 않았다. 유항이 부임하자 또 그 아들이 상소했다. 윤씨가 매년 세금을 내고 받은 영수증[3]을 증거로 제시하자, 유항이 따져 물었다.

"그대가 소유한 경작지 일백 경頃에 대하여 어떻게 영수증을 이것만 받았는가! (밭을 샀다는) 문서를 처음 작성할 때 이웃사람에게 물어보았는가? (증인이 될) 이웃사람이 많이 있다면

---

1 劉沆(995-1060): 송대 사람으로 자는 沖之로 관직이 工部尙書에 이르렀다.
2 衡州: 지금의 湖南省 衡陽市이다.
3 세금을 내고 받은 영수증: 원문은 '戶鈔'. 농가에서 세금을 납부한 후 받는 영수증을 말한다.

이것을 증거로 삼을 만하다."

윤씨는 대답을 할 수 없었고, 마침내 죄를 인정하였다. (본전本傳에 보인다.)

정극이 말한다.

"밭을 사고 팔 때 이웃에게 묻고, 문서를 만들 때 이웃을 불러 함께 보게 한 것은 예로부터 내려온 법이다. 만약 당시에 그러한 법이 없었다면 어떻게 그 간사함을 밝혀낼 수 있었겠는가? 근래에 담당 관리들이 구차하게 작은 이익을 탐해 이 법을 고쳤는데, 미처 이 사실을 생각하지 못했던가?"

이야기 2

참정參政[4] 한억韓億[5]이 양주洋州[6] 수령으로 있을 때의 일이다. 토호 이갑李甲이라는 자가 그의 형이 죽자 형수를 억지로 개가시키고, 이로써 조카도 다른 성이라고 호도해 형의 재산을 가로챘다. 형수는 여러 번 관아에 호소했다. 그러나 이갑이 번번이 관리들에게 뇌물을 주고 그녀를 매질하여 억지로 굴복시켰다.[7] 십여 년에 걸쳐 이 송사는 끝나지 않았다. 한억이 옛 문서를 살펴보았더니, 이갑의 조카가 태어날 때 있었던 산파[8]의 증명이 빠져 있었다. 하루는 이갑 무리를 모두 소환해 산파를 대면케 하니 이갑 무리는 더 이상 말을 못했고, 마침

4 參政: 참정은 參知政事의 약칭이다. 송대 관명으로 재상의 보좌 업무를 맡아 보았다.

5 韓億(972-1044): 자는 宗魏로 관직이 尙書左丞, 太子少傅에 이르렀다.

6 洋州: 지금의 陝西省 洋縣이다.

7 원문은 掠服이다. 매를 때려 무고한 사람이 더 이상 입을 열어 억울함을 말할 수 없게 만드는 것을 말한다.

8 산파: 원문은 '乳醫'로 원래 출산에 관한 병을 치료하는 産科 醫員을 말한다.

내 그 억울한 사정이 밝혀졌다. [본전本傳에 보인다.]

정극이 말한다.

"옛 사람이 말하기를 '사건을 조사하여 판결하는 방법으로 두 가지가 있다. 하나는 정황을 살피는 것이고 하나는 증거에 따르는 것이다'라고 하였다. 마땅히 이 두 가지 방법을 겸용해야 한다. 그러나 증거를 대기 어려운 경우는 정황을 살펴서 마음 속에 숨기는 것을 알아내는 것이 더 낫고, 정황이 잘 드러나지 않는 경우는 증거에 의해 그들의 말다툼을 그치게 하는 것이 더 낫다. 두 방법을 번갈아 사용하며 각각 적절하게 적용해야 한다. 이갑이 형의 아들을 다른 성씨로 조작하면서 끌어들일 수 있는 증거를 한두 가지 생각한 것이 아니었을 텐데, 유독 산파만 빠뜨렸으니 그 정황을 짐작할 수 있다. 그러므로 한억은 이갑 무리를 모두 소환하여 산파와 대면시켜 그들이 마음속에 숨긴 것을 알아냈을 뿐만 아니라, 그들의 말다툼도 끝낼 수 있었다. 그래서 이갑 무리는 더 이상 아무 말도 할 수 없었고 억울한 사정은 밝혀졌으니, 어찌 타당한 일이 아니겠는가?"

원문 1

丞相劉沆知衡州日, 有大姓尹氏, 欲買鄰人田, 莫能得. 鄰人老而子幼, 乃僞爲券, 及鄰人死, 卽逐其子. 訟二十年不得直. 沆至, 又訴. 尹氏出積歲所收戶鈔爲驗, 沆詰之曰: "若田百頃, 戶鈔豈特收此乎! 始爲券時, 嘗問鄰乎? 其人固多在, 可取爲證." 尹氏不能對, 遂伏罪. [見本傳]

鄭克曰: "按賣田問鄰, 成券會鄰, 古法也. 使當時法不存, 則將何以核其奸乎? 近年有司苟取小快, 遂改此法, 未之思歟?"

參政韓億知洋州時, 土豪李甲者, 兄死, 迫嫁其嫂, 因誣其子爲異姓, 以專其貲. 嫂歷訴於官. 甲輒賂吏使掠服之. 積十餘年, 其訴不已. 億視舊牘, 但未曾引乳醫爲證. 一日, 盡召其黨, 以乳醫視之, 衆乃無辭, 其冤遂白. [見本傳]

鄭克曰: "按昔人嘗云: '推事有兩, 一察情, 一據證.' 固當兼用之也. 然證有難憑者, 則不若察情, 可以中其肺腑之隱. 情有難見者, 則不若據證, 可以屈其口舌之爭. 兩者迭用, 各適其宜也. 彼誣其子爲他姓者, 所能上能引之證, 想亦非一, 獨未嘗引乳醫, 則其情可見矣. 故盡召其黨, 以乳醫示之, 旣有以中其肺腑之隱, 又有以屈其口舌之爭, 則衆無以爲辭, 而冤遂辨. 不亦宜乎?"

35. 원자가 금을 녹이고, 손보가 파배기의 무게를 재다袁滋鑄金 孫寶秤饊

이야기 1

당唐의 견공汧公 이면李勉[1]이 봉상鳳翔[2]을 다스릴 때의 일이다. 관할하는 어느 마을의 농부가 밭에서 김을 매다가, 마제금馬蹄金[3] 한 항아리를 발견해 관아로 보냈다. 현령은 관아의 창고지기가 제대로 지키지 못할까 염려하여 그것을 자기 방에 갖다 놓게 했다. 다음 날 그것을 열어 보니, 그 안에는 모두 흙덩어리뿐이었다. 이러한 상황을 상부의 부府에 알리자, 부에서는 아전들을 보내 이를 조사하게 했다. 현령은 이를 해명할 수 없어 금을 바꿔치기 했다고 거짓 자백을 하였다. 처음에는 '두엄더미 속에 감추었는데 누군가에게 도난당했다'고 하다가, 나중에는 '물속에 던졌는데 그곳이 어딘지 잊어버렸다'고

---

1 李勉: 자는 玄卿, 汧公은 封號이다. 肅宗 때에는 監察御史가 되었고 代宗 때에는 滑亳節度使가 되었으며 德宗 때에는 檢校司空, 同平章事에 올랐다.

2 鳳翔: 당나라 때 府의 이름, 관청소재지는 지금의 陝西省 봉상현이었다. 그 아래 1州 7縣을 관할하였으며, 그 중 하나인 봉상현은 지금의 섬서성 汧陽縣 동남쪽에 있다.

3 馬蹄金: 말의 편자 모양으로 된 금화이다.

했다. 비록 금의 행방은 알아내지 못했지만 모두들 현령이 금을 바꿔치기한 게 틀림없다고 여겼다. 부의 관아에 연회가 열렸을 때, 이 일에 관한 이야기가 나오자 모두들 개탄하며 한숨 쉬었다. 당시에 원자袁滋[4]가 막부幕府[5]에 있었는데 홀로 아무 말 없이 고개를 숙이고 있었다. 견공汧公이 따져 묻자 원자가 말했다.

"저는 이 사건에 뭔가 잘못된 점이 있지 않은가 의심스럽습니다."

그래서 견공은 이 사건을 부의 관아로 가져와 원자에게 진상을 조사하게 했다. 원자가 항아리 안을 살펴보니 흙덩어리 이백오십여 개가 있었다. 처음 그것을 발견한 농부에게 묻자, 두 농부가 큰 대나무에 매달아 메고 현의 관아로 갔다고 했다. 이에 다른 가게에서 금을 구해 흙덩어리 모양처럼 녹여서 양을 쟀다. 우선 그 반만 무게를 달아 보았는데 이미 삼백 근이나 되었다. 그 총량을 계산해 보면 두 사람이 대나무에 메고 들 수 있는 무게가 아니었다. 즉, 도중에 금은 이미 흙으로 변해 있었던 것이다. 그리하여 여러 정황이 명백해지고 현령은 억울함을 풀 수 있었다. [강병康駢의 『극담록劇談錄』[6]과 『신당서新唐書』 본전本傳에 보인다.]

---

4 袁滋: 자는 德深이다. 尙書右丞, 華州刺史, 中書侍郎, 同平章事, 山南東道 節度使, 彰義軍節度使, 湖南觀察使 등을 역임했으며 淮陽郡公에 봉해졌다.

5 幕府: 大將軍의 본영. 임시로 장막을 설치하여 陣을 치기에 이를 막부라고 했다.

6 康駢의 『劇談錄』: 康駢은 자가 駕言으로 관직은 崇文館校書郎에 이르렀다. 『劇談錄』 3권은 그의 저서로 天寶年間 이래의 일화 40條를 기록하고 의론을 덧붙여 놓았다.

한漢나라 손보孫寶[7]가 경조윤京兆尹[8]이었을 때의 일이다. 기름에 튀긴 꽈배기과자[饊饊]를 파는 사람이 어쩌다 도성 저자거리에서 시골사람과 부딪쳤다. 그 충격에 꽈배기가 떨어지면서 모두 부서졌다. 시골사람은 꽈배기 오십 개 값만 물어주겠다고 하고, 꽈배기 장수는 부서진 꽈배기가 삼백 개나 된다고 우겨서 시끄러운 말다툼이 벌어졌다. 결국 태수인 손보한테 가게 됐는데, 태수가 그들을 불러내어 따져 물었으나 증명할 방법이 없었다. 손보는 꽈배기 하나를 따로 사오게 하여 저울에 무게를 달아보게 했다. 그래서 부서진 것을 모두 모아 무게를 재보니 부서진 꽈배기의 수량이 금방 분명해졌다. 사람들이 모두 탄복했고, 꽈배기 장수는 시골사람을 속이려던 죄를 인정하였다.

정극이 말한다.

"위魏 태조太祖[9] 때, 손권孫權이 거대한 코끼리를 바치자, 태조는 그 무게를 알고 싶었다. 여러 신하들에게 물어보았으나, 아무도 그 방법을 알아내는 자가 없었다. 이 때 몇 살 밖에 안 된 등애왕鄧哀王 충沖[10]이 코끼리를 큰 배에 싣고 물이 차는 곳에 표시하기를 청했다. 그리고 무게를 잰 물건을 배에 실어보면 코끼리의 무게를 알 수 있다고 하였다. 이것은 꽈배기의 무게를 잰 것과 같은 이치이다. 손보는 꽈배기 하나의 무게를

7 孫寶: 前漢 말의 인물. 벼슬이 京兆尹에 이르렀다. 哀帝 때 鄭崇의 억울함을 상소해 관직을 박탈당했으나, 平帝 때 다시 등용되어 大司農까지 되었다.

8 京兆尹: 漢 武帝 때 둔 관직으로 수도의 지방장관. 수도 長安의 12현을 다스렸다.

9 魏 太祖: 삼국시대 위나라 武帝, 즉 曹操를 말한다.

10 鄧哀王 沖: 曹沖은 조조의 아들이다. 자가 倉舒, 謚號가 鄧哀王이다. 매우 총명하였으나, 13세에 요절하였다.

재서 부서진 것의 무게와 비교해 그 개수를 금방 알아냈다. 반면 충은 배에 코끼리를 싣고 차오른 물의 높이를 표시한 후 무게를 잰 물건들을 실어서 비교하는 방법으로 그 무게를 알 수 있었으니, 모두 지혜롭기 짝이 없다. 무릇 말 한두 마디로 송사를 해결할 수 있는 사람은 어떠한가? 남들의 신뢰와 탄복을 얻음이 이러한 경지에 이르렀도다! 그것은 아마도 지혜가 넘쳐흘러서 그 말에 이치가 담겨 있기 때문일 것이다. 남을 속이려는 간악함은 이처럼 명확한 증거를 제시한다면 숨기거나 피할 수 없는 것이다. 저들이 어찌 자신의 죄를 인정하지 않을 수 있겠는가? 그러므로 말 한두 마디로도 판결을 내릴 수 있는 것이다."

원문 1

唐李汧公勉鎭鳳翔. 有屬邑耕夫, 因耨田得馬蹄金一瓮, 送縣. 爲令者慮公藏主守不謹, 而置之私室. 翌日開視之, 則皆土塊耳. 以狀聞府, 遣掾案之, 不能自明, 誣服換金. 初云: "藏之糞土, 被人竊去." 後云: "投之水中, 失其所在." 雖未窮易用之所, 而皆以爲換金無疑矣. 府中宴集, 語及此事, 咸共嗟嘆. 時袁滋在幕府, 獨俛首無語. 汧公詰之, 滋曰: "某疑此事有枉." 勉乃移獄就府, 俾滋鞫實. 滋閱瓮間, 得二百五十餘塊. 詰其初獲者, 則二農夫以巨竹舁至縣. 乃於別肆索金, 依土塊形狀, 鎔瀉校量. 始秤其半, 已及三百斤, 計其總數, 非二人以竹擔可擧. 卽是在路之時, 金已化爲土矣. 於是羣情大豁, 邑宰獲雪.

[出康駢『劇談錄』, 又見『唐書』本傳]

원문 2

漢孫寶爲京兆尹，有賣饘饊者，偶與村民相逢於都市，擊落饘餅，盡碎. 民認塡五十枚, 賣者堅言三百枚, 因致喧爭. 至太守之前, 引問無以證明. 寶令別買饘餅一枚，秤見分兩，乃都秤碎者，紐折立見元數. 衆皆嘆服, 賣者乃服虛誣之罪.

鄭克曰: "按魏太祖時，孫權致巨象，欲知其斤重，訪之羣下，莫能出其理. 鄧哀王沖方數歲，請置象大船之上，刻水痕所至，而秤物以載之，校可知也，與秤饘饊之理同矣. 寶以饘饊一枚之重，校碎者之重，而枚數立見. 沖以載象所至之痕，校秤物之痕，而斤重可知，皆其智有餘也. 夫片言可以折獄者何? 其爲人信服，至於如此哉! 蓋以智有餘而言中理故爾. 欺誣之慝，以此爲證而不可諱矣. 彼焉得不服耶? 是故片言可以折獄也."

36. 정주부가 옛돈을 발견하고, 왕거가 옛 편지를 발견하다 程簿舊錢 王璩故簡

이야기 1

찰원察院 정호程顥[1]가 처음에 경조부京兆府[2] 호현鄠縣[3]의 주부主簿[4]로 있을 때의 일이다. 백성 가운데 형의 집을 빌려 사는 사람이 있었다. 그가 땅 속에서 묻어 둔 돈을 발견하자 형의 아들이 소송을 걸었다.

"이것은 아버지가 묻어 둔 것입니다."

현령이 말했다.

"증거가 없는데 어떻게 판결하는 것이 좋겠소?"

그러자 정호가 말했다.

"이건 분별하기 쉽습니다."

그리고는 형의 아들에게 말했다.

1 察院: 都察院(御史臺)의 약칭이다. 어사대는 관료의 범죄를 감찰하는 기구로 程顥가 神宗 때 어사대에 재직했기 때문에 程察院이라 불렀다. 제3장 주 참조.
2 京兆府: 오늘날 陝西省 西安市 동쪽 華縣 땅으로 長安의 12縣을 관할했다.
3 鄠縣: 오늘날 陝西省 西安市 서남쪽.
4 主簿: 縣의 主簿를 일컫는다. 문서와 장부를 관장하는 벼슬.

"네 아비가 돈을 묻어 둔 지 몇 년이 되었느냐?"

아들이 말했다.

"이십 년입니다."

정호는 관원을 보내 땅 속에서 꺼냈다는 돈 일천 관貫을 가져오게 하여 보여주며 말했다.

"지금 조정에서 주조한 돈은 오륙 년이 채 안 되어 세상에 두루 통용된다. 이 돈은 네 아비가 태어나기 수십 년 전에 주조된 것인데 어떻게 된 것이냐?"

그 아들이 결국 거짓말을 시인했다. [정이천程伊川이 지은 행장行狀에 보인다.]

정극이 말한다.

"널리 증거를 찾다보면 거짓이 있을 수 있다. 직접 돈을 가져다 증거로 삼으니 이것은 사실이다. 그 아들은 땅 속에 묻혔던 돈이 자신의 아버지가 묻어 둔 것이라고 말했지만, 돈을 가져다 직접 확인하니 모두 옛날 돈이었다. 어찌 옛날 돈을 골라 묻어 두었겠는가? 이것으로 증명하니 아들의 고소가 터무니없음이 명백해졌다. 이러한 까닭에 그 아들은 굴복하지 않을 수 없었던 것이다."

이야기 2

사승寺丞 왕거王璩[5]가 양주襄州 중려中廬[6]의 수령이었을 때의 일이다. 어떤 도둑을 오랫동안 심문하였으나, 정황을 알아낼 길

5 寺丞 王璩: 寺丞은 관서의 속관을 말한다. 예를 들어 大理寺의 속관은 大理丞이라 하고 光祿寺의 속관은 光祿丞이라고 한다. 왕거는 송대 인물이나 傳은 未詳이다.

6 襄州 中廬: 양주는 지금의 湖南省 襄樊市 襄陽이다. 中廬는 당시의 현 이름으로 지금의 襄陽 서남쪽에 있다.

이 없었다. 때마침 도둑의 자루 속에서 낡은 편지를 찾아내 게시해 놓았다. 그러자 방릉房陵[7]의 상인이 이건 자신이 도둑에게 빼앗긴 것이라고 알렸고, 도둑은 곧 자백했다. 이 편지가 아니었다면 도둑은 풀려날 뻔했다. [왕규王珪[8]가 지은 묘지墓誌에 보인다.]

정극이 말한다.

"이는 지혜로 해결한 것이 아니고 우연히 해결하였을 따름이지만, 또한 왕거가 형옥을 다스림에 있어 정성을 다했음을 알 수 있다. 죄상을 밝힐 때는 증거에 의지해야 한다. 구양엽歐陽曄은 오른쪽 늑골의 상처를 증거로 구타하여 살인한 자의 발뺌을 막았고,[9] 왕거는 자루 속의 편지를 증거로 그가 도둑질한 사실을 밝혔다. 증거로 죄를 가려내는 기술을 어찌 소홀히 할 수 있겠는가?"

원문 1

程顥察院初爲京兆府鄠縣主簿. 民有借兄之宅居者, 發地中藏錢. 兄之子訴曰: "父所藏也." 令言: "無證佐, 何以決之?" 顥曰: "此易辨耳." 問兄之子曰: "爾父藏錢幾年矣?" 曰: "二十年" 遣吏取一千視之, 謂曰: "今官所鑄, 不五六年則徧天下. 此錢乃爾父未居前數十年所鑄, 何也?" 其人遂伏. [見程伊川所撰行狀.]

鄭克曰: "按旁求證佐, 或有僞也. 直取錢驗, 斯爲實矣. 彼言地中藏錢是其父所藏者, 取錢驗之, 皆古錢也, 又豈能選擇古錢藏之耶? 以此爲

7 房陵: 현의 명칭. 오늘날 湖北省 房縣.
8 王珪: 송나라 사람. 자는 禹玉. 哲宗 때 尙書左僕射, 門下侍郎의 벼슬에 올랐다. 저작에 『華陽集』이 있다.
9 歐陽曄은 ~ 막았고: 이 이야기는 제5장에 나온다.

원문 2

證, 妄訴明矣. 是故其人不敢不服也."

寺丞王璩, 嘗爲襄州中廬令. 有賊人久訊不得情. 偶於賊橐中得故簡, 而揭示之, 乃房陵商人道爲賊所掠者, 賊卽引伏, 不爾幾脫. [見王珪所撰墓誌.]

鄭克曰: "按此非智算所及, 偶然得之耳, 亦可見璩之治獄能盡其心. 獄之鞫情, 有賴於證也, 歐陽曄以右肋之傷爲證, 而毆殺者辭窮. 王璩以橐中之簡爲證, 而劫掠者情得. 證慝之術, 焉可忽諸."

37. 유공작이 관을 부수고, 여원응이 상여를 조사하다公綽破柩 元膺擒輿

이야기 1

유씨柳氏의 『서훈叙訓』에[1] 다음과 같은 이야기가 있다. 유공작柳公綽[2]이 양양襄陽[3]의 절도사節度使[4]로 있을 때였다. 흉년이 들었는데, 인근 지방의 피해가 더욱 심했다. 그때 상복을 입은 사람이 울면서 소장訴狀을 제출했다.

"조부祖父 삼대 12인의 관을 무창武昌[5]으로 운구하고자 하는데, 관리가 이를 막고 가지 못하게 합니다."

유공작은 즉시 무관武官[6]을 보내 그 사람을 체포하고 그 관을

---

1 『叙訓』: 『柳氏家訓』을 일컫는다. 唐 柳玭이 자손에게 남긴 가훈이다. 유빈은 僖宗 말년 吏部尚書로 있으면서 국사를 편찬하고 후에 御史大夫를 지냈다.

2 柳公綽: 당나라 사람으로 자는 寬. 관직은 文宗 때 河南節度使를 지냈고, 후에 兵部尚書에 올랐다.

3 襄陽: 당시 郡名. 오늘날 湖南省 襄樊市 襄陽에 해당하고, 唐代에 襄州로 개칭하였다.

4 節度使: 外藩에 설치된 관직으로 한 지방의 군정과 행정을 총괄했다.

5 武昌: 오늘날 湖北省 鄂城縣. 오늘날 武漢市의 武昌이 아니다.

6 武官: 원문은 軍候. 행군할 때 적군을 정찰하는 일을 맡은 무관으로 주둔할 때에는 죄인의 수색과 취조 등의 직책을 맡는다.

부수게 했다. 그러자 그 관 속에는 모두 쌀이 가득 차 있었다. 대개 흉년에 장례를 지내면서 삼대 12인의 관을 한꺼번에 옮긴다는 것은 터무니없는 일이기에 그의 속임수를 단박에 알아챈 것이다.

정극이 말한다.

"이는 비록 강도사건은 아니지만 여원응呂元膺이 상여를 살핀 일과 유사하다. 그러나 흉년에 다른 지방에 곡식을 꾸어주는 일을 막는 것은 좋지 않으므로 이를 본보기로 삼기에는 부족하다. 단지 그 현명한 통찰력만 취하여 범죄자를 색출하는 방법을 살핀다면 적어도 귀감으로 삼을 수 있을 뿐이다.

이야기 2

당나라 여원응呂元膺[7]은 자가 경부景夫인데, 악양岳陽[8]을 다스릴 때였다. 여원응이 출유出遊[9]하여 경치를 감상하고자 높은 언덕에 올라 아래를 내려다보고 있을 때였다. 들판을 보다가 문득 길가에 세운 상여가 보였는데, 남자 다섯 명이 상복을 입고 따르고 있었다. 여원응이 말했다.

"멀리 가는 장례는 웅장하게 치르고, 가까이 가는 장례는 허술하게 치른다 했는데, 이는 간악한 무리들의 속임수가 분명하다."

그러고 나서 부하들을 시켜 수색하니, 관 속에는 모두 흉기뿐이었다. 이에 범인들이 말했다.

"강 건너 재물을 약탈하자는 모의를 했는데, 상여로 꾸며서

7 呂元膺: 관직은 吏部侍郞, 太子賓客에 올랐다.
8 岳陽: 太岳 남쪽을 뜻함. 오늘날 山西省 安澤縣 서쪽.
9 出遊: 다른 곳으로 가 노닒.

강을 건너면 의심하는 사람이 없을 거라 생각했습니다."

여원응이 그들을 조사하게 했는데, 이들 외에도 수십 인이 이미 강 건너편에 모여 기다리고 있었다. 모두 체포하여 법에 따라 처벌했다.

원문 1

柳氏『叙訓』云: 柳公綽爲襄陽節度使, 歲歉, 鄰境尤甚. 有齊衰者, 哭且獻狀曰: "遷三世十二喪於武昌, 爲津吏所遏." 公綽卽命軍候擒其人, 破其柩, 皆實以稻米. 蓋葬於歉歲, 不應並擧三世十二喪, 故知其詐耳.

鄭克曰: "按此雖非劫取者, 而與元膺搜輿事頗相類也. 然議者謂以閉糴非美, 不足爲法. 今但取其明察, 慮有他奸, 故著爲察賊之鑒耳."

원문 2

唐呂元膺字景夫, 鎭岳陽. 因出游賞, 乃登高阜瞰原野, 忽見有喪輿駐道左, 男子五人衰服而隨. 公曰: "遠葬則汰, 近葬則省, 此決奸黨爲詐也." 因令左右搜索之, 棺中皆兵刃. 乃曰: "欲謀過江掠貨, 故假爲喪輿, 使渡我者不疑耳." 公令劾之, 更有同黨數十, 已期集於彼岸, 並擒以付法.

38. 유혼이 벙어리 하인의 억울함을 풀어주고, 왕한이 미친 노파의 이야기를 들어주다

柳寃瘖奴 王扣狂嫗

이야기 1

당나라 유혼柳渾[1]이 강서江西[2] 관찰사판관觀察使判官[3]으로 있을 때였다. 한 승려가 밤에 술을 마시고 실수로 불을 내어 절을 태웠는데, 벙어리 하인에게 그 죄를 덮어씌웠다. 담당 관리가 승려에게 뇌물을 받고는 더 이상 사건을 조사하지 않고 종결했다. 유혼과 그 동료인 최우보崔佑甫[4]가 그 하인의 억울함을 관찰사에게 아뢰었다. 관찰사 위소유魏少游[5]가 승려를 심문하니, 승려가 그 죄를 자복했다. [『당서唐書』「유혼전柳渾傳」에 보인다.]

---

1 柳渾: 자는 夷曠. 관직은 同平章事에 이르렀다. 德宗 貞元 연간에 재상인 張延賞에 의해 관직에서 물러났다.

2 江西: 揚子江 중류 남쪽으로 오늘날 江西省에 해당함.

3 觀察使判官: 관찰사의 부관을 말한다. 관찰사는 여러 주를 순시하면서 주의 정치를 감찰하는 관직.

4 崔佑甫: 자는 胎孫. 관직이 덕종 때 門下侍郎同平章事, 中書侍郎에 올랐다.

5 魏少游: 자도 少游. 네 번이나 京兆尹이 되었는데 사람을 잘 등용하는 것으로 유명했다. 관직이 刑部尙書에까지 올랐고 趙國公에 봉해졌다.

정극이 말한다.

"승려가 술을 마시고 실화失火했으니, 두 가지 범죄를 저지른 셈이다. 그런데 불을 낸 이가 벙어리 하인이라고 덮어씌우고는 자신이 술을 마신 사실까지 은폐하려고 했다. 만일 담당 관리가 뇌물을 받지 않았다면 이 옥사가 어찌 진실을 밝히기 어려운 것이겠는가? 오직 위아래가 서로 사건을 은폐하려 하면서 옥사를 바로잡을 뜻이 없으니, 이 때문에 진실을 밝히기 어려울 따름이다. 유혼과 최우보는 당대의 영명한 현인으로 그 억울한 옥사를 위소유에게 보고했고, 위소유도 그들의 간언을 듣고 수용하여 승려를 심문했으니, 이 역시 칭찬할 만한 일이다."

이야기 2

대경大卿 왕한王罕[6]이 담주潭州[7] 지사로 있을 때였다. 어떤 미친 노파가 몇 차례나 관아에 와서 상소하고자 하는데, 앞뒤가 맞지 않는 말을 횡설수설하여 보초에게 번번이 쫓겨났다. 왕한이 부임하자, 다시 상소하러 나왔다. 부하들이 쫓아내려 하자, 왕한이 노파를 들어오게 하여 이야기를 들어주었다. 노파를 가까이 오게 하여 천천히 물어보았다. 비록 노파의 말은 횡설수설이었지만, 때때로 그 의미를 이해할 만한 것이 있었다. (내용인즉슨) 그 노파는 원래 어떤 이의 정처正妻였으나 아들이 없었고, 첩에게는 아들이 있었다. 남편이 죽고 나서 첩에게 쫓겨났고, 집안 재산도 첩이 모두 차지했다. 여러 차례

6 大卿 王罕: 大卿은 각 省의 장관을 말한다. 王罕은 송나라 사람. 자는 師言. 벼슬이 光祿卿에 이르렀다.

7 潭州: 지금의 湖南省 長沙市.

상소했으나 원한을 풀 수 없자, 이로 인해 분노해 미쳐버렸던 것이다. 왕한이 그녀의 원한을 풀어주고, 그녀에게 가산을 모두 돌려주게 했다. [『속수기문涑水記聞』[8]에 보인다.]

원문 1

唐柳渾爲江西觀察使判官. 僧有夜飮火其廬者, 歸罪瘖奴. 軍候受財不詰, 獄具. 渾與其僚崔佑甫白奴寃於觀察使, 魏少游趣訊其僧, 僧乃首伏. [見『唐書』「柳渾本傳」.]

鄭克曰: "按僧飮酒, 失火, 二罪俱發, 而謂失火者瘖奴耳, 且掩其飮酒之迹也. 若非軍候受財不詰, 則此獄豈難辨乎? 惟上下相蒙, 不以獄事爲意, 故莫之辨耳! 渾與佑甫一代英賢, 而白其寃; 少游能聽用之, 故趣訊僧云, 斯亦可稱也."

원문 2

大卿王罕知潭州時, 有狂嫗數邀知州訴事, 言無倫理, 從騎多屛逐之. 罕至, 復出訴. 左右欲逐之. 罕乃令引歸聽事. 叩堦徐問, 嫗雖言語雜亂, 然時有可采者. 乃其始爲人嫡妻, 無子, 其妾有子, 夫死, 爲妾所逐, 家貲妾盡據之. 累訴不直, 因恚而狂, 罕爲直其事, 盡以家貲與之. [見『涑水記聞』.]

8 『涑水記聞』: 宋 司馬光이 편찬한 책. 宋 太祖부터 神宗에 이르기까지 雜事 427조를 기록한 책. 涑水는 사마광의 호.

39. 이남공이 가짜 상처를 분별하고, 왕진이 독초를 분별하다李公驗欅 王臻辨葛

이야기 1

상서尙書 이남공李南公[1]이 장사현長沙縣[2] 수령으로 있을 때의 일이다. 어느 날 두 사람이 싸웠는데, 갑은 강하고 을은 약했지만 각자 검붉은 상처가 생겼다. 이남공이 두 사람을 불러 앞으로 나오게 한 후, 직접 자신의 손가락으로 그들의 상처를 눌러보았다. 그러고는 이렇게 말했다.

"을의 상처는 진짜이지만, 갑의 상처는 가짜다."

심문해보니, 정말 그러했다. 대개 남쪽 지방에는 고리버들이 자란다. 그 잎을 살갗에 문지르면, 피멍든 상처처럼 살갗이 검붉게 변한다. 또한 나무껍질을 벗겨 살갗 위에 놓고 그곳에 불을 갖다 대면 몽둥이로 맞은 것 같이 되는데, 물로 씻어도 벗겨지지 않는다. 다만 진짜 맞아 상처가 생긴 경우 피가 모여 딱딱해지는 반면, 가짜 상처를 만든 경우에는 그렇지

1 尙書 李南公: 熙寧(1068-1077)연간 京西常平提擧, 陝西・河北刑獄提点, 京西轉運副使 등을 역임했다. 그 후 조정에 들어가 屯田員外郞을 역임했다.
2 長沙縣: 지금의 湖南省 長沙市.

않다. 이남공이 이에 이 점을 분별한 것이다. [사림士林[3]에게서 들었다.]

정극이 말한다.

"서로 폭력을 써서 싸운 사건[4]을 판결할 때에는 상처를 증거로 삼는다. 이와 같은 가짜 상처의 경우 어떻게 분별할 것인가? 따라서 특별히 여기에 기록한다."

이야기 2

간의諫議 왕진王臻[5]이 복주福州[6]의 수령으로 있을 때였다. 민인閩人[7]이 원수를 갚고자 하여 먼저 들칡[8]을 먹고 싸우다가 죽어 버렸다. 그 집안사람들이 마침내 상대방을 무고誣告했다. 왕진이 물었다.

"상처가 과연 치명적인 것이었느냐?"

아전이 말했다.

"상처는 별로 심하지 않았습니다."

왕진이 이를 의심스럽게 여겼다. 따라서 고발한 사람을 반대 심문한 결과 사건의 진실을 밝히게 되었다. [본전本傳에 보인다.]

정극이 말한다.

"소경少卿 가창령賈昌齡[9]이 처음에 요주饒州 부량위浮梁尉[10]로 있

---

3 士林: 관직에 있으면서 학덕이 높은 자들로 讀書人을 가리킨다.

4 서로 ~ 사건: 원문은 鬥毆.

5 諫議 王臻: 諫議는 황제에게 직간하는 관리. 王臻은 송나라 사람. 福州 수령으로 있을 때 풍속을 잘 교정한 일로 유명하다. 벼슬은 仁宗 때 尙書工部郞中에 올랐고 후에 右諫議大夫, 權御史中丞이 되었다.

6 福州: 현재 福建省 福州市 동남쪽.

7 閩人: 오늘날 복건성에 거주하는 민족.

8 들칡: 원문은 野葛. 斷腸草라고도 한다. 독초임.

을 때였다. 그 지방 풍속이 죽음을 가벼이 여겨서, 남에게 원한이 있을 때에는 먼저 들칡을 먹고 나서 원수진 사람을 무고하는 일이 빈번했다. 가창령이 여러 번 그러한 사건들의 진상을 철저히 밝혀내니, 왕진이 상처에 관해 물어본 일과 비슷하다고 할 수 있다. 이는 모두 실상을 깊이 살핀 경우이다."

원문 1

尙書李南公知長沙縣, 時有鬥者, 甲强而乙弱, 各有靑赤痕. 南公召使前, 以自指捏之, 曰: "乙眞而甲僞也." 訊之, 果然. 蓋南方有欅柳, 以葉塗肌膚則靑赤如毆, 傷者剝其皮橫置膚上, 以火熨之, 則如棓傷者, 水洗不落. 但毆傷者血聚則硬, 而僞者不然. 南公乃以此辨之也. [聞之士林.]

鄭克曰: "按鬥毆之訟, 以傷爲證. 而有此僞, 豈可不辨? 故特著焉."

원문 2

王臻諫議知福州時, 閩人欲報仇, 或先食野葛, 而後鬥即死. 其家遂誣告之. 臻問: "所傷果致命也?" 吏曰: "傷無甚也." 臻以爲疑. 反訊告者, 乃得其實. [見本傳.]

鄭克曰: "按賈昌齡少卿初爲饒州浮梁尉, 其俗輕死, 與人有怨, 往往先食野葛, 以誣怨者. 昌齡輒能辨究之, 與臻問傷類矣. 是皆深察者也."

9 少卿 賈昌齡: 少卿은 제15장 참조. 賈昌齡은 송나라 사람. 관직은 屯田員外郞에 올랐다.

10 饒州 浮梁尉: 饒州는 江西省 波陽縣. 浮梁은 그 관할 7현 중 하나로 파양현 동북쪽.

40. 구양영이 아들이 도둑임을 알아채고, 손장경이 형이 아우를 살해한 사실을 알아채다

穎知子盜 孫料兄殺

이야기 1

낭중郎中 구양영歐陽穎[1]이 흡주歙州[2] 수령으로 있을 때의 일이다. 어떤 부잣집에 도둑이 들어 물건을 훔쳐갔다. 오랫동안 도둑을 체포하려고 애썼지만, 잡을 수 없어 아전들의 골칫거리가 되었다. 구양영이 말했다.

"체포하지 말라."

그러고는 도리어 그 부잣집의 두 아들을 소환해 칼을 씌워 옥에 가두고 문초했다. 그러자 그들은 즉시 자백했다. 아전과 백성들은 처음에 고문을 이기지 못해 거짓 자백한 것이라고 의심했다. 그러나 훔친 물건을 증거로 확보하자 결국 구양영의 판결을 믿게 되었다. [구양수歐陽修[3]가 지은 묘지墓誌에 보인다.]

---

1 郎中 歐陽穎: 郎中은 각부 尙書의 보좌관이다. 歐陽穎은 송나라 사람. 벼슬이 祠部郎中에 올랐다.

2 歙州: 송대에는 徽州로 개칭했다. 오늘날 安徽省 歙縣.

3 歐陽修: 歐陽修(1007-72)의 자는 永叔, 시호는 文忠公. 北宋 때의 정치가이자 문인으로서 명성이 높았으며 唐宋八大家의 한 사람. 翰林院侍讀學

이야기 2

시랑侍郎 손장경孫長卿[4]이 화주和州[5] 수령으로 있을 때의 일이다. 백성 중에 아우가 살해되었다고 고발한 사람이 있었다. 그의 말을 들어보니 사실인 것 같지 않아 이렇게 물었다.

"네 집 호구戶口가 몇 등급이냐?"[6]

"상上 등급입니다."

"네 집안에 식구가 몇이냐?"

"단지 아우와 제 처자식이 있을 뿐입니다."

"아우를 살해한 자는 바로 형이다. 어찌하여 그 재산을 혼자서 다 독차지하려 했느냐?"

심문하니 정말로 그러하였다. [왕규王珪[7]가 지은 묘지墓誌에 보인다.]

정극이 말한다.

"간사한 자가 진실을 숨기고 거짓을 꾸미는 것은 더러는 그 말소리를 듣고 알 수도 있고, 그 안색을 살펴 알 수도 있고, 그의 말을 추궁해 알 수도 있고, 또는 그 사실을 심문해 알 수도 있다. 대개 이 네 가지로 사건의 진실을 밝힐 수 있으니,

---

士, 樞密副使를 거쳐 參知政事(副宰相)가 되었다. 만년에는 靑州 장관이 되었으나 王安石의 견제를 받아 은퇴했다. 『新唐書』, 『新五代史』, 『毛詩本義』, 『集古錄』, 『歸田錄』, 『洛陽牡丹記』, 『六一詩話』 등 다수의 저작이 있는데, 『新五代史』를 제외한 대부분의 저작이 『歐陽文忠公集』에 수록되어 있다.

4 侍郎 孫長卿: 侍郎은 각부 상서의 보좌관으로 상서의 차관. 孫長卿은 송나라 사람. 자는 次公. 벼슬은 龍圖閣學士, 兵部侍郎에 올랐다.

5 和州: 오늘날 安徽省 和縣.

6 네 ~ 등급이냐?: 호구의 등급을 물어보는 것이다. 민간의 각호를 재산에 따라 빈부의 등급을 나누었다. 당나라 武德6년(623)에 3등급으로 나눈 일이 있었고, 무덕9년에는 9등으로 나누었고, 송대에는 5등으로 나누었다.

7 王珪: 송나라 사람. 자는 禹玉. 哲宗 때 尙書左僕射, 門下侍郎의 벼슬에 올랐다. 저작에 『華陽集』이 있다.

간사하게 속이는 자라도 속일 수 없을 것이다. 그러나 진실로 간사한 속임수를 살피는 방법에 밝지 못하다면, 또한 어떻게 이러한 일을 할 수 있을 것인가?"

원문 1

郎中歐陽穎知歙州. 富家有盜啓其藏, 捕久不獲, 有司苦之. 穎曰: "勿捕." 獨召富家二子, 械付獄, 劾之卽伏. 吏民初疑不勝楚掠而自誣. 及取其所盜物, 乃信. [見歐陽修參政所撰墓誌.]

원문 2

孫長卿侍郎知和州, 民有訴弟爲人所殺者, 察其言不情, 乃問: "汝戶幾等?" 曰: "上等也." "汝家幾人?" 曰: "唯一弟與妻子耳." 長卿曰: "殺弟者兄也, 豈將倂有其貲乎?" 按之果然矣. [見王珪所撰墓誌.]
鄭克曰: "按奸人之匿情作僞者, 或聽其聲而知之, 或視其色而知之, 或詰其辭而知之, 或訊其事而知之. 蓋以此四者得其情矣, 故奸僞之人莫能欺也. 然苟非明於察奸之術, 則亦焉能與於此哉?"

41. 곽궁이 고의와 실수의 차이를 밝히고, 진희량이 도망간 조우를 구하다 郭躬明誤 希亮救亡

이야기 1

후한後漢 때 곽궁郭躬[1]이 군리郡吏로서 중앙 부서[2]로 발탁되었을 때의 일이었다. 형제가 함께 공모해 살인을 저질렀는데, 어떻게 형벌을 내려야 할지 아직 정해지지 않았다. 명제明帝[3]는 형이 동생을 선도하지 못했다는 이유로 형을 중죄로 처벌하고 동생은 사형을 면하라는 판결을 내렸다. 중상시中常侍[4] 손장孫章이 황제의 조서詔書를 낭독하다가 잘못 읽어 형제를 모두 중죄로 처벌하게 했다. 상서尙書는 손장이 조서를 잘못 읽은 죄가 요참腰斬에 해당한다고 상주上奏했다. 황제는 곽궁이 법률에 능통하다는 것을 알고 그를 불러 물어보았다. 곽궁이 대답했다.

"손장은 마땅히 벌금형에 처해야 합니다."

1 郭躬: 자는 仲孫. 항상 서민의 편에 서서 일함으로써 인망이 두터웠다고 알려졌다. 관직은 廷尉에 올랐다.
2 중앙 부서: 원문은 公府. 司徒・司空・太尉의 三公 부서.
3 明帝: 후한의 제2대 황제. 18년간(58-76) 재위했다.
4 中常侍: 궁중에서 항상 황제의 시중을 드는 관직.

황제가 물었다.

"손장이 조서를 잘못 읽어서 사람을 죽였는데, 어째서 벌금형이라 하는가?"

"법령에는 고의[故]와 과실[誤]을 구별하는 조문이 있습니다. 손장이 황제의 명령을 잘못 전달한 것은 과실입니다. 과실의 경우는 고의보다 가벼운 형벌로 다스려야 합니다."

황제가 말했다.

"죄수와 손장이 동향 사람이라 어떤 까닭이 있을 것 같아 의심스럽구나."

곽궁이 말했다.

"대도大道는 숫돌처럼 고르고, 화살처럼 곧습니다. 군자는 역모를 꾀하거나 속이지 않습니다. 제왕이 하늘의 뜻을 법으로 삼으면, 형벌을 세밀하게 적용해 사사로운 뜻을 덧붙일 수 없을 것입니다."

황제가 그의 선함을 칭찬하고 그를 정위정廷尉正[5]으로 발탁했다. [『후한서後漢書』[6] 본전本傳에 나온다.]

정극이 말한다.

"법조문을 난해하게 만들어 형벌을 복잡하고 세밀하게 적용하고자 애쓰는 것은 모두 형벌을 세밀하게 적용해 사사로운 뜻을 덧붙이고자 하는 까닭이다. '군자는 역모를 꾀하거나 속이지 않는다'고 한 것은 대개 말류末流가 반드시 이런 지경에 이르는 것을 경계하는 의미이다. 본전에 이런 이야기가 전하

5 廷尉正: 刑獄을 관장하는 부서의 장관을 廷尉卿이라 하고, 그 아래에는 廷尉正, 廷尉監, 廷尉平 삼관이 있었다.

6 『後漢書』: 南朝 宋의 范曄이 찬술한 역사서. 本紀 10권, 志 30권, 列傳 80권으로 구성되어 있다. 後漢의 역사를 기록함.

는데, 곽궁이 법관으로서 판결하고 형벌을 내릴 때 '긍서矜恕'[7]에 의거했다고 한다. 따라서 대대로 법률을 전수하여 그 자손 중에는 공公이 된 자가 한 명, 정위廷尉 일곱 명, 후侯가 된 자가 세 명, [자사刺史]·이천석二千石[8]·시중侍中[9]·[중中]낭장郎將[10]에 오른 자가 이십여 명이었고, 시어사侍御史[11]나 정正·감監·평平[12]이 된 자는 더욱 많았다. 선을 쌓은 덕이 이토록 대단한 것이 아니겠는가?

이야기 2

대경大卿 진희량陳希亮[13]이 개봉부開封府 사록司錄[14]으로 있을 때였다. 청주靑州[15]의 조우趙宇라는 자가 "원호元昊[16]가 반드시 반

7 矜恕: 가엾게 여겨 용서함.
8 二千石: 太常, 光祿勳, 衛尉, 太僕, 廷尉, 宗正, 大鴻臚, 大司農, 少府 등 九卿(九大臣)과 함께 郎將에서 郡守, 郡尉에 이르기까지 이 관직들은 모두 이천석의 녹봉을 받았다. 漢代의 명칭이다.
9 侍中: 한대 궁중에서 수레나 복식을 관장하는 관직을 말한다
10 [中]郎將: 장군을 일컫는다.
11 侍御史: 百官의 죄를 규탄하는 관리가 있는 관청을 御史臺라고 하는데, 그 장관이 御史大夫, 차관이 御史中丞, 그 아래에 臺院, 殿院, 察院의 삼원이 있었다. 이 삼원에 각각 侍御史, 殿中侍御史, 監御史(監察侍御史라고도 한다)가 설치되었다.
12 正·監·平: 앞의 '廷尉正' 주 참조.
13 大卿 陳希亮: 大卿은 제38장 주 참조. 陳希亮은 송나라 사람. 자는 公弼. 청렴한 인물로 알려져 있다. 관직은 東京轉運使, 太常少尉에 올랐다.
14 司錄: 기록을 관장하는 벼슬.
15 靑州: 오늘날 山東省 益都縣.
16 元昊: 西夏 景宗의 본명. 송왕조로부터 姓을 하사받아 趙元昊라고 칭했지만, 후에 송을 섬기는 것을 거부하고 景祐元年(1034)에 반란을 일으켰다. 寶元元年(1038) 河內, 河外 22郡을 거느리고 興州에 도읍을 세운 후 국호를 大夏라 하고 스스로 稱帝하였다. 이후로는 송과 遼에 대항해 나타를 잘 보호했을 뿐만 아니라 漢籍의 번역, 학교 설치 등 문화적 향상에도 노력했다. 재위 11년(1038-1048)에 죽었다.

란을 일으킬 것"이라는 내용의 상소를 올렸다. 그는 오히려 처벌을 받아 문학참군文學參軍[17]으로 복주福州[18]에 배치되었다. 이듬해 결국 반란이 일어났다. 조우는 자신이 옳았음을 상소하려 했지만, 관아에서 그의 상소를 받아주지 않자 도성으로 도망갔다. 담당관은 그가 관직에 있으면서 임지를 무단이탈한 죄를 물어 처벌하고자 했다. 진희량이 상소를 올렸다.

"청컨대 조우가 상소한 일을 담당관에게 조사하도록 시켜서 조우의 말이 사실임이 증명된다면 처벌하지 않는 것이 마땅합니다." 이에 조우는 석방되었다. [본전本傳에 보인다.]

정극이 말한다.

"그 외면적 현상으로부터 논하건대, 조우가 문학참군으로 복주에 배치되었는데 도성으로 도망갔다면, 그를 관직에 있으면서 임지를 무단이탈한 죄로 탄핵하는 것이 옳다. 그러나 그 실정實情을 논한다면, 조우가 어찌 아무런 까닭 없이 도망간 것이겠는가? 원래 원호가 반란을 일으킨다는 상소를 올려 처벌받았는데 이제 과연 반란이 일어났으니, 오히려 어찌 그를 탄핵할 일이겠는가! 진희량은 '외면적 현상을 버리고 실정을 살핀' 예로 일컬을 만하다.

원문 1

後漢郭躬以郡吏辟公府, 時有兄弟共殺人者, 而罪未有所歸. 明帝以兄不訓弟, 故報兄重而減弟死. 中常侍孫章宣詔, 誤言兩報重, 尙書奏章矯制, 罪當腰斬. 帝以躬明法律, 召入問之, 躬對: "章應罰金." 帝

17 文學參軍: 五經을 가르치는 벼슬.
18 福州: 현재 福建省 福州市 동남쪽.

曰: "章矯詔殺人, 何謂罰金?" 躬曰: "法令有故·誤, 章傳命之謬, 於事爲誤. 誤者, 其文則輕." 帝曰: "囚與章同縣, 疑其故也." 躬曰: "周道如砥, 其直如矢. 君子不逆詐. 帝王法天, 刑不可委曲生意." 帝稱善. 遷躬廷尉正. [出『後漢書』本傳.]

鄭克曰: "按深文峻法, 務爲苛刻者, 皆委曲生意而然也. '君子不逆詐', 蓋惡其末流決至於此爾. 傳稱: 躬之典理官也, 決獄斷刑, 依於矜恕, 故世傳法律, 而子孫至公者一人, 廷尉七人, 侯者三人, [刺史][19]·二千石·侍中·[中][20]郎將者二十餘人, 侍御史·正·監·平者甚衆. 積善之慶, 不其甚歟?"

원문 2

陳希亮大卿爲開封府司錄時, 有青州男子趙宇, 上言'元昊決反.' 坐責爲文學參軍, 福州安置. 明年, 果反. 宇自訟, 而所部不受, 亡至京師. 執政令劾以在官無故去法. 希亮奏: "乞以宇所上封事付有司, 卽其言驗, 不當加責." 由是得釋. [見本傳.]

鄭克曰: "按此論其狀, 則宇爲文學參軍, 福州安置, 而亡至京師, 劾以在官無故亡法, 可也. 論其情, 則宇豈無故亡哉? 本坐言元昊反而責之, 今果反矣, 尙何劾焉! 希亮可謂能'捨狀以探情'也."

19 [刺史]: 이 두 자는 『後漢書』 권46에 의거하여 보충함.
20 [中]: 이 글자는 『後漢書』 권46에 의거하여 보충함.

42. 상중담이 거짓으로 상복 입은 자를 용서하고, 두삼이 부친상을 핑계로 처형을 면하려는 시도를 막다 商原詐服 竇阻免喪

이야기 1

진晋[1] 상중담商仲湛[2]이 형주荊州[3] 자사刺史[4]로 있을 때였다. 계양桂陽[5] 사람 황흠생黃欽生이란 자가 양친이 돌아가신 지 오래되었는데 거짓으로 상복을 입고는 부친상을 당했다고 말했다. 관아의 아전들이 법에 따라 기시棄市의 극형에 처해야 한다고 주장했다. 상중담이 말했다.

"이 법의 뜻을 따지자면, 양친이 살아 있는데 죽었다고 거짓말하는 경우에 해당한다. 이 경우 차마 입 밖에 꺼낼 수도 없

---

1 晋: 東晋을 가리킴.

2 商仲湛: 원래는 殷仲堪이다. 宋 太宗의 부친의 諱 弘殷을 피해 商이라고 한 것이다. 고대 왕조인 殷나라를 商이라고 부른 데서 기인한 것이다. 은중감은 荊州 刺史로 선정을 베풀었다고 한다.

3 荊州: 고대 九州의 하나로 오늘날 湖南省, 湖北省, 貴州省 동북부, 廣西省, 廣東省 북부를 포함한 지역을 일컫는다.

4 刺史: 원문은 牧. 옛 구주의 장관을 일컬음. 주의 장관인 자사, 태수와 동의어.

5 桂陽: 현의 명칭. 오늘날 廣東省 連縣.

는 패륜이므로 진실로 극형으로 처벌하는 것이 마땅하다. 그런데 흠생의 경우는 부모가 모두 이미 죽었고 단지 거짓말한 잘못만 있는 것이다."

결국 황흠생은 사형을 면할 수 있었다. [『진서晉書』[6]에 나온다.]

정극이 말한다.

"예전에 곽궁郭躬이 자신의 일로 미루어 남을 살피고, 외면적 현상을 버리고 실정實情을 살폈다 하여 칭송받았다. 무릇 자신을 헤아려 남을 살피는 것이 '서恕'이다. 현상을 버리고 실정을 살피는 것은 '충忠'이다. 상중담 역시 이런 경우라 할 수 있다. 만일 충서忠恕하는 마음 씀씀이가 없었더라면, 황흠생은 처형당했을 것이다. 이는 모두 속리俗吏들이 할 수 없는 일이다."

이야기 2

당나라 두삼竇參[7]이 봉선위奉先尉[8]가 되었을 때 일이다. 조분曹芬 형제가 북군北軍의 병졸로 있었는데, 어느 날 술에 취해 누이동생을 폭행했다. 아버지가 말려도 소용이 없자, 화가 난 아버지가 우물에 뛰어들어 죽었다. 두삼은 형제에게 사형의 판결을 내렸다. 그때 북군의 동료들이 부친상이 끝날 때까지 처형을 기다려주기를 요청했다. 두삼이 말했다.

---

6 『晉書』: 唐 太宗의 칙령으로 房玄齡, 李延壽 등이 편찬한 晉의 역사서이다. 西晉 4대 54년, 東晉 11대 120년간의 일을 기록했다.

7 竇參: 자는 時中. 관직은 御史中丞, 中書侍郎同平章事에 올랐다. 성품이 엄정하다는 명성이 있었으나 후에 동족 竇申의 죄에 連坐되어 죽음을 당했다.

8 奉先尉: 奉先은 현의 명칭. 당나라 봉선은 오늘날 陝西省 蒲城縣. 尉는 縣尉를 가리킨다.

"아버지가 아들 때문에 죽었는데, 부친상을 이유로 처형을 미룬다면 이는 아버지를 죽인 죄에 합당하지 않다."

그러고는 형제 모두 죽을 때까지 매질했다. [『당서唐書』[9] 본전本傳에 나온다.]

정극이 말한다.

"당나라 제도는 현령이 사형으로 다스릴 죄를 처결하는 것을 허용했다. 두삼은 현위縣尉였지만, 아마도 당시에 현령의 직무를 대행했던 것 같다. 북군 병졸들이 봉선에서 주둔했는데, 그들이 형제의 부친상이 끝날 때까지 형벌을 연기해줄 것을 요청한 것은 아마도 중앙 관료에게 뇌물을 보내 사면의 요행을 바라는 의도였을 따름이다. 두삼이 그들의 부정을 바로잡고 즉시 처결한 것은 이 때문이었다.

원문 1

晋商仲湛爲荊州牧. 有桂陽人黃欽生, 二親久沒, 詐服縗麻, 言迎父喪. 府曹依律棄市. 商曰: "原此法意, 當以二親生存而橫言死沒, 情事悖逆所不忍言, 固當棄市. 令欽生父母終沒, 此特誕妄之過, 遂免死. [出『晋書』.]

鄭克曰: "按昔人稱郭躬推己以議物, 捨狀以探情. 夫推己以議物者, 恕也. 捨狀以探情者, 忠也. 仲堪亦庶幾焉. 苟非用心忠恕, 欽生棄市決矣. 此皆俗吏所不能者也."

9 『唐書』: 新·舊 두 책이 있는데, 일반적으로 『新唐書』를 『唐書』라고 부른다. 『舊唐書』는 五代 後晋 때 편찬되었는데, 劉昫이 완성했다. 『신당서』는 송 歐陽修와 宋祁가 편찬한 사서. 이 이야기는 『신당서』 「李傑傳」에 나온다.

원문 2

唐竇參初爲奉先尉. 男子曹芬兄弟隷北軍, 醉暴其妹, 父救不止, 恚赴井死. 參當兄弟重辟. 衆請俟免喪, 參曰: 父由子死, 若以喪延, 是殺父不坐. 皆榜殺之. [出『唐書』本傳.]

鄭克曰: "按唐制, 縣令許決死罪. 參爲尉, 時殆攝行令事歟? 北軍之衆, 屯於奉先, 請爲其父持喪, 以緩其刑, 蓋欲賂中官以幸免耳. 參駁正其說而亟決之, 乃爲此也."

43. 설선이 명주를 다투는 일을 판결하고, 부융이 달리기 시합으로 도둑을 가려내다

薛絹互爭 苻盜並走

이야기 1

전한前漢 때의 일이었다. 임회臨淮[1]에 사는 어떤 사람이 겸포縑布[2]를 가지고 시장에 가다가 비를 만났는데, 겸포를 뒤집어 쓰고 비를 피했다. 뒤에 온 어떤 사람이 비를 피할 가리개를 구하기에, 그에게 겸포 한 단을 주었다. 비가 그치고 헤어질 즈음 그들은 겸포를 가지고 서로 다투게 되었고, 태수 설선薛宣[3]에게 함께 나아가 판결해주길 요청했다. 이에 설선은 아전을 불러 겸포를 잘라 두 사람에게 절반씩 주고, 좇아가서 그들의 말을 엿듣도록 했다. 뒤에 온 사람이 말했다.

"태수가 내리신 것이다."

1 臨淮: 郡의 명칭. 오늘날 江蘇省 盱眙縣 서북 지방.

2 縑: 명주. 가는 명주실로 견고하게 짠 견직물.

3 薛宣: 자는 贛君. 御史中丞으로서 흑백을 가리는 것이 분명했다고 한다. 御史大夫에 올랐으며, 특히 張禹의 뒤를 이어 丞相이 되어 高陽侯에 봉해졌다. 그러나 후에 아들 薛況의 죄로 인해 庶人이 되어 고향에 돌아가 죽었다.

그러나 겸포 주인은 원망이 그치지 않았다. 설선이 그 정황을 눈치채고 심문하니 뒤에 온 사람이 죄를 실토했다. [설선의 자는 공군貢君[4]이고, 『풍속통風俗通』[5]에 보인다.]

정극이 말한다.

"이는 황패黃霸[6]가 아이를 다투는 두 여인의 사건을 해결한 방법과 동일하다. 설선은 두 사람이 다투는 비단을 자르는 방법을 사용했고, 우중문于仲文[7]은 두 사람이 서로 제 것이라고 우기는 소에 상처를 입히는 방법을 사용했다. 그 일은 다르지만, 이치는 같다. 따라서 앞으로도 간사한 자를 잘 가려내는 데는 황패의 방법을 사용할 만하다."

이야기 2

전진前秦의 부융苻融[8]이 기주冀州[9] 자사刺史로 있을 때였다. 어떤 노파가 날이 저물어 강도를 만났다. 길 가던 사람이 노파를 위해 강도를 쫓아가 잡았다. 그런데 도둑이 오히려 행인을 무고했다. 부융이 말했다.

"두 사람이 달리기 시합을 해서 먼저 봉양문奉陽門을 나오는 자는 도둑이 아니다."

이윽고 두 사람이 경주를 끝내고 돌아오자, 부융은 정색을 하고 나중에 도착한 이를 가리켜 말했다.

4 貢君: 贛君이 맞다.
5 『風俗通』: 『風俗通義』의 약칭. 10권, 부록 1권. 後魏 應卲 편찬.
6 黃霸: 황패가 아이의 어미를 분별해낸 일은 제4장에 나온다.
7 于仲文: 우중문의 일은 제51장에 나온다.
8 苻融: 前秦 사람. 자는 博休. 관직은 사례교위, 太子太保에까지 올랐으나 후에 征南大將軍이 되어서 전사하였다.
9 冀州: 옛 九州의 하나. 오늘날 河北省, 山西省, 河南省의 黃河 이북, 遼寧省의 遼河 서쪽을 포함한 지역.

"네가 바로 도둑이다."

범죄를 들추어내는 것이 이처럼 명백했다. 부융은 천성적으로 명찰明察하여 그 일을 잘 살필 수 있었다. 따라서 도둑이 달리기를 잘했다면 행인에게 결코 잡히지 않았을 것이라 생각하고, 이로써 잘 달리는 자가 범인을 잡았을 것이라고 추측한 것이다. [『진재기晋載記』[10] 본전本傳에 나온다.]

정극이 말한다.

"대경大卿 설안薛顔[11]이 강녕부江寧府[12] 지사로 있을 때 순찰병이 강도짓을 하고는 오히려 무고한 평민을 체포해 보고했다. 설안이 그의 안색과 거동을 살피더니 그를 꾸짖었다.

'네가 도둑이구나.'

형구를 가지고 심문하니 결국 죄를 실토했다. 이 사건도 자못 비슷하다. 대개 무고를 분별하는 방법은 오직 널리 듣고 깊이 살피면 속일 수 없는 것이니, 이에 능히 규명해낼 수 있다. 병길丙吉[13]은 이른바 널리 들은 것으로 유명했고, 손량孫亮[14]은 이른바 깊이 살핀 것으로 유명했다. 부융은 달리기로 사실을 증명해 보이고, 설안은 안색을 살펴 그 정황을 파악했다. 이들은 모두 깊이 살피고 현명하게 분별한 예라 일컬을

---

10 『晋載記』: 『晋書』는 唐 太宗의 칙령으로 房玄齡, 李延壽 등이 편찬한 晋의 역사서이다. 西晋 4대 54년, 東晋 11대 120년간의 일을 기록했다. 十紀, 二十志, 七十列傳, 三十載記로 구성되었는데, 이 중 載記는 오호십육국의 일을 적고 있다.

11 薛顔: 송나라 사람. 자는 彦回. 관직은 河東陝西轉運使에서 光祿卿에까지 이르렀다.

12 江寧府: 오늘날 江蘇省 南京市에 해당한다. 송나라 때에는 처음에 昇州라 했다가 江寧府建康軍節度라 했고, 후에 다시 建康府로 개칭하였다.

13 丙吉: 병길과 관련된 이야기는 제3장 참조.

14 孫亮: 손량과 관련된 이야기는 제15장 참조.

만하다."

원문 1

前漢時, 臨淮有一人, 持縑入市, 値雨, 以縑披覆. 後一人至, 求庇蔭, 與縑一頭. 雨霽當別, 因互爭縑, 共訴於太守薛宣. 宣乃呼騎吏斷縑, 各與其半, 使追聽之. 後人曰: "太守之賜." 其縑主乃稱寃不已. 宣知其狀, 詰之伏罪. [薛宣字貢君, 見『風俗通』.]

鄭克曰: "按此與黃覇抱兒之術同也. 薛宣用於斷所爭之絹, 于仲文用於傷所認之牛, 以其事異而理同, 故爾後有善擿奸者, 則覇之術猶可用也."

원문 2

前秦苻融爲冀州牧, 有一老母日暮遇劫盜, 行人爲母逐之, 擒盜. 盜反誣行人, 苻融曰: "二人並走, 先出奉陽門者非盜." 旣還, 融正色謂後至者: "汝卽盜也." 其發奸擿伏如此, 蓋融性明察, 能懸料其事. 以爲盜若善走, 則決不被行人所獲, 以此測之, 善走者是捕逐入也. [出『晉載記』本傳.]

鄭克曰: "按薛顔大卿知江寧府, 邏者晝劫人, 反執平人以告. 顔視其色動, 叱曰: '爾盜也.' 械之果服, 頗亦類此. 蓋辨誣之術惟博聞深察, 不可欺惑, 乃能精焉. 丙吉所謂博聞也, 孫亮所謂深察也. 苻融驗走而得其實, 薛顔視色而得其情: 皆可謂察之深而辨之明矣."

44. 소엄의 기도로 소에게 벼락이 내리고, 소회무가 개들을 이용하다蕭儼震牛 懷武用狗

이야기 1

남당南唐의 승원격昇元格[1]에는 "도둑질한 물건 값이 삼민三緡[2]이면 사형으로 처벌한다"는 규정이 있다. 여릉廬陵[3]에 사는 한 부자가 옷을 햇볕에 널어 말렸는데, 새 이불과 옷가지가 없어졌다. 그가 잃어버린 이불과 옷가지의 가치가 수만 전이나 되었다. 궁벽한 마을이라 왕래하는 사람도 드물어 훔친 사람이 이웃이라고 여겼다. 이웃사람은 고문을 이기지 못해 마침내 거짓으로 자백했다. 장물의 행방을 묻자 이렇게 말했다.

"시장에 내다 팔았습니다."

따라서 장물의 행방을 더 이상 추적할 수 없었다. 처형일이 다가오자, 억울함을 하소연하는 소리가 자자해 장리長吏[4]가

---

1 昇元格: 昇元 연간에 제정한 법령을 일컬음. 昇元은 南唐 李昇(烈祖)의 연호(937-43).

2 三緡: '緡'은 줄에 꿴 동전꾸러미를 말한다. 대개 일천 냥이 한 꾸러미였다.

3 廬陵: 군의 명칭. 오늘날 江西省 吉安市 서쪽.

4 長吏: 수령을 일컫는 말.

이를 보고했다. 선주先主[5]가 원외랑員外郞 소엄蕭儼[6]에게 재심하도록 명령했다. 소엄이 목욕재계하고 신에게 억울한 일을 밝혀주기를 기도드렸다. 소엄이 군의 관아에 도착한 날은 날씨가 맑고 온화했다. 그런데 갑자기 서북쪽에서 뇌우가 몰려오더니, 물건을 잃어버린 집에 벼락이 내려서 소 한 마리가 죽었다. 그 소의 배를 갈라보니 잃어버린 물건이 나왔다. 잃어버린 물건을 소가 삼켰는데, 아직도 뱃속에서 다 소화되지 않았던 것이다. [정문보鄭文寶[7]의 『남당유사南唐遺事』에 나온다.]

정극이 말한다.

"이는 사람의 지혜로 해결할 수 있는 사건이 아니어서 신의 도움을 받은 것이다. 실로 그 억울함을 가엾게 여긴 효험이라 할 수 있다."

이야기 2

왕촉王蜀[8] 때였다. 소회무蕭懷武라는 사람이 심사단尋事團[9]의 사단장을 맡았다. 심사단은 군대에서 순찰하는 직무를 맡고 있었다. 거느린 부하가 백여 명에 이르고, 이 백여 명의 부하들이 각자 십여 명의 사병을 양성했다. 이들 사병을 일컬어 '개'

5 先主: 南唐 李昪을 일컬음.
6 員外郞 蕭儼: 員外郞은 정원 외로 둔 관직을 일컬음. 뒤에 常職이 되었는데 그 지위가 郞中과 主事의 중간이었다. 蕭儼은 성품이 강직한 것으로 유명했다. 관직은 給事中을 거쳐 舒州觀察使에 올랐지만, 송나라가 江南을 평정한 후로는 병을 이유로 관직에서 물러났다.
7 鄭文寶: 송나라 사람. 자는 仲賢. 관직은 南唐의 校書郞, 宋의 兵部員外郞에 올랐다. 시와 篆書에 능했고, 저서로 『江表志』, 『南唐遺事』, 『江南余載』 등이 있다.
8 王蜀: 五代의 前蜀을 말한다.
9 尋事團: 前蜀의 군대 이름.

라고 했다. 저자나 골목 어디든지, 수의사, 주막 하인, 거지, 품팔이, 장사치, 어린아이를 막론하고 어떤 무리에도 그들이 끼여 있었다. 그들은 사람들의 대화뿐만 아니라 온갖 公私 간의 동정을 살펴서 즉시 보고했다. 이 때문에 민심이 두려워하여 아주 가까운 주변사람들[10]끼리도 모두 그 '개'라고 의심할 지경에 이르렀다. 소회무가 죽인 사람들의 수가 헤아릴 수 없을 지경에 이르렀는데, 곽숭도郭崇韜[11]가 촉蜀땅에 들어와 소회무와 그 일족을 주살誅殺했다. 이것이 바로 간악한 일을 적발하게 하였다가 오히려 간악한 일을 행하는 경우라고 할 수 있다. [『성도고금기成都古今記』[12]에 보인다.]

원문 1

南唐昇元格: '盜物及三緡者, 死.' 廬陵豪民曝衣, 失新潔衾服直數十千. 村落僻遠, 人罕經行, 以爲其鄰盜之. 鄰人不勝楚掠, 遂自誣服. 詰其臟物, 即云: "鐵鬻於市." 無從追究. 赴法之日, 寃聲動人, 長吏以聞. 先主命員外郎蕭儼覆之, 儼齋戒禱神, 佇雪冤枉. 至郡之日, 天氣晴和, 忽有雷雨自西北起, 至失物家震死一牛, 剖其腹而得所失物. 乃是爲牛所噉, 猶未消潰也. [出鄭文寶『南唐遺事』.]

鄭克曰: "按此非智算所及, 蓋獲冥助爾, 實至誠哀矜之效也."

10 아주 가까운 주변사람들: 원문은 肘腋. 팔꿈치와 겨드랑이처럼 가까운 사이를 일컬음.

11 郭崇韜: 五代 後唐 사람. 莊宗 때 벼슬을 했는데 謀議로 공을 세웠다. 벼슬은 兵部尙書, 樞密使, 侍中을 거쳐 成德軍節度使에 이르렀지만, 후에 환관의 미움을 사 죽임을 당했다.

12 『成都古今記』: 宋 趙朴이 저술했다는 刊本이 현존한다. 그러나 英宗 때와 神宗 때 두 번이나 成都 지사를 지낸 趙抃이 저술한 것으로 보인다.

원문 2

王蜀時有蕭懷武者主'尋事團', 乃軍巡之職也. 所管百餘人, 每人各養私名十餘輩, 呼之曰 '狗'. 深坊·曲巷·馬醫·酒保·乞丐·傭作·販賣·童兒, 皆有其徒, 民間偶語, 公私動靜, 卽時聞達. 於是人心恐懼, 自疑肘腋悉其狗也. 懷武殺人不可勝數, 郭崇韜入蜀, 乃族誅之. 是使察奸慝而反爲奸慝者也. [見『成都古今記』.]

45. 장작이 문서를 가려 사건을 해결하고, 낭간이 문서를 대조하다 文成括書 郎簡校券

이야기 1

당나라 장작張鷟[1]이 하양위河陽尉[2]로 있을 때의 일이다. 여원呂元이란 자가 창고지기 풍침馮忱의 글씨를 위조해 창고의 곡식을 훔쳐 팔았다. 풍침은 자신이 한 일이 아니라고 부인했지만, 여원은 풍침의 짓이라고 완강하게 주장했다. 장작이 이에 여원이 쓴 문서를 가져다가 오직 한 글자만 남기고 양 끝을 묶어 가렸다. 그러고는 여원에게 물었다.

"이 글자가 네가 쓴 것이면 그렇다고 하고, 그렇지 않으면 아니라고 말해라."

여원이 말했다.

"아닙니다."

묶은 것을 풀어 보여주었더니, 바로 여원이 쓴 문서였다. 이

---

1 張鷟: 자는 文成. 호는 浮休子. 당시 사람들이 그의 글이 青銅錢과 같다고 하여 青錢學士라 불렀다. 저작에는 『遊仙窟』, 『龍筋鳳髓判』, 『朝野僉載』, 『耳目記』가 있다.

2 河陽尉: 당나라 때 軍(행정구역단위)의 명칭. 오늘날 河南省 孟縣 서쪽. 尉는 범인을 체포하고 범죄를 조사하는 벼슬.

것으로 우선 절반은 판결이 난 셈이었다. 또다시 이번에는 풍침이 쓴 것으로 위조한 문서를 가리고는 두 글자만을 보여주고 물어보니 여원은 자기가 쓴 것이라고 대답했다. 문서를 열어보니, 바로 위조 문서였다. 이로 인해 여원은 자신의 죄를 자백했다.

정극이 말한다.

"장작은 아마도 이미 그 사건이 무고임을 알아채고 죄를 자백하게 할 요량으로 문서의 글자를 가려 범죄의 실상을 조사하고, 범인에게 직접 물어서 증거를 확보했다. 이로 인해 범인은 자신의 범죄를 더 이상 은폐할 수 없었으니, 어찌 자백하지 않겠는가?"

이야기 2

시랑侍郎 낭간郎簡[3]이 두주竇州[4]의 지주知州로 있을 때였다. 어떤 아전이 죽었는데, 아들이 아직 어렸다. 데릴사위가 문서를 위조해 죽은 장인의 땅을 차지했다. 처남이 장성한 후에 여러 번 소송을 했지만 판결이 나지 않았다. 이로 인해 중앙의 조정에까지 상소하게 되었다. 낭간이 사건의 조사와 판결을 맡게 되었다. 낭간이 옛 문서를 사위에게 보여주며 물었다.

"이것이 네 장인이 쓴 문서냐?"

"그렇습니다."

이번에는 위조한 문서를 사위에게 보여주자, 그는 장인이

3 侍郎 郎簡: 侍郎은 각부 상서의 보좌관으로 상서의 차관. 郎簡은 송나라 사람. 자는 叔廉, 호는 武林居士. 성품이 온화해 빈객을 좋아하는 것으로 유명했다. 벼슬은 工部侍郎에 올랐다.

4 竇州: 오늘날 廣東省 信宜縣 남쪽.

쓴 것이 아니라고 대답했다. 결국 사위는 자신의 죄를 자백했다. [본전本傳에 보인다.]

정극이 말한다.

"이것은 간사한 범죄행위를 밝히는 방법이라 할 수 있는데, 옛 문서와 위조문서를 대조하여 (두 문서가) 다르다는 것을 밝힌 것이다."

원문 1

唐張鷟爲河陽尉, 有呂元僞作倉督馮忱書, 盜糶倉粟. 忱不認, 而元執之堅. 張乃取元告牒括兩頭, 唯留一字問元: "是汝書, 卽云是; 不是, 卽云非." 元曰: "非." 去括, 卽是元告牒, 先決五十. 又括詐爲馮忱書內二字以問之, 元乃曰: "是." 及去括, 卽詐書也. 元於是服罪.

鄭克曰: "按鷟蓋已知其誣而欲使之服, 故括字以核其奸, 問書以證其慝, 斯不可隱諱矣, 亦安得不服乎?"

원문 2

侍郎郎簡知竇州. 有掾吏死, 子幼, 贅婿僞爲券, 取其田. 後子長, 屢訴不得直, 因訴於朝. 下簡劾治. 簡以舊案示之曰: "此爾婦翁書耶?" 曰: "然." 又取僞券示之, 弗類. 婿乃伏罪. [見本傳.]

鄭克曰: "按此所以核其奸者, 以舊案校僞券, 而弗類也."

46. 포증이 아전을 매질하고, 주우가 아전을 체포하다 孝肅杖吏 周相收掾

이야기 1

부추副樞 포증包拯[1]이 개봉부開封府 부윤府尹으로 있을 때였다. 그는 아전을 매질로 다루며 그들에게 엄혹하기로 유명했다. 백성 중에 법을 어긴 자가 있었는데, 장척杖脊[2]의 형벌을 받게 되었다. 아전이 뇌물을 받고는 그에게 이렇게 일러주었다.

"오늘 부윤께서는 반드시 내게 형벌의 집행을 맡기실 것이다. 너는 큰 소리로 억울한 사정을 밝혀달라고 호소해라. 그러면 나는 너와 벌을 나누어 받게 될 것이다. 너도 장형을 받을 것이고 나 역시 장형을 받을 것이다."

포증이 죄수를 불러내 심문을 끝낸 후, 과연 아전에게 형벌

1 副樞 包拯: 부추는 樞密副使를 일컫는다. 송대 樞密院은 군사를 관장하는 최고의 행정기구로, 장관은 樞密使였다. 포증은 송나라 사람으로 자는 希仁. 벼슬은 右司郎中, 禮部侍郎에 이르렀으며, 청렴하고 강직하기로 유명하여 후에 '包靑天'이라는 별명이 붙을 정도였다. 元代 公案劇과 明代 『百家公案』이라는 공안소설의 주인공으로 민간에 널리 알려졌으며, 염라대왕과 연관성이 있는 것으로 여겨져 '包閻羅'라고도 불렸다.

2 杖脊: 杖刑 중에서도 가장 무거운 형벌로 杖으로 등을 때리는 형벌.

의 집행을 맡겼다. 죄수가 아전이 일러준 대로 억울한 사정을 헤아려 줄 것을 호소했다. 아전이 큰 소리로 그를 꾸짖었다.

"단지 장척의 형벌만 받고 나갈 텐데, 어찌 이리 말이 많은가?"

포증은 아전이 제멋대로 권력을 휘두른다고 하면서 뜰에 그를 잡아 꿇어 앉혔다. 그러고는 그에게 열일곱 대쯤 매질을 하고, 죄수에게는 관용을 베풀어 장형만 집행하게 했다. 포증은 아전의 세력을 꺾을 줄만 알고, 그가 매수당한 것은 몰랐던 것이다. [심괄沈括의 『몽계필담夢溪筆談』[3]에 보인다.]

정극이 말한다.

"이는 대개 아전의 전횡을 방지하는 사례이지, 아전의 매수를 방지하는 사례는 아니다. 대개 범죄를 수사할 때는 아전에게만 신경을 써서는 안 된다. (물론) 전횡을 저지르는 아전은 매질해도 된다. 그러나 잘못을 바로잡으려다가 오히려 정도正道를 잃고 결국 죄인의 형벌을 경감해주었으니, 아전에게 속아 매수당하는 데까지 이르렀다. 아전의 세력을 꺾는 데만 신경 쓴 탓에 정도를 잃은 것이다. 그러므로 간악한 범죄를 잘 살핀다고 하는 자들이 귀감으로 삼아야 하지 않겠는가?"

3 沈括의 『夢溪筆談』: 심괄은 송대 사람. 자는 存中, 호는 夢溪翁. 仁宗 때 翰林學士에 올랐지만, 후에 좌천되었다. 天文, 曆數, 音樂, 醫藥 등에 통달했으며, 저작으로는 『夢溪筆談』, 『蘇沈良方』 등이 있다.

후한後漢 때 주우周紆[4]는 자가 문통文通인데, 소릉후국召陵侯國[5]의 승상이 되었다. 아전들은 주우가 엄명한 것을 싫어해 그 위세를 꺾고자 했다. 이에 어느 날 새벽 길가에서 죽은 시체를 가져다가 그 손발을 자른 후 관아 정문 앞에 세워놓았다. 주우가 그 이야기를 듣고 시체 곁으로 가서 시체와 함께 웃으며 이야기하는 척 했다. 그러고는 몰래 자세히 살펴보니 입과 눈 속에 벼 까끄라기가 있는 것이 눈에 띄었다. 이에 몰래 문지기에게 물어보았다.

"누가 볏단을 싣고 성으로 들어왔는가?"

"아전들뿐입니다."

또한 호위병에게 물어보았다.

"내가 시체와 웃으며 이야기할 때 자못 미심쩍게 생각하는 자들이 있었는가?"

"아전들이 미심쩍어 했습니다."

그리하여 아전들을 잡아다가 심문하니 모두 자백했다. [『후한서後漢書』에 나온다.]

정극이 말한다.

"주우가 입과 눈에 까끄라기가 있는 것을 살핀 것은 증거를 확보한 것이다. 시체와 이야기한 체한 것은 속임수를 쓴 것이다. 증거로 범죄 사실을 추측하고 속임수로 (범인의) 정황을 포착해 다시 은밀히 물어서 참고한 후에야 범인을 체포한 것이다."

---

4 周紆: 後漢 章帝와 和帝 때 사람. 韓非子를 좋아하여 법으로 다스리는 것이 상당히 엄혹하기로 유명했다. 벼슬은 御史中丞, 將作大匠(宗廟, 宮室, 陵園 등의 축조 및 관리를 맡은 장관)에 올랐다.

5 召陵侯國: 召陵은 오늘날 河南省 郾城縣 동쪽. 侯國은 諸侯國으로서 자치권을 부여하지 않고 중앙에서 파견한 승상이 정치를 관장했다.

또한 말한다.

"주우가 시체의 상태를 살펴 까끄라기를 보았는데, 이 까끄라기로 범인의 흔적을 확보했다. 이것이 범인을 (수사해 범죄를) 규명하는 방법이다. 시체와 이야기해 범인으로 하여금 이상하게 생각하게 만들었는데, 이로 인해 범인의 마음을 동요시켰다. 이것이 범인을 간파한 방법이다. 범죄 사실을 규명하는 것은 정법正法(정식 수사)을 쓰고, 범인을 파악하는 것은 속임수를 쓰니, 이것이 특이한 점이다."

원문 1

包拯副樞知開封府, 杖吏號爲嚴明. 有民犯法, 罪當杖脊, 吏受賂, 與之約曰: "今見尹, 必付我責狀, 汝第號呼自辨, 我當與汝分罪, 汝決杖, 我亦決杖." 旣而拯引囚, 問畢, 果付吏責狀. 囚如吏言, 分辨不已. 吏大聲呵之, 曰: "但受脊杖出去, 何用多言." 拯謂其招權, 捽吏於庭, 杖之十七, 特寬囚, 罪止從杖坐. 公知以此折吏勢, 不知乃爲所賣也. [見沈括『筆談』.]

鄭克曰: "按此蓋防其招權, 不防其見賣也. 大抵察奸不可有意, 吏果招權, 杖之可矣; 矯枉過正, 遂寬囚罪, 爲彼窺測, 以至見賣. 失在有意折吏之勢也. 然則善察奸者, 可不鑒於此哉?"

원문 2

後漢周紆, 字文通, 爲召陵侯相. 廷掾憚紆嚴明, 欲損其威. 乃晨取道傍死人, 斷其手足, 立於寺門. 紆聞, 便往至死人邊, 若與死人共笑語狀, 陰察視口眼中有稻芒, 乃密問守門者曰: "誰載藁入城?" 對曰: "唯有廷掾耳." 又問鈴下曰: "外頗有疑吾與死人共笑語者否?" 對曰: "廷掾疑君." 乃收廷掾訊之, 具服. [出『後漢書』.]

鄭克曰: "按約視口眼有稻芒者, 迹也; 若與死人共語者, 譎也. 以迹推核其事, 以譎發擿其情, 乃復密問以相參考, 而奸人得矣." 又曰: "約察死人狀而得稻芒焉, 因以求爲奸之迹, 是核奸者也. 與死人語而使疑怪焉, 因以動懷奸之心, 是擿奸者也. 核奸以正, 擿奸以譎, 此其所以異也."

47. 방해가 명단을 조사하고, 송문제가 필적을 대조하다 方偕主名 宋文墨迹

이야기 1

대경大卿 방해方偕[1]가 어사대御史臺 추직관推直官[2]으로 있을 때였다. 예주澧州[3]에 도망병이 한 부유한 마을사람과 원수지간이었다. 그는 그 부자가 해마다 열두 명을 죽여 마타신磨駝神[4]에게 제사지낸다고 무고하였다. 오래도록 판결이 나지 않자, 조정에서 방해에게 그 사건을 조사하도록 명했다. 방해는 원고에게 죽임을 당한 사람들의 이름을 써서 올리도록 했다. 방해가 그 사람들을 찾아가 조사해보니 오히려 멀쩡한 사람들이 많았다. 원고는 결국 자신의 잘못을 자백했다. [『천성명신전天聖名臣傳』[5]에 보인다.]

---

1 大卿 方偕: 송나라 사람. 자는 齊古. 벼슬이 光祿卿에 올랐다.

2 御史臺 推直官: 御史臺는 刑獄을 관장하는 관청. 推直官은 송대의 관직으로 推勘官이라고도 하는데, 各州에서 발생한 심각한 범죄사건들을 조사하는 관직.

3 澧州: 오늘날 湖南省 澧縣.

4 磨駝神: 邪教에서 모시는 요괴신.

5 『天聖名臣傳』: 주희가 편찬한 『宋名臣行錄』에서 天聖年間의 名臣傳. 천성은 송의 연호(1023-1031).

정국이 말한다.

"승상 왕규王珪[6]가 저술한 참정參政 당개唐介[7]의 묘지墓誌에 이런 이야기가 있다. 당개唐介가 악주岳州 원강沅江[8]의 현령이었을 때였다. 백성 중에 이씨李氏라는 큰 부자가 있었는데, 아전들이 여러 번 공무를 핑계로 돈을 뜯어냈지만, 그에게서 얻은 바가 성에 차지 않았다. 이에 아전들은 그 부자가 해마다 사람을 죽여 귀신에게 제사지낸다는 이야기를 지어냈다. 마침 지주知州였던 맹합孟合은 범죄사건을 처결할 때 엄혹하게 처리하기를 좋아했다. 그는 이씨 집안의 늙은이이건 어린아이이건 집안사람들을 모조리 잡아들여 오래도록 매질했지만, 자백하지 않았다. 당개가 현을 유능하게 잘 다스리기로 이름이 났기에, 맹합은 당개에게 그들을 심문하라고 명했다. 당개가 조사해보니 다른 죄상罪狀이 없었다. 맹합이 노해서 그 사건을 조정에 알렸다. 조정에서는 전중시어사殿中侍御史[9] 방해를 파견하고, 예주로 사건을 송치하였다. 그러나 결국 당개가 조사한 내용과 다르지 않았다. 그 후 아전들이 모두 벌을 받고 관직에서 물러났으며, 방해는 죽을 사람들을 살린 공으로 그 직위를 보전했다. 당개는 끝까지 어떻게 사실을 밝혀냈는지 스스로 말하지 않았다. 오직 방해만이 원고에게 살해당한 사람들

---

6 王珪: 송나라 사람. 자는 禹玉. 哲宗 때 尙書左僕射, 門下侍郎의 벼슬에 올랐다. 저작에 『華陽集』이 있다.

7 參政 唐介: 唐介는 송나라 사람. 자는 자방. 벼슬은 殿中侍御史, 參知政事에 올랐다. 참지정사 때 왕안석과 자주 논쟁을 벌였다고 한다. 參政은 參知政事의 약칭이다. 송대 관명으로 재상의 보좌 업무를 맡아 보았다.

8 岳州 沅江: 岳州는 오늘날 湖南省 岳陽市. 유명한 岳陽樓가 있다. 沅江은 岳州 관할 현명. 오늘날 호남성 沅江縣.

9 殿中侍御史: 御史臺 아래에 臺院, 殿院, 察院의 삼원이 있었고, 각자 侍御史, 殿中侍御史, 監御史(監察侍御史라고도 한다)가 설치되었다.

의 명단을 작성하게 했다고 하는데, 무고함을 밝히는 방법이 참고할 만하므로 특별히 기록한 것이다."

이야기 2

송宋 원가元嘉 22년[10]의 일이었다. 공희선孔熙先[11]이 서담지徐湛之,[12] 허요許耀, 사종謝綜, 범엽范曄[13] 등과 팽성왕彭城王 의강義康[14]을 옹립할 것을 모의했다. 서담지가 상소를 올려 모반의 계획을 밀고했다. 황제가 사종 등을 체포해 조사하도록 명령했는데, 그들은 모두 순순히 자백했다. 단지 범엽만이 죄를 시인하지 않았다. 철저히 심문하라는 황제의 어명이 거듭 내렸다. 범엽은 이에 '단지 공희선이 자신을 무고하게 끌고 들어간 것'이라고 말했다. 문제文帝[15]가 범엽이 쓴 팽성왕 옹립의 격문檄文을 가지고 그 필적을 대조하자, 그제야 범엽은 자신의 죄를 실토했다. [『남사南史』「범태전范泰傳」[16]에 나오는데, 범엽은 범태范泰[17]의 아들이다.]

10 宋 元嘉 22년: 송은 南朝의 송을 가리킴. 元嘉는 제3대 文帝(재위 424-52)의 연호.
11 孔熙先: 員外散騎侍郎을 역임했다. 이 사건으로 주살되었다.
12 徐湛之: 자는 孝源. 散騎常侍를 역임했다. 이 사건에 연루되었으나 어머니 會稽公主 덕분에 사면되었고, 후에 尙書僕射에 올랐다. 文帝 말년에 太子 劭에게 살해되었다.
13 范曄: 자는 蔚宗. 尙書史部郎, 太子左衛將軍을 지냈다. 『後漢書』를 편찬했으며, 그의 隸書는 천하의 奇作으로 유명했다. 이 사건에 연루되어 주살되었다.
14 彭城王 義康: 文帝(義隆)의 동생. 彭城王은 그 封號. 彭城은 오늘날 江蘇省 徐州 市銅山.
15 文帝: 그의 치세는 元嘉의 치세로 유명하다. 학문을 좋아해 玄學, 史學, 儒學, 文學의 四學館을 세웠고 國子學을 부흥시켰다. 당시 문인에는 陶淵明, 謝靈運이 있었다. 원가 27년(450) 北魏 太武帝에게 패했고, 게다가 무녀에게 속아 太子 劭에게 독살되었다.
16 『南史』: 당 李延壽 편찬. 南朝의 宋, 齊, 梁, 晋 4대 170년간의 일을 기

원문 1

方偕大卿爲御史臺推直官日，澧州逃卒與富民有仇，誣以歲殺人十二祭磨駝神. 獄久不決，詔偕就鞫之. 偕命告人疏所殺主名，尋訪考驗，尙多無恙，其事遂白. [見『天聖名臣傳』.]

鄭克曰: “按王珪丞相撰唐介參政墓誌言: 介爲岳州沅江令. 州民李氏鉅有貲，吏數以事動之，旣不厭所求，乃言其家歲殺人祀鬼. 會知州事孟合喜刻深，悉捕繫李氏家無少長，榜笞久，莫伏. 以介治縣有能名，命更訊之. 介按劾無他狀. 合怒，以其事聞朝廷. 詔遣殿中侍御史方偕，徙其獄於澧州. 已而不異介所劾. 其後州吏皆坐罪去，偕以活死者得官. 介終不自言. 惟偕使告人具疏主名，辨誣之術有足取者，故特著之.”

원문 2

宋元嘉二十二年，孔熙先與徐湛之·許耀·謝綜·范曄，謀立彭城王義康. 湛之上表告狀. 詔收綜等，並款服. 唯曄不首. 頻詔窮治，乃言: “熙先苟誣引臣.” 文帝以曄所造及改立符檄墨迹示之，乃服罪. [出『南史』「范泰傳」，曄其子也.]

록했다.

17 范泰: 자는 백륜. 晋의 御史中丞，宋의 金紫光祿大夫，散騎常侍，國子祭酒 등을 역임했다. 저술로는 『古今善言』이 있다.

48. 진봉고가 도둑의 어머니를 죽인 병졸 사건을 논의하고, 호향이 음식을 훔친 자를 죽인 사건을 논쟁하다陳議捍取 胡爭竊食

이야기 1

주객主客 진봉고陳奉古[1]가 패주貝州 통판通判[2]으로 있을 때였다. 한 병졸이 도둑을 붙잡았다. 도둑의 어머니가 그 아들을 빼앗아 도망시키려 하니 병졸이 어머니를 막고 밀어 넘어뜨렸는데, 그 어머니가 다음날 죽었다. 병졸은 관리에게 인도되어 사형의 판결을 받았다. 진봉고가 이 사건을 논의했다.

"도망치는 도둑을 놓치는 경우 처벌받는 법[3]이 있습니다. 다른 사람이 범인을 빼돌려 도망시키려 한다면 마땅히 법으로 방지해야 합니다. 도둑을 막다가 사람이 죽었는데, 이를 투살

---

1 主客 陳奉古: 主客은 各藩의 조공이나 황제의 사례를 관장하는 관직으로, 唐宋代 禮部의 속관으로서 主客郎中과 員外郎을 두었다. 陳奉古는 송나라 사람. 관직은 주객낭중을 역임했다.

2 貝州 通判: 貝州는 北周 때 명칭. 송대 恩州로 개칭하였다. 오늘날 河北省 淸河縣. 通判은 송대 관직으로 權知州事의 보좌관으로 州의 정치를 감독하는 관직이다.

3 도망치는 ~ 법: 원문은 亡失法.

鬪殺[4]로 논한다면 이는 도둑의 도망을 막은 일에 부합하지 않습니다. 이를 죄없는 사람을 죽인 일로 다루어 사형으로 다스린다면, 법이 옳지 못합니다."

조정에서 진봉고의 상소를 받아들여 다시 판결을 내리니, 병졸은 장형을 받게 되었다. 사람들이 그 일을 칭송하며 탄복했다. [주부主簿 왕향王向[5]이 지은 묘지墓誌에 보인다.]

정극이 말한다.

"옛날 형벌을 논의하는 경우에는 먼저 명분을 바로 세우고 다음으로 정리情理를 살펴 밝혔다. 먼저 빼앗으려고 다툰 대상은 체포한 도둑이었다. 비록 어머니라고 해도 결코 빼앗을 수 없는 것이다. 이를 막고 넘겨주지 않으려 한 사람은 도둑을 체포한 병졸이다. 상대가 비록 약자라 하더라도 병졸은 결코 범인을 넘겨줄 수 없는 것이다. 어머니가 먼저 아들을 취하고자 한 의도는 빼앗으려는 데에 있고, 병졸이 넘겨주지 않으려고 한 의도는 막는 데에 있었다. 빼앗으려는 것을 막았으니, 그 모양새는 싸움과 비슷하지만, 실지로는 싸움이 아니다. 만약 이 사건을 싸움으로 보아 논의한다면, 이는 명분도 바로 세우지 못하고 정리도 살피지 못한 것이다. 진봉고가 '법이 옳지 못하다'고 하고, '법으로 마땅히 막아야 한다'고 하지 않았으니, 어찌하여 법률에 그 잘못을 돌리는가? 아마도 법을 적용하는 자가 저지를 만한 오류일 뿐이다."

4 鬪殺: 서로 싸우다 죽임. 법률용어.

5 主簿 王向: 主簿는 縣의 主簿를 일컫는다. 문서와 장부를 관장하는 벼슬. 王向은 송나라 사람. 자는 子直. 仁宗 嘉祐 때 進士가 되었고, 특히 古文을 잘 했다고 한다.

소경少卿 호향胡向[6]이 원주袁州[7] 사리참군司理參軍[8]으로 있을 때였다. 어떤 사람이 음식을 훔쳤는데, 주인이 그를 때려 죽였다. 군의 관아에서는 이 사건을 사형으로 다스릴 것을 논의했다. 호향이 논쟁을 벌였다.

"장형으로 다스려야 합니다."

관아에서는 호향의 말을 듣지 않았다. 조정에 판결을 요청하자, 호향의 주장대로 판결을 내렸다. [여대방呂大防[9]이 찬술한 묘지墓誌에 보인다.]

정극이 말한다.

"명분으로 말하자면, 맞은 자는 음식을 훔친 도둑이고 때린 자는 음식을 소유한 주인이다. 정리情理로서 말하자면, 일반적인 싸움과는 다르다. 사건이 발생한 즉시 때려 죽였으니, 이를 죽을죄로 다스리지 않는 것이 옳다. 때린 자는 원래 죽일 뜻이 없었지만 우연히 죽음에까지 이른 것이니, 이는 장형으로 다스려야 한다. 칼을 사용하거나, 시간이 경과했거나, 혹은 신체를 절단해 죽였다면, 이는 살해 의도가 있는 것이므로 법이 허용하는 바가 아니다. 또한 마땅히 정리에 의거해야 하는데, 어찌 한 가지로 똑같이 판결할 수 있겠는가? 성심을 다하는 군자라면 반드시 충분히 살펴야 한다."

---

6 少卿 胡向: 송대에는 장관이 卿이었고, 그 아래 少卿 2인, 丞 2인, 그리고 그 아래에는 司務, 寺正, 寺福, 評事 등의 관직을 두었다. 胡向은 송나라 사람. 仁宗 皇祐年間에 進士가 되었다. 越州의 차관으로서 치적을 세웠고, 후에 大理卿에 올랐다. 明察로 정확한 판결을 내리는 것으로 유명했다.

7 袁州: 오늘날 江西省 宜春縣. 袁山으로 유명하다.

8 司理參軍: 송대 州에 설치한 관직으로 처음에는 司寇參軍이라 하였다. 형사사건을 관장하는 벼슬.

9 呂大防: 송나라 사람으로 자는 微仲. 벼슬이 尙書左僕射 兼 門下侍郞에 이르렀다.

원문 1

陳奉古主客通判貝州時, 有卒執盜者, 其母欲前取盜, 卒拒不與, 仆之地, 明日死. 以卒屬吏, 輪爲棄市. 奉古議曰: "主盜有亡失法, 令人取之, 法當得捍. 捍而死, 乃而鬥論, 是守者不得主盜也. 殘一不辜, 而爲剽奪生事, 法非是." 因以聞. 報至, 杖卒. 人稱服之. [見王向主簿所作墓誌.]

鄭克曰: "按古之議罪者, 先正名分, 次原情理. 彼欲前取者, 被執之盜也. 母雖親, 不得輒取也. 此拒不與者, 執盜之主也. 卒雖弱, 不得輒與也. 前取之情在於奪, 不與之情在於捍, 奪而捍焉, 其狀似鬥, 而實非鬥. 若以鬥論, 是不正名分, 不原情理也. 奉古謂'法非是', 不曰'法當得捍.' 奈何歸咎於法? 蓋用法者謬耳."

원문 2

胡向少卿初爲袁州司理參軍. 有人竊食, 而主者擊殺之, 郡論以死. 向爭之曰: "法當杖." 郡將不聽. 至請於朝, 乃如向議. [見呂大防所撰墓誌.]

鄭克曰: "以名分言之, 則被擊者竊食之盜也, 擊之者典食之主也; 以情理言之, 則與凡人相毆異矣. 登時擊殺, 罪不至死可也. 然須擊者本無殺意, 邂逅致死, 乃坐杖罪. 或用刃, 或絶時, 或殘毁, 則是意在於殺, 法所不許也. 又當原其情理, 豈可一概科斷? 盡心君子, 亦宜察焉."

棠陰比事

卷下

49. 어사가 고소장을 거짓으로 잃어버리고, 국연이 같은 필적의 편지를 구하다御史失狀 國淵求牋

이야기 1

당唐나라 고조高祖[1]가 이정李靖[2]을 기주岐州[3]자사刺史로 임명하였을 때의 일이다. 어떤 이가 성지聖旨를 청하며, 이정이 모반을 꾸미고 있다고 밀고했다. 고조는 어사御史 한 사람에게 기주岐州에 가서 이를 조사하도록 명령했다.

"이정이 모반을 일으키려는 것이 사실이라면, 즉시 그를 처분해도 좋다."

어사는 그것이 무고임을 알아차리고, 밀고한 자와 함께 가게 해달라고 청했다. 몇 개의 역참을 지난 뒤에, 어사는 밀고자에게 거짓으로 "고소장을 잃어 버렸다"고 하면서 매우 놀라

---

1 高祖: 당나라의 창업자인 李淵. 재위는 9년(618-626)

2 李靖: 字는 藥師. 병법에 능해서 高祖 재위시에는 行軍總督에 임명되어서 蕭銑을 평정하였고, 태종 때에는 돌궐을 격파하였으며, 代國公에 봉해졌고 尙書僕射가 되었다. 그 후 사직하였으나, 토욕혼이 침입하였을 때 西海道行軍大總督에 기용되어서 이를 격파, 다시 衛國公에 봉해졌다. 『李衛公問對』는 후인이 편찬한 그의 용병론이다.

3 岐州: 주의 행정구역은 현재 陝西省 鳳翔縣. 동쪽에 岐山이 있기 때문에 이런 명칭이 붙었다.

고 두려워하는 기색을 띠었다. 그리고는 밀고자에게 간청했다.

"이정이 반란을 도모하는 정황이 분명해 직접 성지를 받들고 가는 중에 지금 고소장을 잃어 버렸으니, 이 명령을 제대로 완수하도록 도와주길 바라오."

밀고자는 이에 따로 고소장 한 통을 만들어 어사에게 주었다. 그 고소장을 살펴보니 원본과 달랐다. 그래서 어사는 그 날로 당장 수도로 돌아가 고조에게 그 사실을 보고했다. 고조는 이에 크게 놀랐고, 이정은 반란죄로서 처벌받지 않게 되었다. 밀고자는 자백하고 사형에 처해졌다. [어사의 이름은 전해지지 않는다.]

정극이 말한다.

"무고를 가려내는 방법은 정정당당한 것과 속임수를 쓰는 것, 두 가지가 있다. 이숭李崇이 그것이 무고임을 의심하여 속임수로 진상을 파악했고, 어사도 무고라는 것을 알고 역시 속임수로 증거를 확보했던 것이다. 만약 진심을 다하는 사람이 아니라면, 어찌 감히 사정을 면밀하게 파악할 수 있겠는가?"

이야기 2

위魏[4]나라 국연國淵[5]의 자字는 자니子尼로, 그가 위군魏郡[6]의 태수였을 때의 일이다. 그는 매우 정직하고 사사로움이 없는 사람이었는데, 그에게 태조太祖[7]를 비방하는 투서가 날아들었

---

4 魏: 三國時代의 魏나라를 말함.

5 國淵: 國淵은 後漢時代 名儒 鄭玄의 문하생으로 위나라를 섬겨서 太僕까지 되었다.

6 魏郡: 현재 河南省 安陽市 동쪽.

7 太祖: 曹操를 말함.

다. 태조는 이를 몹시 미워하여 투서를 누가 썼는지 꼭 알고자 했다. 국연은 그 투서를 잠시 그대로 두고 내용을 공개하지 말자고 청했다. 투서 가운데 자주 「이경부二京賦」[8]를 인용하였으므로, 이에 공조功曹[9]에게 말했다.

"이 위군魏郡은 매우 클 뿐만 아니라, 지금은 위나라의 수도이기도 한데, 학문을 닦고 있는 자가 적은 편이다. 그러니 학문을 닦고 있는 명석한 젊은이들을 뽑아서 훌륭한 스승에게 보내 훈도를 받게 하고자 한다."

공조가 세 사람을 뽑아 보내자, 그들을 스승에게 보내기에 앞서 국연이 이들을 직접 만나 보았다. 그는 젊은이들을 훈계하면서 이렇게 말하였다.

"아직 「이경부二京賦」를 배우지 않았구나. 이 책은 세상의 온갖 것을 담고 있는 좋은 책이지만, 세상 사람들이 소홀히 여기기 때문에 그것을 가르치는 스승이 적다. 그러니 이를 잘 읽을 수 있는 사람을 찾아서 그 분 밑에서 배웠으면 좋겠구나."

열흘이 지나서 「이경부二京賦」를 잘 읽는 사람을 찾게 되자, 젊은이들은 그에게 가서 가르침을 받았다. 그러면서 스승에게 글을 써달라고 청하여 투서와 그 필체를 대조해보니, 마치 한 사람의 손에서 나온 것 같았다. 그를 체포하여 심문하자, 마침내 죄를 자백하였다. [『위지魏志』[10] 본전本傳에 보인다.]

8 「二京賦」: 후한시대 張衡의 작품. '二京'이라고 하는 것은 東京(洛陽)과 西京(長安)을 말함. 천하가 태평해서 王侯 이하가 모두 사치스러워지는 모습을 풍자한 것이다. 『文選』에 수록되어 있다.

9 功曹: 郡縣의 屬吏로서, 經書와 史書를 담당하였다.

10 『魏志』: 진나라 陳壽가 쓴 역사서 『三國志』 가운데 위나라의 역사에 대한 사서. 총 30권으로 本紀 4권, 列傳 26권으로 이루어졌다.

정극이 말한다.

"우승右丞[11] 왕안례王安禮가 개봉부開封府 지부知府였을 때의 일이다. 어떤 자가 투서를 보내 한 부잣집에서 역모를 꾸미고 있다고 밀고했다. 이에 온 도성 안이 불안에 휩싸였는데, 왕안례는 그것이 사실이 아니라고 여겼다. 며칠 후 발본색원하라는 황제의 명령이 내려졌다. 왕안례는 그 부잣집을 수색하였으나, 어떠한 모반의 행적도 찾을 수가 없었다. 그러자 왕안례가 물었다.

'누군가에게 원한을 산 적이 없는가?'

부자가 대답했다.

'몇 개월 전에 소장訴狀을 대신 써 주고 먹고사는 마생馬生이라는 자가 돈을 꿔달라고 왔는데, 제가 빌려주지 않았습니다. 그때 그가 저에게 매우 원망 섞인 말을 퍼부었지요.'

이에 몰래 다른 일을 구실삼아 마생을 데려와 답변서를 쓰게 했다. 그 글씨를 익명의 투서와 비교해 보니, 글자가 조금도 다르지 않았다. 관아에서 그를 심문하니 죄를 자백했다. 이는 국연이 간사함을 밝혀낸 방법을 응용한 것이다."

원문 1

唐高祖以李靖爲岐州刺史. 或有一人希望聖旨, 告靖謀反者. 高祖命一御史往按之, 謂曰: "李靖反狀實, 便可處分." 御史知其誣罔, 謂與告事者偕行, 行數驛, 御史佯云'失告狀', 驚懼異常. 乃祈告事者曰:

---

11 右丞: 右丞은 尙書省에 속해서 金錢과 米穀을 담당한 관리. 王安禮는 송나라 사람으로 王安石의 동생. 字는 和甫. 관직은 翰林學士와 開封知府에 이르렀다. 적체된 소송을 처리하여 3개월이 지나지 않아서 감옥이 비게 되었다고 할 정도였다. 후에 太原知府에 이르렀다.

“李靖反狀分明, 親奉聖旨, 今失告狀, 幸救其命.” 告事者乃別疏一狀與御史. 驗其狀乃與元狀不同, 卽日還京, 以聞高祖. 高祖大驚, 靖得不坐罪. 告事者伏誅. [失御史名.]

鄭克曰: “按辨誣之術, 有正有譎. 李崇疑其誣也, 故譎以求情; 御史知其誣也, 故譎以取質. 苟非盡心者, 則亦敢能精耶?”

원문 2

魏國淵字子尼, 爲魏郡太守時, 正直無私. 有投書誹謗太祖者, 太祖疾之, 心欲知其主名. 淵請留其本書而不宣露. 書中多引「二京賦」, 乃敕功曹曰: “此郡旣大, 今在都輦, 而少學者. 其簡開解少年, 欲遣就師.” 功曹差三人, 臨遣引見, 訓以“所學未及「二京賦」, 此博物之書也, 世人忽略, 少有其師, 可求能讀者從受之.” 旬日, 得能讀者, 遂往受業. 因請使作牋, 比方其書, 似出一手. 收問服罪. [出『魏志』本傳.]

鄭克曰: “按王安禮右丞知開封府時, 或投書, 告一富家有逆謀, 都城稍恐, 安禮不以爲然. 後數日, 有旨根治. 搜驗富家, 事皆無迹, 因問‘曾與誰爲仇?’ 對以‘數月前, 鬻狀馬生者, 有所貸而弗與, 頗積怨言.’ 於是密以他事攝馬生至對款, 取匿名書較之, 字無少異, 訊鞫引伏. 此乃用淵核奸之術也.”

50. 범위가 범조를 조부로 사칭하고, 처주의 백성이 『등사현』의 소송기술을 흉내내다

偉冒范祚 處效鄧賢

이야기 1

시독侍讀인 유창劉敞[1]이 영흥군永興軍[2]을 다스릴 때의 일이다. 그곳의 대성大姓인 범위范偉가 무공武功[3] 현령이었던 범조范祚를 자신의 조부라고 사칭했다. 그리고 그는 범조의 무덤을 파헤쳐 자신의 조모와 합장한 다음 (현령을 배출한 집안은 현령 사후 50년간 요역을 면제한다는) 규정에 따라 50년간 요역徭役[4]을 면제받았다. 게다가 자주 법을 위반하여 도형徒刑[5]이나 유형流刑 처분을 받았지만, 번번이 벌금으로 속죄贖罪를 받았다. 장안長安 사람들은 모두 범위를 골칫거리고 여겼으나, 관리들은 누

1 劉敞: 송나라 사람. 字는 原父. 관은 集賢院學士. 학식이 매우 깊었고, 특히 『春秋』에 정통하였다. 公是先生이라고 불러졌다. 저작에 『春秋權衡』 『春秋傳』 『春秋傳說例』 『春秋意林』 『公是集』 등이 있다.

2 永興軍: 지금 湖北省 陽新縣. 唐代에는 永興縣으로 송대에는 永興軍으로 개칭. 후에 永國軍으로 다시 개칭하였다.

3 武功: 오늘날 陝西省 武功縣의 서북쪽.

4 徭役: 의무로서 관청의 토목공사에 동원되는 것. '夫役'이라고도 함.

5 徒刑: 五刑 중의 하나로 징역형.

구도 감히 어쩌지 못했다. 유창이 (범위에 관한) 사안을 조사하는 중에 아직 재판이 끝나지 않은 상태에서 황제에게 부름을 받았다. 그러자 (범위는) 진술을 여러 번 번복하여 소환된 증인이 수백 명에 이르렀으나, 몇 년이 지나도 판결이 나지 않았다. 황제가 조서를 내려 어사대에서 조사하게 했는데, 과연 유창이 밝혀 놓은 것과 같았다. [본전本傳에 나온다.]

정극이 말한다.

"범위의 행패 때문에 사람들이 모두 골치를 앓았다. 그러나 범위가 현령 조부를 사칭하여 요역을 면제받으려고 한 이 사안을 유창이 조사하여 증인도 수백 명이나 되었다. 그런데도 몇 년 동안 재판이 끝나지 않았던 것은 어째서인가? 이는 그가 자기 패거리와 두텁게 결탁되어 있었기 때문에 감히 그를 어쩌지 못했던 것이다. 소환된 증인 역시 그 패거리였으니, 어찌 쉽게 심문할 수 있었겠는가? 또한 장안 사람들이 모두 골치를 앓았음에도 불구하고 관리가 감히 다스리지 못했으니, 그가 얼마나 흉포하고 교활했는지 알 만하다. 조사하는 자가 엄격하고 현명하지 않으면 이 사안을 밝히지 못할 것이다. 또한 심문하는 자가 엄격하고 현명하지 않으면 그 진실을 파악할 수 없을 것이다. 이 때문에 간사한 자들이 요행히 죄를 모면하는 경우가 많다. 재판에서 진술이 자주 바뀌는 것은 아마도 이 때문이 아니었을까?"

이야기 2

심괄沈括의 『몽계필담夢溪筆談』에서는 다음과 같이 말했다.

"강남 사람들은 소송을 좋아하는데, 『등사현鄧思賢』[6]이라는 책은 모두 소송하는 방법과 송첩訟牒[7]을 쓰는 방법을 기록한 것이다. 이 책의 처음은 모문侮文[8]을 가르치는 것으로 시작한다. 모문으로 소송에 이길 수 없다면, 속임수와 무고로 승리를 쟁취하고, 속임수와 무고로 이길 수 없다면, 죄를 (억지로) 찾아내서 그를 위협했다. 등사현은 사람 이름이기도 한데, 그가 이 기술을 처음으로 전해서 책 제목으로 이름이 남게 되었다. 무릇 향촌의 학교에는 이러한 기술을 생도에게 전수하는 경우가 종종 있다." [『몽계필담』에 보인다.]

사봉司封[9] 한거韓琚[10]가 처주處州[11]의 통판通判이 되었을 때의 일이다. 그곳에는 거짓으로 고소장을 작성해서 비통하게 울부짖는 사람들이 있었는데, 그 모습이 그럴듯해 다들 믿을 정도였다. 마침 태수 자리가 비어 있어서 한거가 우연히 군의 정무를 대리로 보았는데, 그 지역의 풍속을 조사하고 그 옳고 그름을 자세히 살폈기 때문에 아랫사람들이 감히 속일 수 없었다. 죄를 자복하는 자들도 스스로 억울하지 않다고 여겼다. 한거는 위공魏公 한기韓琦의 형이다. 그 관직은 양절兩浙[12]전운사轉運使까지 이르렀다. [윤수尹洙가 지은 묘지墓誌에 보인다.]

정극이 말한다.

"그러므로 한거가 지역의 풍속을 조사하고 그 옳고 그름을

---

6 『鄧思賢』: 江西 지방에 전해오는 소송방법과 소송장 작성 방법을 기록한 책으로, 明代 陶宗儀가 편찬한 『輟耕錄』 권15에 이 책의 내용이 수록되어 있다.

7 訟牒: 訴狀을 말한다.

8 侮文: '舞文'과 같은 뜻으로, 제멋대로 법률 문장을 바꾼 것을 말한다.

9 司封: 王侯들의 봉작을 담당하는 관리로서, 吏部의 屬官.

10 韓琚: 송나라 사람으로 韓琦의 형으로 관직은 司法郎中, 兩浙轉運使에 이르렀다.

11 處州: 오늘날 江西省 麗水縣의 동남쪽.

12 兩浙: 兩浙은 浙東과 浙西. 전당강 남쪽을 浙東, 북쪽을 浙西라고 한다.

자세히 살핀 것은 아랫사람들이 감히 속일 수 없게 한 것일 뿐만 아니라, 대개 다른 사람을 소송으로 협박할 수 없게 한 것이리라. 협박할 수 없는 것은 판관이 엄격하기 때문이고, 속이지 못하는 것은 판관이 총명하기 때문이다. 죄를 자복하는 자들이 스스로 억울하지 않다고 여겼던 것은 이 때문이 아니겠는가?"

원문 1

劉敞侍讀知永興軍時, 大姓范偉冒武功令祚爲祖, 偉乃穿祚墓, 以己祖母祔之, 規避徭役者五十年, 數犯法至徒·流, 輒以贖免, 長安人共患苦之. 然吏莫敢誰何. 敞按其事, 獄未具而召, 由是辭屢變, 證逮數百人, 獄連年不決. 詔取付御史臺驗治, 卒如敞所發. [出本傳.]
鄭克曰: "按范偉之橫, 人患苦之, 然敞按其冒蔭役, 證逮數百人, 連年不決者何也? 彼於黨與結之厚矣, 乃敢爾也. 證逮之人, 其黨與也, 豈易鞫哉? 且長安人共患苦之, 然吏莫敢治, 則桀黠可知也. 非按者嚴明, 不能發其事; 非鞫者嚴明, 不能得其實. 是故奸民多幸免也. 獄辭屢變, 蓋以此歟?"

원문 2

沈括『筆談』云: "江南人好訟, 有一書名鄧思賢, 皆訟牒法也. 其始則教以侮文, 侮文不可得, 則欺誣以取之; 欺誣不可得, 則求其罪以劫之. 鄧思賢, 人名也, 始傳此術, 遂名其書. 凡村校中往往以此授生徒. [見『筆談』.] 韓琚, 司封通判處州日, 民有僞作冤狀, 悲憤叫呼, 似若可信者. 會守闕, 琚偶攝郡, 究其風俗, 考其枉直, 其下莫之能欺. 辭伏者皆自以爲不冤. 琚乃魏公琦之兄也, 終於兩浙轉運使." [見尹洙所撰墓誌.]

鄭克曰: “然則據所以究其風俗, 考其枉直者, 豈特下莫能欺, 蓋亦人不可劫. 不可劫所以爲嚴也, 莫能欺所以爲明也. 彼其辭伏者, 自以爲不冤, 非此故歟?”

51. 우중문이 소를 각각 몰아오게 하고, 고헌지가 소를 모두 풀어 놓다次武各驅 憲之俱解

이야기 1

주周[1]나라 우중문于仲文[2]의 자字는 차무次武인데, 조趙나라 왕이 그를 안고安固[3]의 태수로 임명하였다. 임씨任氏와 두씨杜氏 두 집안이 각각 소 한 마리를 잃어버렸다. 나중에 소 한 마리를 발견하고 두 집안이 다투었는데, 관청에서는 판결을 내릴 수 없었다. 익주益州 장사長史[4] 한백휴韓伯携가 말했다.

"안고 지방의 우중문은 나이는 어리지만, 조사를 잘 하니 그에게 판결하도록 맡겨도 될 것입니다."

이에 우중문은 두 집안의 소들을 각각 몰아와서 풀어 놓게 했다. 그러자 잃어버렸다가 찾은 소가 임씨의 소떼 속으로 들

---

1 周: 周는 北朝의 周를 말함. 北周 혹은 後周라고도 한다. 제5대 靜帝가 隋王 楊堅, 즉 후의 隋文帝에게 양위하여, 5대 25년(556-581) 만에 멸망하였다.

2 于仲文: 수나라 문제를 섬겨서 무장으로서 전공을 세우기도 하였다. 관직은 左翊衛大將軍에 올랐다. 저작에는 『漢書刊繁略覽』이 있다

3 安固: 오늘날 浙江省 瑞安縣. 수나라 때에 폐지되어서 永嘉縣(오늘날 浙江省 永嘉縣)에 편입되었다.

4 長史: 州의 長官.

어가는 것이었다. 또한 사람을 시켜서 그 소에 작은 상처를 내게 하니, 임씨는 탄식하고 슬퍼했는데 두씨는 태연했다. 두씨는 즉각 죄를 자백했다. [『북사北史』「우속제전于粟磾傳」에 나온다. 우중문은 그의 8세손이다.]

정극이 말한다.

"이 역시 황패黃霸가 간사한 자를 적발해낸 방법을 사용한 것이다. 수隋나라 양주襄州[5]의 총관總管[6]인 배정裵政[7]이 말했다.

"무릇 범죄를 수사하는 데에는 두 가지 방법이 있다. 첫 번째는 실정을 살피는 것이고, 두 번째는 증거에 의존하는 것이다. 그 곡직曲直을 살핌으로써 옳고 그름을 판정한다."

증거에 의존한다는 것은 간사함을 낱낱이 조사할 때 사용하고, 실정을 살핀다는 것은 간사함을 적발할 때 사용한다. 대개 증거라 하더라도 확신하기 어렵거나, 실정이라 하더라도 역시 파악하기 어려운 경우가 있다. 이에 속임수를 써서 범인이 숨긴 것을 적발한 후에야 진상을 확실히 파악할 수 있는 것이다.

---

5 襄州: 오늘날 湖北省 襄樊市.

6 總管: 諸州의 군사를 총괄하는 관직.

7 裵政: 字는 德表. 梁나라를 섬겨서 군공을 세웠고, 夷陵侯에 봉해졌다. 후에 周나라 군대가 荊州를 포위하였을 때 포로가 되어서 주나라를 섬겨서 少司憲이 되었고, 周律을 정하였다. 隋文帝가 양위받았을 때부터는 文帝하에서 左庶子, 襄州總督이 되었다.

이야기 2

송宋[8]나라 고헌지顧憲之[9]가 건강建康 수령이었을 때의 일이다. 어떤 소도둑이 소주인과 다투면서 그 소가 자기 것이라고 주장했다. 두 사람의 진술과 증거가 서로 같았기 때문에 역대 수령들도 판결을 내릴 수 없었다. 고헌지가 부임하여 그 사건을 다시 조사했다. 그는 소를 풀어주어 제멋대로 가게 했더니, 소는 제 집을 찾아 돌아갔다. 소도둑은 비로소 그 죄를 자백했다. [『남사南史』「고개지전顧凱之傳」에 나온다. 고헌지顧憲之는 고개지顧凱之[10]의 손자이다.]

정극이 말한다.

"사람으로 증거를 삼으면, 어떤 경우는 거짓으로 꾸미기도 한다. 그래서 역대 수령들이 판결을 내릴 수 없었던 것이다. 그러나 실물로 증거를 삼으면, 반드시 실정을 파악할 수 있을 것이다. 그래서 소도둑이 비로소 자백했던 것이다. 우중문이 소를 풀어 놓은 것과 고헌지의 사례는 바로 같은 사례이다. 다른 점이 있다면, (우중문의 경우) 집이 멀어서 소떼를 몰고 왔고, 고헌지의 사례는 집이 가까워서 소떼를 몰고 오게 할 필요가 없었다. 사안에 따라서 적절한 방법을 강구한 연후에 소를 풀어 놓은 것이니, 그 이치는 전혀 다름이 없다."

원문 1

周于仲文字次武, 爲趙王屬安固太守. 有任・杜兩家各失牛, 後得一牛, 兩家爭之, 州郡不能決. 益州長史韓伯携曰: "于安固少年, 聽察可

8 宋: 南朝의 宋.
9 顧憲之: 字는 士思. 송나라 때 建康令이 되었고, 齊나라 때에는 尙書史部郎中에 올랐는데, 梁나라 때에는 병을 칭하고 벼슬에 나가지 않았다.
10 顧凱之: 南朝 宋나라 사람. 字는 偉仁. 관은 吏部尙書에 이르렀다.

令決之.” 仲文乃令兩家各驅牛羣到, 及放, 所得一牛遂入任氏羣. 又使人微傷其牛, 任氏嗟惋, 杜氏自若. 杜卽服罪. [出『北史』「于栗磾傳」, 仲文其八世孫也.]

鄭克曰: “此亦用覇擿奸之術者也. 隋襄州總管裵政云: ‘凡 · 推事有兩: 一察情, 一據證. 審其曲直, 以定是非.’ 據證者, 核奸用之; 察情者, 擿奸用之. 蓋證或難憑, 而情亦難見, 於是用譎以擿其伏, 然後得之.”

원문 2

宋顧憲之爲建康令時, 有盜牛者, 與本主爭牛, 各言己物, 二家辭證等, 前後令莫能決. 憲之至, 覆其狀, 乃令解牛, 任其所去, 牛徑還本家, 盜者始伏其罪. [出『南史』「顧凱之傳」, 憲之其孫也.]

鄭克曰: “按證以人, 或容僞焉, 故前後令莫能決; 證以物, 必得實焉, 故盜者始服其罪. 于仲文放牛事與此正相類. 其異者, 彼之家遠而有牛羣, 此之家近而無牛羣也. 隨事制宜, 然後放之, 理無異焉.”

52. 장변이 우물을 살펴보고, 채고가 바닷가에서 머물다 張昪窺井 蔡高宿海

이야기 1

승상인 장변張昪[1]이 윤주潤州[2]를 다스리고 있을 때였다. 어떤 부인이 있었는데, 그 남편이 집을 나간 지 며칠째 돌아오지 않았다. 채마밭 우물 속에 시체가 있다는 소문을 듣고는 부인이 우물가로 달려가 통곡했다.

"제 남편이에요."

그러고는 관아에 신고했다. 장변은 아전에게 마을 사람들을 소집하여 우물가로 가서 정말 그 시체가 남편인지 아닌지 살펴보게 했다. 마을 사람들은 모두 우물이 깊어서 잘 알아볼 수 없다고 하면서 그 시체를 꺼내서 확인하기를 청했다. 장변이 말했다.

"뭇사람들은 모두 알아볼 수 없다고 하는데, 부인만 자기 남편임을 아는 것은 어찌된 까닭인가?"

그리하여 부인을 체포해 담당 관리에게 심문하도록 했다. 과연 그녀와 간통한 남자가 남편을 살해했는데, 부인이 그와

1 張昪: 字는 杲卿. 관은 영종 때에 太子太師에 올랐다.
2 潤州: 현재 江蘇省 鎭江市.

함께 모의하여 알고 있었던 것이다. [심괄의 『몽계필담』에 나온다.]

이야기 2

채고蔡高[3]가 복주福州 장계현長溪縣[4]의 현위縣尉[5]였을 때의 일이다. 현의 어느 노파에게 아들이 둘이 있었는데 바다에 물고기를 잡으러 나갔다가 모두 죽고 말았다. 노파는 아무개를 원수로 지명하면서 현청에 그 도적을 체포해 달라고 고발했다. 포리捕吏가 노파를 책망하며 말했다.

"바다에는 풍랑이 있기 마련이니, 물에 빠져 죽었을지도 모르지 않느냐. 정말로 그들이 원수에게 살해당했다 하더라도, 시체를 찾지 못한다면 법으로 이를 처리할 수 없다."

채고만이 홀로 말했다.

"노파의 안색에 억울함이 있어 보이니, 조사하지 않을 수 없다."

이에 몰래 원수로 지목된 사람의 집을 살펴서 그 행적을 알아내고는, 노파와 약속했다.

"열흘 기한 내에 시체를 찾지 못한다면, 노파를 위해 도적을 체포하지 못한 책임을 지겠소."

채고는 바닷가에서 7일을 보냈는데, 조수潮水를 따라 시체 두 구가 떠올라서 해변에 다다랐다. 이를 검시해 보니 모두 살해당한 것이었다. 이에 원수로 지목된 사람을 체포해 심문

3 蔡高: 송나라 사람. 字는 君山. 長溪의 縣尉로서 소송판결을 잘 하였기 때문에 유명해졌다. 후에 太康簿가 되었고, 28세에 사망하였다.

4 福州 長溪縣: 福州는 현재 福建省 福州市 동남쪽. 長溪는 唐代의 縣名. 송대에 福安縣으로 개칭되었다. 오늘날 복건성 복안현.

5 縣尉: 縣丞(현령의 屬官)의 속관으로 주로 치안과 도둑 체포를 담당하는 관리. 여기에서는 포도대장의 뜻.

했더니, 죄를 자백했다. [채고는 채양蔡襄[6]의 동생으로, 이 일은 구양수歐陽脩가 지은 묘지墓誌에 보인다.]

정극이 말한다.

"억울함을 호소할 때 관아의 억압과 제지에 고통을 받는다. 시체를 찾을 수 없으면 법으로 처리할 수 없다는 것이 어찌 억압하고 제지하는 것이 아니겠는가? 무릇 현위는 도적을 체포하는 것이 그 직분인데, 진실로 억울한 고소를 동정하지 않는 것은 그 직분에 성실하지 않은 것이다. 그러니 어찌 악함을 미워하고 정의를 흠모하는 선비가 행할 바이겠는가? 비록 그러하지만 채고가 사건을 수리한 것은 그 까닭이 있다. 포리는 시체를 찾지 못할까 염려했는데, 바다에 있는 시체란 모두 조수를 따라 나오기 마련이다. 채고는 다만 불행히도 그 조수가 시체를 다른 곳으로 표류시킬까 염려했을 뿐이다. 그래서 노파와 '열흘 기한 내에 시체를 찾지 못한다면, 노파를 위해 도적을 체포하지 못한 책임을 지겠소'라고 약속한 것이다. 바닷가에서 7일 동안 머무른 뒤에 조수에 시체 두 구가 떠서 해안에 다다른 것은 지극한 정성으로 원통한 백성을 긍휼히 여겨 성실히 직분을 수행한 효험일 것이다. 속리俗吏가 핑계 삼아 걱정한 것이 어찌 진정으로 걱정한 것이겠는가! 이로써 마침내 노파의 억울함을 풀 수 있었다."

6 蔡襄: 字는 君謨. 송나라 사람. 시문을 잘 하였고, 특히 書法은 송대 제일이라고 칭해질 정도였다. 관직은 龍圖閣直學兼開封知府, 端明殿學士兼杭州知府까지 올랐다.

원문 1

張昇丞相知潤州, 有婦人, 夫出數日不歸, 忽聞菜園井中有死人, 卽往哭之, 曰: "吾夫也." 以聞於官. 昇命屬吏集鄰里, 就其井驗是其夫否. 皆言井深不可辨, 請出其屍驗之. 昇曰: 「衆皆不能辨, 而婦人獨知其爲夫何耶?" 收付所司訊問. 乃奸人殺之, 而婦人與聞其謀也. [見沈括『筆談』.]

원문 2

蔡高爲福州長溪尉, 縣媼二子漁於海而亡. 媼指某氏爲仇, 告縣捕賊. 吏難之曰: "海有風波, 安知其不水死乎? 果爲仇所殺, 若不得屍, 於法不可理." 高獨謂: "媼色有冤, 不可不理." 乃陰察仇家, 得其迹. 與媼約曰: "期十日, 不得屍, 則爲媼受捕賊之責." 凡宿海上七日, 潮浮二屍到. 驗之, 皆殺也, 乃捕仇家, 鞫之而伏法. [高乃襄之弟, 事見歐公所撰墓誌.]

鄭克曰: "按人之冤訴, 苦於抑塞. 謂不得屍則不可理者, 豈非抑塞乎? 夫尉以捕賊爲職, 苟不恤冤訴, 是不勤職業, 豈疾惡慕義之士所爲乎? 雖然, 高受而理之, 亦有以也. 吏患不得屍, 而屍在海者皆隨潮出, 第恐不幸潮落他境耳, 故與媼約曰: "期十日, 不符屍, 則爲媼受捕賊之責." 宿海上七日, 而潮浮二屍至, 此其至誠勤恤之效也. 俗吏所患何足慮哉! 是以卒能伸冤也."

53. 유식이 시체를 불태우고, 고방이 환자를 심문하다劉湜焚屍 高防劾病

이야기 1

대제待制[1] 유식劉湜[2]이 예전에 요주耀州[3] 지주知州였을 때의 일이다. 부평현富平縣에는 다른 사람의 아들딸을 유괴하는 도적이 있었는데, 이미 체포된 다음에는 죽은 체하다가 틈을 보아 도망쳐 버리곤 했다. 그를 다시 체포했는데도 똑같은 일이 반복되었다. 유식은 그를 불태워 죽이도록 명하였다.

정극이 말한다.

"죽은 척한 것을 진짜 죽은 것으로 여겨 바로 그를 매장했다면, 이 또한 간사함을 근절시키고 악함을 징벌하기에 충분했을 텐데, 굳이 불태워 죽일 필요가 있었을까? 장차 그 범인 일당이 혹시라도 파내어 다시 살아날 수 있음을 걱정했던 것인가? 남의 아이들을 납치한 죄는 법으로는 육시戮屍의 중죄는

1 待制: 殿閣에 소속된 侍從顧問의 관리.
2 劉湜: 字는 子正. 관직은 龍圖閣學士에 이르렀다.
3 耀州: 西安府에 속하는 지역. 州治는 오늘날 陝西省 耀縣. 富平縣은 西安府 관할하의 15개현 가운데 하나. 오늘날 陝西省 富平縣.

아니다. 만약 대낮에 그를 매장하고 지키게 했다면, 그 일당이 또한 무엇을 할 수 있었겠는가? 비록 도적이 숨을 잘 참는 복기술伏氣術에 능하더라도, 흙이 코를 막아 숨이 막힐 것이다. 이렇게 며칠 놔두면 그를 불태워 죽이는 것과 같을 것이니, 굳이 불태우지 않아도 된다."

이야기 2

예전에 고방高防[4]이 주周나라에서 벼슬을 하여 형부낭중刑部郎中[5]이 되었을 때의 일이다. 숙주宿州[6]에 사는 어떤 백성이 자신의 부인을 칼로 살해했는데, 처가에서 남편의 뇌물을 받고는 숙주 관아에 거짓으로 말했다.

"사위가 미쳐서 말을 하지 못합니다."

그래서 관아에서는 심문도 제대로 하지도 않고 재판 관련 서류를 작성하여 조정에 보고했다. 이에 대리시大理寺에서는 장형에 처하도록 판결했다. 고방이 이를 다시 검토한 후 다음과 같이 말했다.

"아무개가 미쳐서 말을 못한다고 하는데, 의사의 진단서도 없이 무엇을 증거로 삼아 즉시 장형에 처하는가? 하물며 구금된 지 한 달이 다 되었는데도 어찌 음식을 찾지 않는단 말인가? 다시 이 사건을 조사하면 반드시 실상이 드러날 것이다."

주周의 태조太祖[7]도 그럴 듯하게 여겨 결국 법대로 처벌했다.

---

4 高防: 자는 修己. 송나라 때 樞密直學士, 鳳翔知府에 올랐다.

5 刑部郎中: 형벌을 관장하는 관서로 六部 중의 하나. 郎中은 각부 尙書의 보좌관이다.

6 宿州: 행정구역은 지금의 安徽省 宿縣이다.

7 周의 太祖: 後漢(947-950)을 멸망시키고 세운 後周의 태조 郭威(904-954).

정극이 말한다.

"소송사건을 판결하는 가장 좋은 방법은 반드시 먼저 심문해서 정황을 파악한 후에 그 죄를 논의하는 것이다. 지금 실정을 아직까지 파악하지 못했는데, 번번이 죄를 먼저 판결해 버리니, 이것이 이치에 합당한 일인가? 이는 대개 뇌물을 받고서 범인을 비호하고자 하는 것일 뿐이다. 그렇기 때문에 고방이 이와 같이 다시 조사하도록 의론한 것이다. 그러나 사건을 재수사하도록 청하기만 하고 담당 관리의 책임은 추궁하지 않는다면, 이는 악함을 미워한다고 하더라도 결국 법에 불복하는 관리들을 불쌍히 여기는 것이다. 또한 이런 자들이 만연하게 될 우려가 있다."

원문 1

劉湜待制初知耀州, 富平縣有盜掠人子女者, 旣擒獲, 輒詐死, 伺間即逸去. 再捕得, 復然. 湜令焚之. [見本傳.]

鄭克曰: "按因其詐死, 遂以爲實, 而即埋之, 亦足以折奸而懲惡矣, 何必焚之耶? 將慮其徒或能掘取而復活耶? 括人子女之罪, 於法不至戮屍, 若晝時埋之, 且使人守之, 其徒亦何能爲耶? 雖盜善伏氣, 而土必塞鼻, 數日之後, 與焚之等矣. 雖不焚可也."

원문 2

高防初仕周, 爲刑部郎中. 宿州有民剸刃其妻, 而妻族受賂紿州, 言'病風狂不語.' 並不拷掠, 以具獄上請, 大理斷令決杖. 防覆之, 云: "某人病風不語, 醫工未有驗狀, 憑何取證, 便坐杖刑? 況禁繫旬月, 豈不呼索飮食? 再劾其事, 須見本情." 周祖然之, 終置於法.

재위 기간은 4년(951-954).

鄭克曰: "按折獄之道, 必先鞫情, 而後議罪. 今情猶未得, 罪輒先斷, 於理可乎? 此蓋受賂欲庇之耳. 是故防之覆議如此. 然但請再劾其事, 不復推究所司, 則雖疾惡, 而亦矜頑, 且慮枝蔓也."

54. 왕악이 이름을 숨겨 조사하고, 이지원이 전임 관리의 성을 기억하다王鍔匿名 至遠憶姓

이야기 1

당나라 때 왕악王鍔[1]이 회남淮南[2] 절도사節度使[3]였을 때의 일이다. 어떤 사람이 익명의 투서를 관아로 보냈다. 좌우의 부하 관리들이 투서를 가져다가 왕악에게 바치자, 왕악은 이를 가죽신 속에 넣었다. 그러고는 미리 넣어 둔 다른 문서와 섞어 놓고는 투서를 바친 관리들이 물러갔을 때 왕악은 다른 문서를 꺼내서 불태워 버렸다. 사람들은 모두 익명의 투서를 태운 것이라고 여겼다. 퇴청하여 집으로 돌아온 후에 밀고한 바를 살펴보고, 며칠 후 다른 일을 빌미로 투서에 고발된 자를 잡아들여 구금하여 조사했다. 이로써 사람들을 감쪽같이 속였고, 많은 사람들이 그를 신명하다고 칭송했다.

정극이 말한다.

---

1 王鍔: 字는 昆吾. 관직은 檢校司空, 同中書門下平章事에 올랐다.

2 淮南: 淮南은 당대에는 道의 이름이었다. 오늘날 湖北省 揚子江 북쪽과 漢水 동쪽, 江蘇省과 安徽省의 양자강 북쪽과 淮河 남쪽의 땅.

3 節度使: 外藩에 설치된 관직으로 한 지방의 군정과 행정을 총괄했다.

"남제南齊[4]의 예장왕豫章王 소의蕭嶷[5]는 다른 사람들의 허물을 듣는 것을 좋아하지 않았다. 주변에서 투서하여 고발하면 그 투서를 가죽신 속에 집어넣고 끝내 보지 않았고, 이를 꺼내서 불에 태웠다. 왕악은 다른 사람의 잘못을 듣는 것을 좋아했던 것인가? 그러므로 왕악의 속임수는 소의의 정직함만 못한 것이다."

이야기 2

당나라 이지원李至遠[6]이 천관시랑天官侍郞[7]으로 지선사知選事[8]가 되었을 때의 일이다. 그는 영사令史[9]들이 뇌물을 받는 것을 싫어하여 많이 내쫓았지만, 관리들 또한 일손을 놓은 채 수수방관했다. 왕충王忠이라는 사람이 좌천당했는데, 관리들이 일부러 '사士'씨로 잘못 쓰고는 결제가 끝난 후 다시 한 획을 더하여 왕씨로 쓰고자 했다. 이지원은 이를 보고 말했다.

"전임轉任된 관리가 3만 명이나 되지만, 여기에 사씨 성을 가진 자는 없다. 이는 결단코 왕충王忠일 것이다."

이에 관리들은 머리를 조아리며 죄를 자복했다. [『당서唐書』「이군옥전李群玉傳」에 나온다. 이지원李至遠은 이군옥李群玉[10]의 손자이다.]

---

4 南齊: 南朝의 국가 가운데 하나. 蕭道成(高帝)이 세운 나라. 7대 23년(479-501) 만에 멸망하였다.

5 豫章王 蕭嶷: 남제 고조 소도성의 둘째 아들로 字는 宣儼이다. 남제 시기에 都督, 揚州 刺史에 임명되었고, 豫章王에 봉해졌다.

6 李至遠: 원래 이름은 鵬. 『春秋』에 정통하였고, 『周書』를 편찬하였다. 관직은 高宗 때에 天官侍郞까지 올랐다.

7 天官侍郞: 唐代에는 吏部에 吏部尙書, 司列太常伯, 天官尙書, 文部尙書의 각 장관을 두었다. 天官侍郞은 天官尙書의 次官.

8 知選事: 知選事는 吏部에서 人選에 관한 것을 담당하는 長官.

9 令史: 文書 담당 관리. 御史大夫의 屬官으로, 문서사무를 담당하는 장관.

10 李群玉: 字는 文山. 詞賦에 능했고, 저작에는 『李群玉集』이 있다. 다만

원문 1

唐王鍔爲淮南節度使. 有遺匿名書於前者, 左右取以授鍔, 鍔納之靴中. 先以他書雜之, 吏退, 鍔探取他書焚之, 人謂其皆焚之矣. 旣而歸省所告, 異日以他事連所告者, 禁繫按驗以譎其衆, 號稱神明云. [出『唐書』本傳.]

鄭克曰: "按南齊豫章王嶷不樂聞人過失, 左右投書相告, 置靴中, 竟不視, 取焚之. 鍔蓋樂聞人過失者. 則其譎也, 不若嶷之正乜."

원문 2

唐李至遠爲天官侍郎, 知選事. 嫉令史受賕, 多所黜易, 吏亦斂手. 有王忠者, 被放, 而吏乃謬書'士'姓, 欲擬訖增成之. 至遠曰: "調者三萬人, 無'士'姓者, 此決王充也." 吏叩頭服罪. [出『唐書』「李羣玉傳」, 至遠其孫也.]

李至遠은 李群玉의 손자가 아니라, 李素立의 손자이다.

55. 장희숭이 재산을 모두 친아들에게 주고, 장제현이 재산 문서를 바꾸게 하다希崇並付 齊賢兩易

이야기 1

진晉[1]나라 때 장희숭張希崇[2]이 빈주邠州[3]를 다스릴 때의 일이다. 어떤 백성이 곽씨郭氏의 양자가 되어 어릴 때부터 양육되어 성인이 되었다. 장성한 후에 그 성격이 흉포하여 양부모의 말을 듣지 않아 결국 쫓겨나고 말았다. 곽씨 부부가 잇달아 모두 죽었는데 친아들도 이미 장성한 상태였다. 곽씨의 여러 친척들은 (곽씨의 재산을 탐내) 양자에게 '네가 친아들'이라며 소송을 사주하여 함께 재산을 나누려고 하였다. 역대 지방관들이 판결을 내리지 못한 상황이었다. 장희숭이 그 소송을 살펴보고 이렇게 판결했다.

"부친이 살아 있을 때 이미 집안에서 쫓겨나서 모친상을 당해도 오지 않았다. 비록 양자라고는 하더라도 이십 년 동안

1 晉: 五代의 後晋.

2 張希崇: 五代의 後唐 사람. 字는 德峯. 『春秋』에 정통하였다고 한다. 관직은 明宗 때에 靈武節度使가 되었다. 후에 後晋을 섬겼다.

3 邠州: 오늘날 陝西省 彬縣.

길러 주신 은혜를 저버린 것이고, 만약 친아들이라면 엄청난 패륜을 저지른 것이다. 그 행위는 유교의 가르침[4]을 해치는 것이니, 어찌 감히 유산으로 남긴 논밭을 차지하려고 하느냐? 곽씨의 재산은 모두 친아들에게 주고, 소송에 관련된 모든 이와 그 패거리들은 법관에 맡겨서 법률에 따라 처벌해야 한다."

듣는 자들이 모두 승복했다.

정극鄭克이 말한다.

"당나라 제도에는 사람을 선발할 때 모의재판 세 건을 판결하도록 했다. 그 판결문의 내용이 흡족하고 정당하며 판결이 명백할 때 비로소 합격시켰다. 이를 '발췌拔萃'라고 했다. 장희숭의 판결은 모두 '발췌'에 뿌리를 둔 것이다. 그 판결이 흡족하고 정당하고 명백한 까닭에 이 판결을 들은 자들이 모두 탄복했다."

이야기 2

승상丞相 장제현張齊賢[5]이 중서성中書省[6]에 있을 때였다. 친척 간에 재산 분배가 불공평하다며 다투는 자가 있었는데, 이로 인해 궁중에 들어가 황제 앞에서까지 상소했다. 다시 십여 차례 판결을 내렸지만 모두 승복하지 않았다. 장제현이 갈했다.

"이는 상서성尙書省[7]에서 판결할 수 있는 사안이 아닙니다.

4 유교의 가르침: 원문은 名敎.

5 張齊賢: 송나라 사람. 字는 師亮으로 太宗의 寵臣. 관은 眞宗 때 兵部尙書, 同中書門下平章事에 올랐다. 저작에는 『洛陽縉紳舊聞記』가 있다.

6 中書省: 漢代 이후에 중앙정부의 중추기구로서 中書, 門下, 尙書 三省을 설치했다.

7 尙書省: 원문은 臺省. 漢代의 尙書臺 및 이후에 개칭된 中書, 門下, 尙書 三省을 가리킴. 중앙정부의 중추기구.

청컨대 소신이 판결해 보겠습니다."

그는 하루 종일 중서당中書堂[8]에 앉아 소송인들을 소환해 이렇게 물었다.

"너희들은 상대방이 분배받은 재산보다 적다고 여기느냐?"

"그렇습니다."

이에 즉시 각자 문서를 작성해 사실임을 확인하게 하고는, 관리 두 명을 소송인들의 집에 보내 서로 집을 맞바꾸게 했다. 갑은 을의 집으로 들어가고 을은 갑의 집으로 들어가게 한 후, 집안의 재산도 모두 예전처럼 그대로 둔 채 재산 문서를 서로 교환하게 했다. 이에 소송인들은 소송을 그만두었다.

[『속수기문涑水記聞』에 나온다.]

정극鄭克이 말한다.

"증조曾肇[9]의 「왕연희조의묘지王延禧朝議墓誌」에 이런 이야기가 있다. 왕연희가 악주岳州 원강沅江[10] 수령으로 있을 때의 일이다. 어느 형제가 재산을 나누는데, 동생이 어려서 하급의 경작지를 받았다. 동생이 불공평하다며 관아에 고소했다. 왕연희가 형을 나무라자, 형은 공평하다고 말했다. 왕연희는 즉시 두 사람이 받은 유산을 바꾸도록 시켰다. 그러자 형이 (상급기관인) 악주에 고소하니 악주 태수가 웃으며 말했다.

'이는 승상 장제현께서 판결을 내리신 방법과 같은 것이다. 왕연희가 들은 이야기가 어찌 다르겠는가?'"

---

8 中書堂: 中書省의 의제에 대해서 논의하는 正堂.

9 曾肇: 字는 子聞. 관직은 哲宗時期에 吏部侍郎이 되었다. 徽宗 때에 翰林學士에 올랐다. 저작에 『內則』『外則』 등이 있다.

10 岳州 沅江: 岳州는 오늘날 湖南省 岳陽市. 유명한 岳陽樓가 있다. 沅江은 岳州 관할 현명. 오늘날 호남성 沅江縣.

원문 1

晉張希崇鎭邠州, 有民與郭氏爲義子, 自孩提以至成人. 後因戾不受訓, 遣之. 郭氏夫婦相繼俱死, 有嫡子已長, 郭氏諸親教義于訟, 云'親子', 欲分其財, 前後數政不能決. 希崇覽其訴, 判曰: "父在已離, 母死不至. 雖云假子, 辜二十年養育之恩; 儻是親兒, 犯三千條悖逆之罪. 其爲傷害名教, 豈敢理認田園; 其生涯盡付嫡子, 所有訟者與其朋黨, 委法官以律定刑." 聞者皆服.

鄭克曰:"按唐制, 選人試判三條, 辭理愜當, 決斷明白, 乃爲合格, 謂之'拔萃'. 希崇之判, 蓋本於此, 惟其愜當明白, 是以聞者皆服也."

원문 2

張齊賢丞相在中書, 戚里有爭分財不均者, 又因入宮訴於上前. 更十餘斷, 不服. 齊賢曰: "此非臺省所能決, 臣請自治之." 一日坐中書堂, 召訟者問曰: "汝非以彼所分財少乎?" 皆曰: "然." 卽命各責狀結實, 因遣兩吏趣徙其家, 令甲入乙舍, 乙入甲舍, 貨財皆安堵如故, 文書則交易之, 訟者乃止. [出『涑水記聞』.]

鄭克曰: "按曾肇撰王延禧朝議墓誌云: 延禧任岳州沅江令時, 有兄弟分財, 弟弱, 所得田下, 訴不均. 詰其兄曰: '均矣.' 卽令二人以所得更取之. 兄訴於州, 州守笑曰: 此張齊賢丞相斷獄法也, 豈彼所聞異乎?"

56. 왕순이 날인을 구별해 내고, 윤수가 호적을 확인하다 王珣辨印 尹洙檢籍

이야기 1

소경少卿 왕순王珣[1]이 소주昭州[2]의 지주知州로 있을 때의 일이다. 지주의 관인官印이 위조되었다고 고발한 자가 있었는데, 오랫동안 판결이 나지 않았다. 서리들은 옛 날인과 같지 않다고 했다. 왕순이 경덕景德 연간[3] 이전의 옛 문서를 찾아 그 날인을 대조해보니, 조금도 다른 바가 없었다. 이에 무고誣告한 사람이 죄를 자복했다. 대개 날인된 문서는 경덕 연간의 것이니, 당연히 경덕 이전의 옛 문서를 찾아 대조해보아야 한다. 서리들은 도장이 변경된 시기를 알지 못했기 때문에 오랫동안 판결이 나지 않았던 것이다. [왕순이 지은 묘지에 나온다.]

정극鄭克이 말한다.

"이 사건은 고발인이 무고한 사건은 아니다. 다만 도장이 다

1 王珣: 송대인. 字는 君保. 후에 원나라의 무카리(木華黎)를 섬겼고, 관직은 兵馬都元師에 올랐다.

2 昭州: 오늘날 廣西壯族自治區 平樂縣에 속한다.

3 景德: 송나라 眞宗의 연호. 1004-1007.

르다고 고발한 것뿐이다. 날인된 문서는 경덕 연간의 것이기에 당연히 경덕 연간 이전의 옛 문서를 찾아 대조해 보아야 할 것이나, 서리들은 여기까지 생각이 미치지 못했다. 이에 오랫동안 구금되었던 것이니, 역시 가련한 일이다. 오직 왕순만이 진심을 다했기 때문에 겨우 석방될 수 있었다. 그렇지 않았다면 반드시 옥에서 억울하게 죽고 말았을 것이다."

이야기 2

용도龍圖[4] 윤수尹洙가 예전에 하남부河南府 이양현伊陽縣[5]의 현령이었을 때의 일이다. 어렸을 때 고아가 된 어떤 여인이 하씨賀氏라고 속여 하씨의 유산을 차지하려고 하였다. 이웃 사람이 그녀가 하씨의 딸이 아님을 증명하여 관아에서 그 재산을 몰수했다. 훗날 그 이웃 사람이 죽자 그 여인은 다시 상소하여 몰수된 재산을 받고자 했다. 그러나 오래도록 판결이 나지 않았다. 윤수가 그 여자에게 물었다.

"그대는 몇 살인가?"

"서른 두 살입니다."

이에 함평咸平 연간[6]의 호적부를 살펴보니, 함평 2년(999)에 하씨가 죽어서 그의 아내 유씨劉氏가 호주가 되었다. 윤수가 나무랐다.

"네가 함평 5년(1002)에 태어났는데, 어찌 하씨의 자식이 될 수 있겠느냐?"

---

4 龍圖: 관부의 이름. 龍圖閣으로, 宋 太祖의 御書, 文集, 보물 등을 모아 놓은 전각으로, 學士, 直學士, 待制, 直閣學士 등의 관직이 설치되었다.

5 河南府 伊陽縣: 河南府의 府治는 현재 河南省 洛陽市에 해당한다. 伊陽縣은 그 관할로, 오늘날 伊川縣의 남쪽에 해당된다.

6 咸平 年間: 송나라 眞宗 때의 연호. 998-1003.

이에 여자가 죄를 자복하였다. (본전本傳에 보인다.)

원문 1

少卿王珣知昭州日, 有告僞爲州印者, 獄久不決, 吏持以印文不類. 及珣索景德已前舊牘, 視其印文, 則無少異. 誣者乃服. 蓋所印文書乃景德時事, 固當索景德舊牘校之. 吏不知印文更時, 所以不決. [出王珣所撰墓誌.]

鄭克曰: "按此非告者造誣也, 但見其不類而告之耳. 所印文書景德時事, 當索景德以前舊牘校之, 吏不思此, 乃令久繫, 亦可憐哉. 惟珣盡心, 於是獲釋. 不然, 則必冤死矣."

원문 2

龍圖尹洙嘗知河南府伊陽縣. 有女幼孤而冒賀氏産者, 鄰人證其非是而沒之官. 後鄰人死, 女復訴, 且請所沒産, 久不能決. 洙問 "女年幾何?" 曰: "三十二." 乃撿咸平年籍, 二年賀氏死而以妻劉爲戶. 詰之曰: "若五年始生, 安得有賀氏耶?" 女遂服. [見本傳.]

57. 손등이 탄환을 비교하고, 이덕유가 황금덩어리를 만들게 하다 孫登比彈 德裕模金

이야기 1

오나라 태자 손등孫登[1]이 말을 타고 외출했는데, 탄환 하나가 그에게 날아왔다. 손등은 좌우 신하들에게 쏜 자를 잡으라고 명령했는데, 마침 탄궁彈弓과 탄환을 지닌 사람을 발견했다. 모두 이 사람이라고 여겼지만, 심문을 해도 자백하려 들지 않았다. 시종들이 그를 채찍질하려 하자, 손등이 허락하지 않았다. 그는 날아온 탄환을 찾아오게 하여 그가 가진 탄환과 비교했는데 달랐다. 이에 체포된 사람은 석방되었다. [『오지吳志』[2] 본전本傳에 나온다.]

정극이 말한다.

"사람이 원통함을 당하는 것은 대부분 비슷한 혐의 때문이다. 진술을 듣고 심문하는 자가 신중히 살필 줄 모르고 도리어 분연히 위세를 부리는 까닭에 결국 법을 어기고 남용하기

1 孫登: 孫權의 큰 아들로, 字는 子高. 孫權이 吳帝에 올랐을 때 태자로 봉해졌으나, 요절하고 말았다.

2 『吳志』: 陳壽가 편찬한 『三國志』 가운데 오나라의 사적을 적은 책. 列傳 20권으로 이루어졌다.

에 이른다. 이 사안은 비록 사소한 것이지만, 중대한 사건에 도 유추해 다스릴 수 있다."

이야기 2

당나라 때 이덕유李德裕[3]가 절서浙西[4] 지방을 다스리고 있었을 때의 일이다. 감로사甘露寺[5]의 주지가 인수인계 받은 절의 재산 중에서 전임 사판승事判僧[6]이 약간의 황금을 숨겼다고 고소했다. 그리고 이전의 사판승들을 데려와 증인으로 내세웠고, 그들은 차례로 증거를 관아에 제출했다. 갓 사판승 자리에서 물러난 자가 이미 황금을 착복했다고 죄를 자백했으나, 끝내 그 황금을 어디에 사용했는지는 추궁해도 밝혀지지 않았다. 이덕유는 사실이 아닐 거라고 의심하였고, 그 스님은 이덕유에게 억울함을 호소했다.

"절에 기거하는 스님들은 모두 사찰 사무 맡기를 좋아합니다. 여러 해 전부터 명목상의 빈 재산 문서만 인계받았을 뿐, 실제로는 황금을 받은 적이 없습니다. 다른 사람들이 저를 고립시키고 동료로 친하게 지내지 않았습니다. 이 사건을 틈타 저를 배척하고자 한 것입니다."

그리고는 눈물을 흘렸다. 이덕유는 그를 불쌍히 여겨 이렇게 말했다.

---

3 李德裕: 字는 文饒. 무종 때에 淮南節度使에서 승상이 되었고, 藩鎭의 화를 다스려서 커다란 권세를 휘둘렀으나, 宣宗 시기에 참소를 당하여 좌천되어 죽었다.

4 浙西: 浙江의 서쪽. 당나라는 이 곳에 浙江西道를 두었다.

5 甘露寺: 江蘇省 鎭江市의 동북쪽에 위치하고 있다. 삼국시대 吳나라의 甘露年間(265-266)에 건립되었다.

6 事判僧: 원문은 知事僧. 사찰의 운영과 여러 사무를 관장하는 승려.

"이 일은 규명하기 어렵지 않다."

그는 가마 몇 대를 준비해 연루된 승려들을 모두 불러들여 대질심문을 하기로 했다. 그리고 증인들을 몇 대의 가마 안에 앉혔는데, 문이 모두 벽을 향해 있어서 서로 볼 수 없었다. 각자에게 황토를 나누어 준 뒤에 그 흙으로 전임 사판승으로부터 받았다는 황금덩어리 모양을 그대로 만들게 하여 증거로 삼게 했다. 승려들은 모양을 알지 못했기에 각자 만든 모양이 달랐다. 이에 그 속임수를 심문하자 모두 각자의 죄를 자백했다.

원문 1

吳太子孫登, 嘗乘馬出, 有彈丸飛過. 令左右求之, 適見一人操彈佩丸, 咸以爲是. 辭對不服. 從者欲捶之, 登不聽. 使求所過彈丸, 比之非類, 乃見釋. [出『吳志』本傳.]

鄭克曰: "按人之負冤, 聽者受辭, 不能審愼, 忿然作威, 遂致枉濫. 此事雖小, 可以喩大."

원문 2

唐李德裕鎭浙西, 有甘露寺主僧訴交割常住物, 被前知事僧隱沒金若干兩, 引前數輩爲證, 遞相交付, 文籍在焉. 新受代者已伏盜取之罪, 未窮破用之所. 德裕疑其非實, 僧乃訴冤曰: "居寺者樂於知事多因疑似., 積年以來, 空交分兩文書, 其實無金矣. 衆人以某孤立, 不押流輩, 欲乘此擠之." 因流涕. 德裕惻然曰: "此不難知也.' 乃兜以二數乘, 命關連僧入對, 坐兜子中, 門皆面壁, 不得相見. 各與黃泥, 令模前後交付下次金形狀, 以憑證據. 僧旣不知形狀, 各模不同. 於是劾其誣罔, 一一伏罪.

58. 양적은 사람을 저주하여 죽인 것을 엄중히 다스리고, 원단은 승려의 음란함을 미워하다梁適重詛 袁象惡淫

이야기 1

승상 양적梁適[1]이 심형원審刑院 상의관詳議官[2]이었을 때의 일이다. 재주梓州[3]의 백언환白彦歡이라는 요망한 자가 귀신에 의지해 사람을 저주하는 방법을 알았는데, 죽는 사람까지 생겼다. 재주 관아에서는 그를 체포해 판결해줄 것을 상신했다. 상의관들은 죽은 사람에게 상흔이 보이지 않아 그에게 죄를 물을 수 있을지 회의적이었다. 양적이 말했다.

"사람을 칼로 죽인다면 오히려 항거할 수 있겠지만, 이처럼 주술로 사람을 저주한다면 어찌 피할 수 있겠는가?"

결국 극형에 처하도록 판결했다. [왕규王珪가 지은 묘지墓誌에 보인다.]

---

1 梁適: 송나라 사람. 字는 仲賢. 관은 同平章事, 太子太傅에 올랐다. 법령에 정통한 것으로 유명하였다.

2 詳議官: 大理寺 詳斷官과 같은 것.

3 梓州: 오늘날 四川省 三臺縣.

정극鄭克이 말한다.

"능히 귀신에 의지해서 사람을 저주하는 것은 독충을 길러 독을 만들어 내거나, 염매厭魅[4]를 만드는 일과 같은 것이다. 진상을 파악하기 위해 심문했지만, 상흔이 보이지 않는 것에 대하여 회의적이었다. 이는 아마도 '법령에 없는 것은 비슷한 조문으로 유추하여 처리한다'는 말의 의미를 모르는 탓이다. 중대한 사안을 판결하고자 한다면, 마땅히 옛 경전의 뜻에 정통해야 한다. 저 속리俗吏 따위가 어찌 이를 언급할 만하겠는가?"

이야기 2

남제南齊 원단袁彖[5]이 여릉왕廬陵王[6]의 자의참군諮議參軍[7]이었을 때의 일이다. 당시 여릉왕은 형주荊州 자사刺史를 겸하고 있었다. 남군南郡[8] 강릉현江陵縣[9] 구장지苟將之에게는 아우 구호지苟胡之가 있었다. 그런데 구호지의 처가 증구사曾口寺의 스님에게 간음당했다. 밤에 그 스님이 구씨苟氏 집에 잠입하다가 구장지에 의해 살해되었고, 구장지가 관리들에게 조사를 받게 되었다. 구장지는 집안의 수치스러운 일을 공개하게 되었는데, 사실대로 고하자니 치욕스러운 일이 될 것이고 참자니 도

4 厭魅: 귀신에 의지하여 다른 사람을 미혹시키거나 상해하는 일.

5 袁彖: 字는 偉才. 관은 太子庶子. 冠軍將軍에 올랐다. 글을 잘 하였고, 玄談을 좋아하였다고 한다.

6 廬陵王: 南朝 宋나라의 劉義眞의 封號. 武帝의 2번째 아들로서 시호는 孝獻.

7 諮議參軍: 王府에 설치된 관직으로 왕의 자문기관.

8 南郡: 오늘날 湖北省 동쪽.

9 江陵縣: 江陵縣은 南郡 관할의 18개현 가운데 하나인데, 오늘날 湖北省 江陵縣에 해당한다.

저히 견딜 수 없었다. 그래서 결국 자기가 죽였다고 실토했다. 구호지가 진술한 바도 또한 이와 같았으니, 형제가 서로 자신이 죽였다고 다투었다.

강릉의 수령이 형주 자사에게 보고하여 널리 의론하게 되었다. 원단은 다음과 같이 말했다.

"구장지와 구호지 형제는 본래 포악한 사람들이 아니다. 재판하는 날, 형제의 의로운 행위가 길가는 사람들까지 감동시켰다. 옛날 문거文擧[10]가 스스로 죄를 뒤집어써서 황제가 법망을 느슨하게 풀어 사면을 받은 일이 있었는데, 이 두 사람의 마음과 행적이 옛 사람의 일과 일치한다. 이들에게 중형을 내리는 것은 실로 그들의 선행을 손상시키는 일이다."

이에 형제는 모두 사형을 면하였다. [『남사南史』「원담전袁湛傳[11]」에 나온다. 원단은 그의 족손族孫이다.]

정극鄭克이 말한다.

"정情으로 용서할 수 있는 것이라면 과실이 그렇게 큰 것이라고 할 수 없을 것이다. 효자가 소를 죽이고, 의로운 선비가 탈옥을 하며, 형제가 서로 자신이 살인범이라고 주장하는 것은 모두 이러한 일이다. 밤에 통행금지[12]를 위반한 것이 가벼운 범죄라 하더라도, 위엄을 세우는 데 힘쓰고 실정을 조사하지 않는다면 어찌 그 죄를 용서할 수 있겠는가? 원단의 사례는 죄인의 과오를 용서하는 귀감이 될 만하다."

---

10 文擧: 後漢時代 孔融의 字. 어려서 일찍이 형을 대신해 죄를 받겠다고 자청하여 황제가 조서를 내려 형의 사형을 사면해 주었다고 한다. 『後漢書』「孔融傳」 참조.

11 袁湛: 東晉 사람. 字는 士深. 관직은 安帝 때에 尙書左僕射兼太尉에 올랐다.

12 통행금지: 원문은 犯夜.

원문 1

丞相梁適爲審刑院詳議官時, 梓州妖人白彥歡能依鬼神作法詛咒人, 有死者. 獄上, 請讞, 皆以不見傷爲疑. 適曰: "殺人以刃, 尙或可拒, 今以詛咒, 其能免乎?" 卒以重辟論. [見王珪所撰墓誌.]

鄭克曰: "按能依鬼神作法詛咒, 是造蓄蠱毒、厭魅之類也. 鞫得其實, 疑不見傷, 此蓋不知'無法者當以類擧'之義耳. 欲決大獄, 須博古義, 彼俗吏者豈足語此?"

원문 2

南齊袁彖爲廬陵王諮議參軍. 王鎭荊州時, 南郡江陵縣苟將之弟胡之, 其妻爲曾口寺僧所淫, 夜入苟家, 將之殺之, 爲官司所檢. 將之列家門穢行, 欲告則耻, 忍則不可, 實已所殺, 胡之所列又如此, 兄弟爭死. 江陵令啓刺史博議, 彖曰: "將之胡之, 原必非暴. 辨讞之日, 義哀行路. 背文擧引謗, 獲漏疏網; 二子心迹, 同符古人. 陷以深刑, 實傷爲善." 於是兄弟皆得免死. [出『南史』「袁湛傳」, 彖其族孫也.]

鄭克曰: "按情苟可恕, 過無大矣. 孝子之殺牛, 義士之踰獄, 兄弟之爭死, 皆是也. 如犯夜雖輕罪, 苟務立威而不原情, 亦豈能恕之? 此可爲有過之鑒也."

59. 형조는 살인자의 처를 연루시키는 것에 반박하고, 공심지는 어머니에게 욕을 하여 죽게 한 죄에 대해 의론하다 曹駁坐妻 孔議詈母

이야기 1

내한內翰 심존중沈存中[1]이 다음과 같이 말했다.

"수주壽州[2]에 어떤 사람이 아내의 부모와 형제들을 살해한 자가 있었다. 주사州司가 그를 무도한 이라고 여겨 그의 아내에까지 살인죄를 적용시켰다. 형조刑曹에서는 이에 대해 반박했다.

"남편이 아내의 부모를 구타하여 부부 사이가 의절된 것이나 마찬가지인데, 하물며 살인을 모의했을 것인가? 그 아내까지 살인죄를 적용하는 것은 부당하다." [『몽계필담』에 보인다.]

---

1 沈存中: 沈括을 가리킴. 송대 사람. 자가 存中, 호가 夢溪翁. 仁宗 때 翰林學士에 올랐지만, 후에 좌천되었다. 天文, 曆數, 音樂, 醫藥 등에 통달했으며, 저작으로는 『夢溪筆談』, 『蘇沈良方』 등이 있다.

2 壽州: 오늘날 安徽省 壽縣 서북쪽의 鳳臺縣.

송宋[3] 공심지孔深之[4]가 상서비부랑尙書比部郎[5]으로 있을 때의 일이다. 안륙安陸[6] 응성현應城縣에 사는 장강릉張江陵이라는 자와 그 아내 오씨吳氏가 함께 어머니 황씨黃氏를 욕하여 죽게 만든 사건이 있었다. 황씨는 분노를 참지 못하여 원한을 품고 스스로 목매 자살했다. 얼마 뒤에 대사령大赦令이 내려졌다. 법조문은 이러했다.

"아들이 부모를 살해하거나 구타하여 상처를 입힌 경우, 마침 사면령이 내리더라도 효수梟首에 처해야 하며, 부모에게 욕한 자는 기시棄市에 처해야 한다. 마침 사면령을 만나면 사형을 면제하여 변방으로 보내 군대에 병사로 편입시킨다."

부모를 욕해서 죽음에 이르게 하는 것에 관한 법조문은 없다. 공심지는 이 사안을 논의해서 다음과 같이 말했다.

"무릇 마을 이름이 마음에 거슬리면 어진 자는 그 마을에 들어가지 않는다고 합니다. 이름조차 마음에 거슬려도 이를 혐오하는데, 하물며 인사人事는 어떻겠습니까! 그러므로 사람을 살상하거나 저주하는 것은 법으로 용납할 수 없는 일입니다. 사람을 욕하여 죽음에 이르게 한 것은 이치상 용서할 수 없는 것이니, 장강릉은 비록 사면령을 만났으나 참으로 효수해야 마땅한 것입니다. 시어머니에게 며느리란 의리의 관계이고, 실제 친딸은 아닙니다. 시어머니 황씨가 한을 품은 것은 정황상 며느리 오씨 때문은 아니니, 사면하여 병사로 편입시키는 것이 정법에 합당합니다."

3 宋나라: 南朝時代의 宋.
4 孔深之: 孔深之는 上書比部郎이 되었지만, 아버지 孔靈符가 景和年間 참소를 당해서 살해되었을 때, 형인 孔湛之와 함께 賜死되었다.
5 尙書比部郎: 南朝 宋나라에서는 尙書省에 속해서 法制를 담당했던 관리.
6 安陸: 오늘날 湖北省 安陸縣.

공심지의 논의대로 황제의 조서가 내려졌고, 오씨는 기시를 면하게 되었다. [『송서宋書』「공계공전孔季恭傳」[7]에 나온다. 공심지는 그의 둘째 아들이다.]

정극鄭克이 말한다.

"욕을 해서 다른 사람을 죽음에 이르게 하는 것은 구타를 해서 상해를 입히는 것보다 무거운 죄이다. 이를 용서하지 않는 것은 이치로서는 온당한 것이다. 아내가 만약 남편의 죄에 연좌된 것이라면 사면할 수 있을지 모른다. 그러나 오씨는 남편과 함께 시어머니에게 욕을 퍼부었으니, 기시에 처하는 것도 역시 합당한 조치이다. 황제가 내린 조칙은 공심지의 논의가 빠트린 부분을 보충했다."

원문 1

沈存中內翰云　壽州有人殺其妻之父母兄弟數口, 州司以爲不道, 緣坐妻子. 刑曹駁曰: "毆妻之父母卽是義絶. 況於謀殺? 不當復坐其妻." [見『筆談』.]

원문 2

宋孔深之爲尚書比部郎時, 安陸應城縣人張江陵與妻吳共罵母黃令死, 黃忿恨自縊. 已値赦. 律: "子賊殺傷毆父母, 遇赦猶梟首; 罵詈棄市. 會赦, 免刑補(治)[冶][8]." 無罵詈致死之科. 深之議曰: "夫題里逆心, 仁者不入. 名且惡之, 況乃人事! 故殺傷咒詛, 法所不容, 罵之致盡, 理無可宥. 江陵雖遇赦恩, 固合梟首, 婦本以義, 愛非天屬. 黃之所恨, 情不在吳, 原死補(治)[冶], 有允正法." 詔如深之議, 吳免棄市.

7 孔季恭: 南朝 宋나라 사람. 이름은 靖. 관은 侍中에 올랐다.

8 (治)[冶]: 『南史』「孔靖傳」에 의거하여 治를 冶로 수정함. 이 때 冶는 '冶士'의 의미로 병사로 편입시키는 것을 말한다.

[出『宋書』「孔季恭傳」, 深之其次子.]

鄭克曰: "詈之致死, 重於毆傷, 不以赦原, 於理爲允. 妻若從坐, 猶或可赦, 吳實共罵, 棄市亦宜. 詔所以補議之缺也."

60. 손량이 꿀 속의 쥐똥을 살펴 사실을 밝히고, 두아가 술 가져온 사람을 의심하여 사건을 해결하다孫亮驗蜜 杜亞疑酒

이야기 1

오吳나라 폐주廢主 손량孫亮[1]의 자字는 자명子明인데, 여름철에 서원西苑[2]에 놀러간 적이 있었다. 생매실을 먹고 싶어서 내시[3]에게 뚜껑 달린 은 단지를 가져오게 했다. 그러고는 내고內庫[4]의 관리로부터 그 단지에 꿀을 받아오게 했다. 내시는 평소 내고 관리에게 원한을 품고 있었기에 쥐똥을 꿀 속에 넣고는 황제에게 그 관리의 태도가 성실하지 않다고 아뢰었다. 손량은 즉시 그 관리에게 꿀단지를 갖고 오게 했다. 손량이 관리에게 물었다.

"이미 단지를 뚜껑으로 덮고, 다시 종이로 쌌는데 쥐똥이 들

---

1 孫亮: 孫權의 아들로, 孫權의 사후, 황제가 되었지만, 大將軍 孫琳에 의해서 폐위되어 會稽王이 되었다가 자살하였다. 재위기간은 7년(252-258)이었다.

2 西苑: 江蘇省 蘇州市 吳縣, 閶門 밖에 留園의 서쪽에 있는 庭園.

3 내시: 원문은 黃門.

4 內庫: 원문은 中藏. 궁중의 곳간을 말한다.

어갈 이유가 없지 않느냐? 내시가 너에게 무언가 원하는 것이 없었느냐?"

"그가 예전에 관석官席을 요구했으나 주지 않았습니다."

"필시 네가 주지 않아서 벌어진 일이니, 이를 알아내기는 쉽다."

이에 쥐똥을 갈라서 쥐똥이 말랐는지 축축한지 살피게 하였는데, 속은 말랐고 겉은 축축하였다. 손량이 말했다.

"만일 쥐똥이 먼저 꿀 속에 있었다면, 마땅히 겉과 속이 모두 축축했을 것이다. 그러나 속은 말랐으니, 이는 무고일 따름이다."

이에 내시는 즉시 죄를 자백했다. [『강표전江表傳』[5] 등에 보인다.]

정극鄭克이 말한다.

"배송지裴松之[6]는 쥐똥이 새것이면 겉과 속이 모두 말랐다고 생각한 것이다. 내시가 (축축한) 새것을 썼다면 그 진상을 규명할 수 없었을 텐데, 우연히 마른 것을 썼기 때문에 손량의 은혜를 입을 수 있었다. 그런데 내가 생각하기에는 손량이 말하는 것은 정해진 이치를 말하는 것이고, 배송지가 말하는 것은 우연에 의해서 결정되는 사실이다. 이치는 정해졌다고 하지만, 일이라는 것은 우연에 의해서 어찌될지 모르는 것이기도 하다. 그 때문에 이치를 고집하여 사실을 억누르려고 하면 어떤 때에는 사리에 맞지 않게 된다. 이치를 내세워 일일이 따지는 사람들이 도리어 사실에 밝은 사람에게 웃음거리가

5 『江表傳』: 晉나라 虞溥가 찬한 서적. 현재는 전해지지 않는데, 『三國志』의 裵松之 注에 다수 인용되어 있다.

6 裵松之: 南朝 송나라 사람. 字는 世期. 字는 中書侍郎에 올랐다. 칙명에 따라서 『三國志』에 주를 작성하여 유명해졌다.

되는 것은 대개 이 때문이다. 진주처럼 둥글게 하나만을 고집하지 않으며 속이지 않고 밝게 살피면, 이치와 사실이 모두 같이 밝아지니, 사건의 진실을 반드시 파악할 수 있을 것이다. 그러므로 손량孫亮과 배송지裵松之의 말을 섞어서 취하면 될 것이다. 지금 그 사건의 진상을 여기에 다시 싣는 바이다."

이야기 2

당나라 두아杜亞[7]가 유양維陽[8]을 다스리고 있을 때 일이다. 어떤 부호의 아버지가 죽은 지 얼마 안 되었는데, 그 아들이 계모를 잘 봉양하지 않았다. 설날이 되어 계모에게 장수를 바라는 축하주를 올렸을 때, 계모가 아들에게 술잔을 내려 주었다. 아들이 술잔을 받고 마시려고 할 때 독을 탔을까 의심하여 땅에 쏟아 버리니 땅바닥에 거품이 솟아올랐다. 이에 아들이 계모에게 욕을 하면서 말했다.

"독약으로 아들을 죽이려고 하니, 하늘이 어찌 돕겠소?"

계모는 자신의 가슴을 치며 말했다.

"하늘이 위에서 지켜보고 계시거늘 어찌 이리 남을 무고하는가?"

계모는 계속 가슴을 치면서 범행을 부인했다. 아들은 계모를 끌고 관아에 이르렀는데, 두아가 아들을 꾸짖어 말했다.

"네가 모친에게 장수를 바라는 축하주를 올릴 때 그 술은 대체 어디에서 가져 온 것이냐?"

7 杜亞: 字는 次公. 肅宗 때에 上書를 올려서 校書郞에 올랐다.

8 維陽: 維揚이라고도 함. 오늘날의 江蘇省 揚州. 唐代의 州治는 江蘇省 江都縣.

"맏며느리가 술잔을 가져 와서 따랐습니다."

"계모가 너에게 술을 내릴 때 그 술은 어디에서 가져 온 것이냐?"

"역시 맏며느리가 가져 온 것입니다."

"맏며느리는 대체 누구인가?"

"제 아내입니다."

"독약이 다 네 아내한테서 나왔는데, 어찌하여 어머니를 모함하느냐?"

그리하여 부부를 각기 관아의 다른 방에 나누어 심문했고, 부부가 서로 공모해 계모를 무고한 사실이 밝혀졌다. 마침내 법에 따라 사형에 처하였다.

정극鄭克이 말한다.

"무고인지 아닌지를 판별하는 방법은 물증으로 그 숨겨진 것을 적발하는 것이다. 이덕유李德裕가 황토를 주고 황금 모형을 만들도록 한 것이 바로 그것이다. 혹은 사실로 그 간사함을 분별했으니 두아가 술에 독을 탄 사실을 심문해 밝혀낸 것이 바로 이것이다. 이 모든 것은 올바른 방법이고 속이거나 하는 것이 아니다."

원문 1

吳廢帝孫亮字子明. 曾暑月游西苑, 食生梅, 使黃門以銀椀並蓋, 就中藏吏取蜜. 黃門素怨藏吏, 乃以鼠屎投蜜中, 啓言藏吏不謹. 亮卽呼吏, 吏持蜜椀入, 亮問曰: "旣蓋之, 復以紙覆之, 無緣有此, 黃門非有求於爾乎?" 吏叩頭曰: "彼嘗從臣覓官席, 不與." 亮曰: "必爲比也, 亦易知耳." 乃令破鼠屎, 觀燥濕, 則內燥而外濕. 亮曰: "若鼠屎先在蜜中,

當內外俱濕, 今內燥者, 乃枉之耳." 於是黃門卽伏其罪. [出『江表傳』等.]

鄭克曰: "按裴松之以爲鼠屎新者, 亦表裏皆濕. 黃門取新屎, 則無以得其奸, 緣遇燥屎, 或成亮之惠. 然克謂亮所言者, 決定之理也. 松之所言者, 偶合之事也. 理雖決定, 事或偶合, 故執理以御事, 亦有時乎不通; 而窒理之人, 反爲曉事者所笑, 蓋以此耳. 惟珠圓不滯, 監照難欺, 則事理兼明, 而情狀必得. 故雜取兩說, 今復備載其本末也."

원문 2

唐杜亞鎭維陽. 有富民父亡未幾, 奉繼母不以道. 元日, 上母壽, 母因賜觴於子. 既受將飮, 乃疑有毒, 覆於地而地墳, 乃詬母曰: "以酖殺人, 上天何佑!" 母拊膺曰: "天鑒在上, 何當厚誣!" 拊膺不伏. 執詣公府, 亞詰之曰: "爾上母壽, 酒從何來?" 曰: "長婦執爵而致也." "母賜爾觴, 又從何來?" 曰: "亦長婦所執之爵也." "長婦爲誰?" 曰: "此子之婦也." 亞訶之曰: "毒因婦起, 奈何誣母?" 遂分於廳側劾之. 乃是夫婦同謀, 以謀母也. 遂置之於法.

鄭克曰: "按辨誣之術, 或以物證其慝, 李德裕與泥模金是也. 或以事核其奸, 杜亞詰觴劾酖是也. 此皆其正而不譎者也."

61. 부융은 인륜을 끊을 수 없음을 의론하고, 한 무제는 계모를 죽인 죄에 대해 밝히다

傅隆議絶 漢武明繼

이야기 1

송宋의 문제文帝[1] 때 섬현剡縣[2] 사람 황초黃初의 아내 조씨趙氏가 아들 재載의 아내인 며느리 왕王씨를 때려 죽였으나, 후에 사면되었다. 왕씨에게는 부모와 친아들 칭稱이 있었기 때문에, 법에 의하면 조씨는 2천 리 밖으로 강제 이주시켜야 했다. 사도좌장사司徒左長史[3]인 부융傅隆[4]이 그 시비를 논하며 말했다.

"부모와 자식은 누구보다 가까운 육친으로 몸은 둘이지만 마음은 하나입니다. 칭稱과 재載의 관계는 재載와 조씨의 관계와 같습니다. 이들은 비록 삼대에 해당하지만 합하면 한 몸이

1 宋의 文帝: 송은 南朝의 송나라이다. 문제(재위: 424-452)는 송의 제3대 황제이며 元嘉가 文帝의 연호.

2 剡縣: 지금의 浙江省 嵊縣의 서남쪽이다.

3 司徒左長史: 丞相의 아래의 관직이다. 司徒는 승상을 말하며, 승상 밑에 左長史, 右長史가 있었다.

4 傅隆: 자는 伯祚이며 관직이 御史中丞・太常까지 올랐다. 박학하고 다재다능한 것으로 유명했다.

나 마찬가지입니다. 칭은 모친상[5]을 당해 슬픔이 매우 크겠지만 본래 조부모를 원수로 여기는 이치는 없습니다. 그래서 옛 사람들은 아비의 명으로 인해 조부의 명을 거역하지 않았던 것입니다. 만약 칭이 할머니 조씨를 죽여도 된다고 한다면 아버지인 재와 어떻게 지내야 합니까? 부자조손父子祖孫이 서로 죽이는 것은 선왕이 벌을 명확히 하고 고도皐陶[6]가 법을 확립한 취지가 아닐 것입니다. 옛 법령에 '남의 부모를 죽인 자는 2천리 밖으로 강제 이주시킨다'고 하였지만 부자父子와 조손祖孫의 관계에는 적용되지 않습니다. 다만 상복을 입고 상을 치르는 며느리 왕씨의 친척들[7]을 피해 조씨를 천 리 밖으로 유배시킴이 마땅합니다. 그리고 법령에 '유형流刑을 당한 자는 그 일족의 근친이 따라가길 원하면 그것을 허락한다'고 하였습니다. 조씨가 유배되어 이주하게 되면 아들인 재가 어찌 따라가지 않을 수 있겠습니까? 재가 따라가는데 칭이 따라가지 않는다면 인륜 도덕이 어찌 이를 허용하겠습니까? 조씨가 속으로 부끄럽게 여겨 목숨을 끊더라도 칭 또한 평생 이를 매우 애통해할 것입니다. 조손의 도리를 영원히 끊을 수 없는 것이니, 일의 이치가 원래 그러한 것입니다." [『남사南史』「부량傅亮[8]전

5 모친상: 원문은 '創鉅'로 상처가 매우 깊다는 뜻인데, 주로 부모의 상을 가리킨다.

6 皐陶: 순임금 때의 사법관으로 전해진다.

7 상복을 ~ 친척들: 원문은 '期功'이다. '期'는 일 년 동안 입는 상복으로, 조부모와 백부·숙부·형제의 상을 당했을 때 입는 것이다. '功'은 '大功'과 '小功'으로 나뉘며, '大功'은 從父兄弟의 경우 입는 상복으로 9개월 동안 입고, '小功'은 再從兄弟·外祖父母의 경우에 입는 상복으로 5개월 동안 입는다.

8 傅亮: 자는 季友이며 박학하고 글을 잘 지었다. 관직은 무제 때 상서복사를 역임했고, 문제 때는 시흥군공에 봉해졌지만 곧 죽임을 당했다.

傳」에 보이며, 부융傅隆은 그의 형이다.]

이야기 2

한漢나라 경제景帝 때, 정위廷尉가 한 죄수에 대해 보고했다. 방년防年의 계모 진陳씨가 방년의 아버지를 살해하자 방년이 이로 인해 진씨를 살해했는데, 모친을 살해한 법령에 근거하여 대역죄로 죄를 논하는 것이었다. 황제가 이에 대해 의심을 품었다. 무제武帝는 당시 열 두 살이었고 태자로서 황제 옆에 있었다. 황제가 태자에게 묻자 이렇게 대답했다. "보통 계모는 어머니와 같지만 분명히 따지자면 어머니는 아니며, 아버지와 인연을 맺은 이유로 어머니로 여기는 것입니다. 지금 계모는 무도하게도 직접 그의 아버지를 죽였으니, 살인을 저지르던 날 어머니의 은혜는 끊어진 것입니다. (계모의 죄는) 그야말로 살인죄와 같은 것이니 방년을 대역죄로 논하는 것은 부당하옵니다." [『통전通典』[9]에 보인다.]

정극이 말한다.

"방년이 계모를 죽일 수 있었던 것도 그의 아버지 때문이고, 칭稱이 할머니를 죽일 수 없었던 것도 그의 아버지 때문이다. 원통한 사정을 어떤 경우는 밝혀서 풀 수가 있고 어떤 경우는 굽혀야 하는데, 그 안에 천리天理가 존재하기 때문이다. 법은 이에 따라 제정하는 것이다."

9 『通典』: 唐代 杜佑가 지은 것으로 200권이다. 黃帝·虞舜으로부터 당나라 玄宗 天寶 年間(742-755)까지의 政典을 食貨·選擧·職官·禮·樂·兵·刑·邊防으로 나누어 기록했다.

원문 1

宋文帝時, 剡縣人黃初妻趙, 打息載妻王死, 後遇赦. 王有父母及息男稱, 依法徙趙二千里. 司徒左長史傅隆議曰: "父子至親, 分形同氣. 稱之於載, 卽載之於趙. 雖云三代, 合之一體. 稱雖創鉅痛深, 固無讎祖之理. 故古人不以父命辭王父命. 若云稱可殺趙, 當何以處載? 父子祖孫互相殘戮, 恐非先王明罰·皐陶立法之旨也. 舊令云: '殺人父母, 徙二千里外.' 不施父子祖孫, 趙當避王期功千里外耳. 然令云: '凡流徙者, 同籍近親欲相隨聽之.' 趙旣流移, 載爲人子, 何得不從? 載行而稱不行, 豈名敎所許? 趙雖內愧終身, 稱亦沉痛沒齒. 祖孫之義, 永不得絶, 事理固然." [出『南史』「傅亮傳」, 隆其兄也.]

원문 2

漢景帝時, 廷尉上囚. 防年繼母陳殺防年父, 防年因殺陳, 依律殺母以大逆論. 帝疑之. 武帝時年十二, 爲太子, 在帝側. 遂問之, 對曰: "夫繼母如母, 明不及母, 緣父之故, 比之於母. 今繼母無狀, 手殺其父, 則下手之日, 母恩絶矣. 直與殺人同, 不宜以大逆論." [見『通典』.]
鄭克曰: "夫防年得絶其繼母, 以父故也, 稱不得絶其祖母, 亦以父故也. 冤痛之情, 或伸或屈, 天理存焉, 法乃因而制之也."

62. 대주가 처벌이 다른 것에 대해 논쟁을 하고, 서유공이 연좌제의 예를 따져 묻다戴爭異罰 徐詰緣例

이야기 1

당唐나라 대주戴冑[1]가 대리시大理寺 소경少卿이었을 때의 일이다. 장손무기長孫無忌[2]가 황제의 부름을 받고 가다가 허리의 칼을 풀지 않은 채로 동상각東上閣에 들어갔다. 그러자 상서우복사尙書右僕射 봉덕이封德彝[3]가 이 일은 감문교위監門校尉[4]가 잘 살피지 못한 것이므로 그의 죄는 사형에 처해야 마땅하며, 장손무기는 벌금을 내고 속죄하는 속형贖刑에 처해야 한다고 의견

1 戴冑(?-633): 자는 玄胤으로 처음에는 隋나라를 위해 일하였고, 후에는 唐나라의 관직을 역임했다. 太宗 때에 尙書左丞·檢校吏部尙書에 올랐다.

2 長孫無忌(약 597-659): 자는 輔機이며, 태종을 보좌하여 천하를 안정시킨 개국 공신으로 관직은 吏部尙書·太子太師에 올랐다. 고종 때 太尉가 되었지만, 고종이 황후 王氏를 폐하고 昭儀武氏(武后)를 황후로 세운 데 대해 간언을 올렸다가 黔州로 유배되어 죽었다. 저작에는 『唐律疏義』가 있다.

3 封德彝: 이름은 倫이고, 德彝는 자이다. 수나라 때 內史舍人이 되었다가 후에 당나라에 투항하여 태종 때 尙書右僕射에 올랐다.

4 監門校尉: 궁문을 지키는 校尉이다. 당나라 때 6품 이상 무관을 將軍, 6품 이하 무관을 校尉라고 했다.

을 내놓았다.

대주가 말했다.

"감문교위와 장손무기의 죄는 같습니다. 신하는 천자께 잘못을 범하고서 그 죄를 모면할 수 없습니다. 법령에서는 천자의 탕약과 음식, 선박 등에 대해 법령대로 하지 않고 잘못을 범하면 모두 사형에 처한다고 명시되어 있습니다. 폐하께서 장손무기의 공을 기억하시어 그에게 관용을 베푸시는 것은 가능합니다. 그러나 만약 장손무기에게는 속형을 내리시면서 교위를 죽이신다면 그것은 공정한 형벌이라고 할 수 없습니다."

황제가 말했다.

"법은 천하에 공정한 것인데 짐이 어찌 가까운 자라고 편들 수 있겠소."

황제가 다시 의론하도록 명했다. 봉덕이가 고집스럽게 주장하자 황제가 이를 허락하고자 했다. 대주가 반박하며 이렇게 말했다.

"교위는 장손무기 때문에 죄를 짓게 되었으니 마땅히 가벼운 처벌을 따라야 합니다. 만약 두 사람 모두에게 잘못이 있다고 한다면 (한 사람에게만) 사형을 처하는 것은 부당합니다."

그리하여 장손무기와 교위가 모두 죄를 면하게 되었다. [『당서唐書』 본전本傳에 나온다.]

정극이 말한다.

"대주가 '신하는 천자께 잘못을 범하고서 그 죄를 모면할 수 없다'고 말한 것은 장손무기를 심하게 책망한 것이다. 교위는 장손무기 때문에 죄를 지은 것이므로 장손무기와 죄가 같으며, 법은 마땅히 가벼운 형벌을 따라야 한다. 장손무기의 죄를 사면해주면서 그로 인해 죄를 지은 자는 어찌하여 사면해줄 수 없겠는가? 대주가 힘껏 논쟁을 벌인 것도 충서忠恕의 의리를 다한 것이다."

이야기 2

당唐나라 서유공徐有功[5]이 사형승司刑丞[6]으로 있을 때의 일이다. 한순효韓純孝라는 사람이 서경업徐敬業의 모반에 가담하여 위관僞官을 제수받았는데, 이전에 이미 사망했다. 그러나 추사사推事使[7] 고중염顧仲琰이 "그 일족들도 모두 연좌죄로 다스려야 마땅합니다"라고 상주하였다. 그리하여 황제는 고중염의 말에 따라 그들의 재산을 몰수하라고 명을 내렸다. 서유공이 의견을 제기하였다.

"율律에 따르면, 모반한 자는 참형斬刑에 처하지만 이미 죽고 없으면 참할 방도가 없습니다. 그러나 만약 그 사안이 중대하여 그대로 지나치기 어려울 경우 간혹 칙령을 내려 시체의 목을 베는 육시형戮屍刑에 처하기도 합니다. 나머지는 이렇게 하지 않으니, 더 이상 의론하지 않는 것이 마땅합니다. 연좌죄는 원래 참형에 처한 것으로 인한 것인데 참형이 없는 경우 연좌시키는 것이 어찌 합당하겠습니까? 연루된 죄인이 이미

5 徐有功(641-702): 이름은 弘敏이며, 有功은 자이다. 관직은 司刑丞·司僕少卿에 이르렀다.

6 司刑丞: 唐代 光宅 元年(684)에 大理를 개편하여 司刑이라 했고, 神龍 元年(705)에 다시 원래대로 회복시켰다. 司刑의 장관은 司刑太常伯이었고 司刑丞은 그 아래 관직이다.

7 推事使: 大理寺에 두었던 관직으로 소송의 論斷을 담당했다. 左右 推事가 있었다.

죽었다면 그로 인한 연좌죄는 경감됩니다. 일족의 죄를 경감하여 도형徒刑에 처하며, 이 또한 종종 사면되곤 합니다. 그런데 오늘 이렇게 재산을 몰수하라고 결정하시는 것은 어느 조례에 근거한 것인지 모르겠습니다."

이에 황제는 서유공의 의견에 따라 석방을 명했다. 이로써 재산 몰수를 면한 자가 수백 가구에 이르렀다. [『당서唐書』 본전本傳에 나온다.]

정극이 말한다.

"『주역周易』에서 '성인이 남쪽을 향해 앉아 천하의 소리를 듣는다'고 하였다. 이 때문에 한漢나라 사관은 고조高祖가 '일 도모하길 좋아하고 사람들의 말을 잘 들을 줄 알았다'고 칭송했다. '듣는다'는 것은 본래 군주의 소임이다. 고중염의 상주를 듣고 따르면 수백 가구가 적몰당하게 되고, 서유공의 의견을 듣고 따르면 수백 가구가 적몰을 면하게 된다. 여기에서 어떤 것을 취하고 버릴 것인지 잘 판단하는 것 또한 현명한 일이라고 할 만하다. 서유공이 화를 면하고 명성을 얻게 된 것이 어찌 우연이라 하겠는가!"

원문 1

唐戴胄爲大理少卿時, 長孫無忌被召, 不解佩刀入東上閣, 尙書右僕射封德彝論監門校尉不覺察, 罪當死, 無忌贖. 胄曰: "校尉與無忌罪均. 臣子於君父不得稱誤, 法著: 御湯藥·飮食·舟船誤不如法, 皆死. 陛下錄無忌功, 原之可也. 若罰無忌, 殺校尉, 不可謂刑." 帝曰: "法爲天下公, 朕安得阿親戚." 詔復議. 德彝固執, 帝將可. 胄駁之曰: "校尉緣無忌以致罪, 法當從輕. 若皆過誤, 不當得死." 由是無忌與校

尉皆免. [出『唐書』本傳.]

鄭克曰: "按胄言: '臣子於君父不得稱誤.' 所以深責無忌也. 校尉緣無忌以致罪, 則與無忌罪均而法當輕也. 旣免無忌, 緣以致罰者豈得不免乎? 胄之力爭, 亦忠恕之義也."

원문 2

唐徐有功爲司刑丞時, 有韓純孝者, 受徐敬業僞官, 前已物故. 推事使顧仲琰奏稱: "家口合緣坐." 詔依, 斷籍沒. 有功議曰: "律, 謀反者斬. 身亡卽無斬法. 若情狀難捨, 或敕遣戮屍. 餘非此塗, 理絶言議. 緣坐元因處斬, 無斬豈合相緣? 旣所緣之人亡, 則所因之罪滅. 減止徒坐, 頻會赦恩, 今日却斷入官, 未知據何條例?" 詔依有功議, 斷放. 由是獲免籍沒者, 凡數百家. [出『唐書』本傳.]

鄭克曰: "按易言: '聖人南面而聽天下.' 是以漢之史官稱高祖'好謀能聽'. 夫聽固人主之職也. 聽仲琰之奏, 則數百家被籍沒. 聽有功之議, 則數百家免籍沒. 能於此知取捨, 亦可謂之明矣. 有功之脫禍而成名, 夫豈偶然哉!"

63. 형조에서 딸에 대한 재산 상속에 대해 반박하고, 상서좌승 하승천이 잘못된 형벌을 면해주다刑曹駁財 左丞免謫

이야기 1

내한內翰 심존중沈存中[1]이 말했다.

“형주邢州[2]에서 도둑이 일가족을 살해했는데 부부는 그 자리에서 즉사하고 아들은 다음 날 죽었다. 주사州司에서 호절법戶絶法[3]에 의거하여 그 집안의 재산을 출가한 친딸에게 주었다.”

형조刑曹에서 이에 반박하였다.

“그 집 부모가 죽었을 때 아들이 아직 살아 있었으니 재산은 곧 그 아들의 것이다. 이 사건의 경우 출가한 딸은 곧 출가한 자매가 되므로 재산을 물려받는 것은 부당하다.” [『몽계필담夢溪

---

1 沈存中: 沈括을 가리킴. 송대 사람. 자가 存中, 호가 夢溪翁. 仁宗 때 翰林學士에 올랐지만, 후에 좌천되었다. 天文, 曆數, 音樂, 醫藥 등에 통달했으며, 저작으로는 『夢溪筆談』, 『蘇沈良方』 등이 있다.

2 邢州: 지금의 河北省 邢台市이다.

3 戶絶法: 호절은 한 가문의 대가 끊긴 것을 말한다. 여자에게는 재산을 상속받을 권리가 없지만 한 집안의 후사가 끊겼을 때에는 그 집안의 재산을 다른 집으로 시집간 딸이 상속받게 한 법령이 호절법이다.

筆談』에 보인다.]

정극이 말한다.

"수주壽州에서의 판결은[4] 정리情理를 끝까지 살피지 못한 데 잘못이 있고, 형주邢州에서의 판결은 명분을 바르게 하지 못한 데 잘못이 있다. 어리석은 관리가 법을 운용하는 것이 대부분 이러하니 어찌 법을 탓할 것인가?"

이야기 2

송宋나라 문제文帝 때 강도짓을 저지른 죄인과 같은 호적에 있는 기친期親[5]을 군역에 종사하게 하는 법령을 제정했다. 여항餘杭[6] 사람 박도거薄道擧가 강도짓을 했는데, 종제 대공代公·도생道生과는 대공친大功親[7]의 관계였다. 어떤 사람이 대공代公 등의 모친이 생존해 계시는데 박도거와는 기친의 관계이므로 그 아들인 대공 등은 마땅히 모친을 따라 군역에 종사해야 한다고 말했다. 상서좌승尙書左丞 하승천何承天[8]이 의견을 제기했다. "부인婦人에게는 삼종지도三從之道[9]가 있어 지아비가 죽으

4 壽州에서의 판결: 제14장에서 李傑이 관을 사게 하여 사건을 해결한 이야기를 말한다.

5 期親: 1년 동안 상복을 입는 친척을 말한다. 제61장 '期功'에 관한 주 참조.

6 餘杭: 郡 이름으로 군 소재지는 지금의 浙江省 杭州市 서쪽이다. 예전에 餘杭으로 불리던 곳은 지금의 餘杭縣이 아니다.

7 大功親: 9개월 동안 상복을 입는 친척을 말한다. 제61장 '期功'에 관한 주 참조.

8 何承天(370-447): 남조 때 송나라 사람이다. 박학하고 글을 잘 지었다. 문제·무제 때의 신하로 무제 때 관직이 御史中丞에 올랐지만 후에 密旨를 누설한 일에 연루되어 파직됐다.

9 三從之道: 시집가기 전에는 아버지를 따르고, 시집가서는 지아비를 따르고, 늙어서는 자식을 따르는 것을 부녀자의 삼종지도라고 했다.

면 아들을 따라야 한다. 지금 박도거가 강도짓을 하였는데 숙부는 이미 돌아가셨고, 대공代公·도생道生은 모두 종제從弟이므로 군역에 보내는 것은 부당하다. 그런데 지금 숙모가 기친이라는 이유로 그 두 아들로 하여금 모친을 따라 군역에 보내려고 한다. 이것은 대공친에게는 벌하지 않는다는 법령에 위배될 뿐 아니라 부인의 삼종지도도 잃게 하는 것이다. 그 모자는 마땅히 구제받아야 한다고 생각한다." [『남사南史』 본전本傳에 나온다.]

정극이 말한다.

"남녀의 다름을 구별하지 않고 부인을 군역에 보내는 벌을 내리는 것은 명분을 바르게 하지 않고 정리를 살피지 않음이 매우 심한 것이 아닌가? 이것은 어리석은 관리가 법령의 문구에 얽매인 폐단이므로, 주의하지 않으면 안 된다."

원문 1

沈存中內翰云: "邢州有盜殺一家, 其夫婦卽時死, 有一子明日乃死. 州司以其家財産, 依戶絶法給出嫁親女." 刑曹駁曰: "其家父母死時, 其子尙在, 財産乃子物. 所謂出嫁女, 卽出嫁姊妹, 不合有分." [見『筆談』]

鄭克曰: "壽州之斷, 失在不原情理也. 邢州之斷, 失在不正名分也. 俗吏用法, 大率多然. 法何咎耶?"

원문 2

宋文帝時, 制劫盜同籍期親補兵. 餘杭人薄道擧爲劫, 從弟代公·道生並大功親, 或以代公等母存爲期親, 而謂子宜隨母補兵. 尙書左丞何承天議曰: "婦人有三從, 夫死從子. 今道擧爲劫, 叔父已歿, 代公·

道生並是從弟, 不合補讁. 乃以叔母爲期親, 而令二子隨母. 旣乖大功不讁之制, 又失婦人三從之道. 謂其母子並宜見原." [出『南史』本傳.]

鄭克曰: "夫不辨男女之異, 而讁婦人補兵, 豈非不正名分, 不原情理之甚者歟? 此俗吏守文之弊, 不可不知也."

64. 종사가 머리만 담은 관을 찾아내고, 장영이 승려의 이마를 살펴보다從事函首 乖崖察額

이야기 1

근래에 어떤 사람이 행상을 다니다 돌아와 보니 그의 아내가 누군가에게 살해되었는데 머리가 없었다. 이 일을 처갓집에 알렸더니 처갓집에서는 그 사위를 붙잡아 자신들의 딸을 죽였다고 무고하며, 그를 관아에 넘겼다. 관리의 준엄한 심문에 사위는 결국 자신이 살해했다고 허위 자백을 했다. 조서가 갖추어지자 군의 태수는 이 사건을 종사從事[1]에게 맡겼다. 종사는 미심쩍어하며 그 처벌을 늦추고 다시 더 조사하게 해달라고 청했다. 태수가 이를 허락하자 종사는 관할 지역에 있는 장례업자들[2]을 찾아가 최근에 안장해 준 묘지가 몇 곳이나 있는지 모두 보고하게 하고, 일일이 대질 심문했다. 그러면서 이렇게 물었다.

---

1 從事: 공문서를 독촉하고 불법을 행하는 것을 단속하는 관직으로 각 군마다 한 명씩 배치했다.

2 장례업자: 원문은 '仵作行人'으로 원래 '仵作'은 시체 검시관이고 '行人'은 賓客과 使者를 담당하는 관리이다. 여기에서는 장례업에 종사하는 사람을 가리킨다.

"장례 치를 때 의심할 만한 사람이 있었는가?"

어떤 사람이 말했다.

"제가 요새 한 부잣집에서 장례를 치렀는데 그저 유모가 죽었다고 하더군요. 5경更(새벽 3~4시) 무렵 아무것도 없는 것처럼 가벼운 관을 들고 담장을 지나 모처에 묻었다고 합니다."

종사가 즉시 사람을 보내어 파보게 하니 그곳에서는 여자의 머리만 나왔다. 시신을 대조하고자 그 남편에게 확인해 보라 했다.

남편이 말했다.

"제 처가 아닙니다."

이어서 그 부자를 잡아다 심문했는데, 부자는 유모를 죽여 머리만 담아 장사지내고, 그 시신은 행상인의 아내와 바꿔치기해서 버린 후 그의 아내를 몰래 숨겨둔 것이었다. 그리하여 부자는 참형을 당하고 사위는 석방되었다. 이것은 오대五代[3] 때의 일이다. [『옥당한화玉堂閑話』[4]에 보인다.]

정극이 말한다.

"얼마 전에 들은 일이다. 태평주太平州[5]에 사는 한 부인이 시동생과 함께 외출했다가 비를 만나는 바람에 비를 피해 한 낡은 사당으로 들어갔다. 그 곳에는 몇 사람이 먼저 들어와 있었다. 시동생은 술을 마시고는 피곤하여 곤히 잠이 들었다가 저녁이 되어서야 잠이 깼다. 그런데 사람들은 모두 가고 없었고 형수는 이미 살해되어 목 없는 시신만 남아 있었다. 시동

---

3 五代: 당이 망하고 송이 통일하기 전 왕조인 後梁·後唐·後晉·後漢(後蜀)·後周를 말한다.

4 『玉堂閑話』: 오대에 편찬된 책으로, 편찬자는 미상이다.

5 太平州: 州의 행정중심지는 지금의 安徽省 當塗縣이다. 當塗·蕪湖·繁昌 세 현을 관할했다.

생은 놀라 소리를 질렀지만 오히려 체포되어 관아로 보내졌다. 그는 고문을 이기지 못하여 형수를 강간하려다 그녀가 따르지 않자 살해했고, 그녀의 머리와 칼은 강에 버렸다고 거짓 자백을 했다. 그는 결국 사형에 처해졌다. 후에 그 남편이 여릉廬陵[6]에 갔다가 연희장에서 아내를 발견했다. 배우들은 모두 도망갔지만 결국 체포되어 사형에 처해졌다. 예전에 머리가 없던 시체는 원래 먼저 그 사당에 와 있던 사람이었다. 배우들이 그 머리를 자르고 이 부인의 옷으로 바꿔 입혀 놓고는 그녀를 납치한 것이었다. 시동생의 억울함이 이와 같았다. 그러니 증거가 아직 분명하지 않은데 사건을 급히 판결해서야 되겠는가?

안휘성安徽省 선성현宣城縣과 흡현歙縣 사이에서 한 강도가 밤에 지나가던 행인을 죽인 후 시체를 길에 버려둔 채 그의 목을 잘라 가지고 가버렸다. 새벽 무렵 어떤 사람이 그곳을 지나다가 피를 밟고는 급히 도망갔다. 그러나 곧 체포되어 옥에 갇혔고, 반년이 지나도록 사건은 해결되지 않았다. 담당 관리는 얼른 그 머리를 찾아 사건을 매듭짓고 싶어서 마을 아전들을 채근해 샅샅이 찾아보게 했다. 마침 한 거지가 움막 안에서 병들어 누워 있었는데, 그의 목을 베어 가지고 가서 보고했다. 결국 갇혔던 행인은 모진 고문에 못 이겨 자신이 죽였다고 거짓 자백을 했다. 반 년 후에 강도가 진주眞州[7]에서 잡혀 사건이 밝혀졌고, 잘린 머리의 행방을 조사하니 흡현 경계에 묻혀 있었다. 저 마을 아전들의 잘못된 살인과 평민의 억울한 죽음은 모두 담당 관리가 시신의 목을 얻어 사건을 급히

6 廬陵: 현 이름이며, 지금의 江西省 吉安市 남쪽에 있다.
7 眞州: 지금의 江蘇省 儀徵縣이다.

마무리하고자 한 데서 기인한 것이다. 그러므로 증거를 찾아 책임을 추궁할 때 신중하게 살펴야 하지 않겠는가? 이것은 모두 정화政和 연간年間[8]에 일어난 일로 옥사의 경계로 삼을 만하다."

이야기 2

상서尙書 장영張詠[9]이 강녕부江寧府[10]의 수령으로 있을 때의 일이다. 어떤 스님이 도첩[11]을 내보이면서 자신의 신분을 증명하려 했는데, 장영이 이를 살피며 그를 한참동안 바라보다가 판결을 내렸다.

"사리원司理院[12]으로 보내 살인범인지 자세히 조사하라."

부하 관리들은 그 까닭을 알지 못했다. 장영은 스님을 소환해 물었다.

"머리를 깎고 스님이 된 지 몇 년이 되었는가?"

스님이 대답했다.

"7년 되었습니다."

장영이 또 물었다.

"어째서 이마에 두건을 동여 맨 자국이 남아 있는가?"

스님은 즉시 벌벌 떨며 자백했다. 사실은 한 백성이 스님과 동행하다가 그를 죽이고 그가 지니고 있던 사부祠部[13]의 도첩

8 政和 年間(1111-1117): 宋代 徽宗 때의 연호이다.

9 張詠(946-1015): 송나라 때 인물로 자는 復之, 호는 乖崖이다. 관직은 樞密直學士 · 吏部尙書까지 올랐다. 저작으로는 『乖崖集』이 있다.

10 江寧府: 府의 행정중심지는 지금의 江蘇省 南京市이다.

11 도첩: 원문은 '牒'으로 '첩'은 관공서의 문서인데 여기에서는 도첩을 가리킨다. 출가한 승려에게 관아에서 발급해 준 허가증이다.

12 司理院: 죄의 처벌을 담당하는 관청이다.

13 祠部: 祠部는 禮制를 담당하는 관청으로, 송대에는 祠部尙書를 두고 그

을 취해 스스로 머리를 깎고 스님이 된 것이었다. [이전李畋이 지은 『충정공어록忠定公語錄』에 보인다.]

정극이 말한다.

"도적을 잘 밝혀내는 사람은 반드시 그것을 식별할 수 있는 근거가 있기 때문이니 결코 속일 수 없다. 정황을 잘 문초하는 사람은 반드시 증거가 있기 때문이니 결코 숨길 수 없다. 장영은 실로 이 두 가지 기술을 겸비했으니 현명하다고 하지 않을 수 있겠는가?"

원문 1

近代有人, 因行商回, 見其妻爲人所殺, 而失其首. 以告妻族, 乃執其婿, 誣以殺女, 送官. 吏嚴訊之, 乃自誣伏. 案具, 郡守委諸從事, 從事疑之, 請緩其獄, 更加窮治. 太守聽許, 乃追封內仵作行人, 遍供近日與人家安厝墓塚多少去處, 一一面詰之. 又問: "頗有擧事可疑者乎?" 有一人曰: "某近於豪家擧事, 只言死却孀子, 五更初於墻頭舁過凶器, 輕似無物, 見瘞某處." 亟遣人發之, 但獲一女人首, 卽將對屍, 令其夫驗認, 云: "非妻也." 繼收豪家鞫之, 乃是殺一孀子, 函首葬之, 以屍易此良家婦, 私蓄之. 豪民棄市, 婿乃獲免, 此五代時事. [見『玉堂閑話』.]

鄭克曰: "頃聞太平州有一婦人, 與小郎偕出, 遇雨入古廟避之. 見數人先在其中, 小郎被酒困睡, 至晩方醒, 人皆去矣, 嫂已被殺而屍無首, 驚駭號呼, 被執送官. 不勝拷掠, 誣服强姦嫂不從而殺之, 棄其首與刀於江中. 遂坐死. 後其夫至廬陵, 於優戲場認得其妻, 諸伶悉竄, 捕獲伏法. 蓋向者無首之屍, 乃先在廟中之人也. 伶人斷其首, 易此

아래 祠部와 儀曹를 두었다. 도첩은 祠部에서 발급했다.

婦人衣, 而携去. 小郎之冤如此. 然則贓證未明, 獄可遽決乎? 宣歙間, 有強盜夜殺一行旅, 棄屍道上, 携其首去. 將曉, 一人繼至而踐其血, 亟走避之. 尋被追捕, 繫獄半年不決. 有司切欲得首結案, 乃嚴督里胥遍行搜. 會一丐者病臥窯中, 卽斬以應命. 囚亦以厭拷掠, 遂伏誅. 後半年, 強盜始敗於眞州, 獄成, 驗所斬首, 乃瘞於歙縣界. 彼里胥之濫殺, 與平民之枉死, 皆緣有司急於得首以結案也. 然則追責贓證, 可不審謹乎? 此皆政和中事, 可爲典獄之戒."

원문 2

張詠尙書知江寧府. 有僧陳牒出憑, 公據案熟視久之, 判: "送司理院, 勘殺人賊." 郡僚不曉其故. 公乃召僧問: "披剃幾年?" 對曰: "七年." 又曰: "何故額有繫巾痕?" 卽惶怖首伏. 乃一民與僧同行道中, 殺之, 取其祠部戒牒, 自剃爲僧也. [見李畋[14]所撰『忠定公語錄』.[15]]

鄭克曰: "按善察賊者, 必有以識之, 使不能欺也. 善鞫情者, 必有以證之, 使不可諱也. 詠實兼此二術矣, 可不謂之明乎?"

14 李畋: 송대의 인물로 처음에는 벼슬 길에 나갈 뜻이 없었으나 張詠의 권고로 학문에 매진하여 진사에 급제한 후 滎川의 知事가 되었다. 저작으로는 『張詠語錄』과 『歌詩雜文』이 있다.

15 『忠定公語錄』: 『張詠語錄』을 말한다. 忠定公은 장영의 시호이다.

65. 소아무개가 무덤을 파헤쳐 도둑맞은 물건을 찾고, 동행성이 소리를 질러 나귀 훔친 자를 체포하다無名破塚 行成叱驢

이야기 1

당唐나라 천후天后(측천무후則天武后)가 태평공주太平公主[1]에게 자개그릇과 금은보화를 내렸는데, 일 년 남짓 지났을 때 그것들을 잃어버렸다. 천후가 그 소식을 듣고 노하여 낙주洛州 장사長史[2]에게 급히 도둑을 잡으라고 힐책했다. 포졸과 순찰관들[3]이 도둑을 잡을 방도를 찾지 못하고 있던 중에 길에서 호주별가湖州別駕[4] 소蘇아무개를 만나 함께 현청에 가자고 청하여 현

1 太平公主: 태평공주는 고종과 무후의 딸이며 睿宗의 누이이다. 무후가 죽은 후 예종의 즉위에 힘을 써서 1만 호의 봉지를 하사받고(공주의 봉토는 보통 300호이다), 큰 권력을 휘둘렀지만, 玄宗이 즉위한 다음 해 황제의 제위를 빼앗는 모의에 가담했다가 처형되었다.

2 洛州 長史: 낙주는 洛陽으로 당나라의 東都이다. 長史는 州의 장관인 刺史의 副官이다.

3 순찰관: 원문은 '遊徼'이다. '遊徼'은 관명으로 마을을 돌아다니며 도적을 잡는 것이 임무이다.

4 湖州別駕: 湖州는 지금의 浙江省 吳興縣이다. 別駕는 刺史를 수행하며 州를 순회하는 관직이다.

위縣尉에게 보고했다.

"도둑을 잡았습니다."

현위가 그를 심문하자 소아무개가 말했다.

"저는 호주별가입니다."

현위가 아전에게 물었다.

"어찌하여 이런 욕을 보였는가?"

소아무개가 말했다.

"현위께서는 나무라지 마십시오. 제가 역임하는 지역에서는 도적을 잡아 죄를 자백 받는 것으로 유명하였는데, 이들이 그것을 알고 일부러 무고를 한 것이니 풀어주시기 바랍니다."

그런 후 그는 장사長史를 뵙기를 청했고, (이 사실을) 조정에 보고하게 했다. 천후가 그를 불러 만나자 소아무개가 대답했다.

"청컨대 부와 현의 삼엄한 경계를 풀어주시고 포졸들을 신에게 붙여주신다면 며칠 안에 결단코 폐하를 위해 도둑을 잡아 대령하겠습니다."

천후가 이를 허락했다. 소아무개는 곧 포졸들에게 동북문에서 잘 살펴보도록 일렀다. 호인胡人 십여 명이 상복[5]을 입고 나와 북망산으로 가는 것을 보고는 그들을 뒤쫓으며 보고했다. 가서 보니 과연 이 호인들은 새로 만든 무덤 앞에 이르러 제단을 쌓고 곡을 하면서도 슬퍼하지 않았으며, 제단을 치운 후에는 또 무덤 옆을 맴돌며 서로 바라보고 웃는 것이었다. 소아무개는 곧 그들을 잡아들이게 한 후 무덤을 파고 관을 열어 보게 하니 보물들이 그 안에 있었다. 천후가 그에게 물었다.

---

5 상복: 원문은 '衰絰'이다. '衰'는 喪服이고, '絰'은 喪中에 머리와 허리에 두르는 띠이다.

"무슨 재주로 도둑을 잡았느냐?"

소아무개가 이어 대답했다.

"신에게는 다른 재주란 없습니다. 다만 도둑을 알아보았을 따름입니다. 신이 도성에 도착한 날 바로 이 호인들이 장사를 치르러 나가는 것을 보았는데 그 때 바로 이들이 도둑이라는 것을 알았지만 아직 장지를 알 수가 없었습니다. 오늘은 청명일이라 성묘를 하러 그들이 반드시 성을 나갈 것이라 생각하고 그들의 뒤를 쫓게 했습니다. 그래서 결국 이들 도둑을 잡고 보물을 찾게 된 것입니다. 곡을 했지만 슬퍼하지 않은 것은 묻은 것이 사람이 아니기 때문이고, 무덤을 돌며 웃은 것은 숨긴 물건들이 무사함을 기뻐한 것입니다. 이전에 만약 폐하께서 도둑을 잡으라고 부와 현에 재촉하셨다면 이 도둑들은 분명 보물을 가지고 급히 도망갔을 것입니다."

천후가 훌륭하다고 칭찬하며 소아무개에게 녹봉을 2등급이나 높여주었다.

이야기 2

당唐나라 회주懷州 하내현河內縣[6]의 관리 동행성董行成은 도둑을 잘 알아냈다. 어떤 사람이 하양河陽 장점長店[7]에서 길 가던 행인의 나귀 한 마리와 보따리를 훔쳐서 동이 틀 무렵 회주에 도착했다. 동행성은 저자거리에서 그를 보고는 큰 소리로 외쳤다.

"저 도적놈은 꼼짝 마라."

---

6 懷州 河內縣: 懷州는 後周 때의 지역명으로, 지금 河南省 沁陽縣이다.

7 河陽 長店: 河陽는 縣 이름으로 지금의 河南省 孟縣 서쪽이다. 長店은 하양현에 속하는 지명이며 店은 여관이라는 의미이다.

도둑이 나귀에서 내려 곧 자백했다. 잠시 후 나귀 주인이 뒤쫓아 왔다. 어떤 사람이 동행성에게 어떻게 그가 도둑인지 알았냐고 묻자 동행성이 대답했다.

"이 나귀가 급하게 와서 땀을 흘리고 있는 걸 보면 장거리 여행을 하는 사람은 아닌 것이 분명합니다. 그런데 나귀를 모는 사람이 다른 사람을 보자 곧 겁에 질려 나귀를 끌고 멀리 돌아갔습니다. 이 때문에 그가 도둑임을 알았습니다."

정극이 말한다.

"소아무개와 동행성은 이름 난 사람은 아니지만 특별히 도둑을 잘 알아보는 재주로 인해 옛 책에 이름이 기록되었다. 그리하여 그 이름이 오늘까지 전해지고 명성이 사라지지 않으니, 이 또한 재주있는 자를 고무시키기에 충분하다."

원문 1

唐天后賜太平公主鈿器金寶, 歲餘失之. 后聞之怒, 督洛州長史而下捕甚急. 吏卒遊徼計無所出, 道逢湖州別駕蘇無名, 相與請至縣, 白尉曰: "得盜矣." 尉問之. 無名曰: "吾湖州別駕也." 尉問吏卒: "何得誣辱?" 無名曰: "君無怪也. 吾歷官所在, 擒奸擿伏有名, 此輩聞之, 故見誣, 庶解圍耳." 遂請見長史, 使聞於朝. 天后召見, 無名對曰: "請寬府縣, 盡以捕盜吏卒付臣, 不過數日, 決爲陛下獲盜." 天后許之. 無名戒吏卒於東北門伺察, 有胡人十餘輩, 衣衰絰出赴北邙, 卽踵以報. 果見諸胡人至一新塚, 設奠, 哭而不哀, 旣徹奠, 又巡行塚傍, 相視而笑. 無名乃使擒之, 而發其塚, 剖棺視之, 寶器在焉. 天后問: "何術獲盜?" 因對曰: "臣無他術. 但識盜耳. 臣到都日, 正見此胡出葬, 便知是盜, 但未知葬處. 今淸明拜掃, 計須出城, 尋逐踪迹, 可以得之. 哭而不哀者, 所葬非人也. 巡塚而笑者, 喜物無傷也. 向若陛下迫促府縣, 此賊計急必取而逃矣." 天后稱善, 遷秩二等.

원문 2

唐懷州河內縣董行成善察盜. 有人從河陽長店盜行人一驢並囊袋, 天欲曉, 至懷州. 行成市中見之, 叱曰: "彼賊住!" 盜下驢, 卽承伏. 少頃, 驢主尋踪之. 或問何以知之, 曰: "此驢行急而汗, 非長行人也. 見人卽引驢遠過, 怯也. 是故知其爲盜也."

鄭克曰: "按蘇與董非聞人也, 特以察盜尺寸之長, 著於舊集, 傳於今世, 使不泯沒, 亦足勸能也."

66. 왕증이 세금 장부를 살펴 땅의 경계를 분명히 하고, 하무가 유서를 살펴 재산을 되찾아 주다

王曾驗稅 司空省書

이야기 1

승상인 왕증王曾[1]이 젊었을 때 군郡의 관료를 방문한 적이 있었다. 때마침 어떤 자가 성 밖 인근의 밭[2]을 가지고 다투고 있었다. 밭의 경계[3]가 사라졌고 토지문서[4]도 없어서 아직 판결을 내리지 못했다. 왕증이 그들의 조세 장부를 살펴보면 시비곡직을 판별할 수 있을 것이라고 말했다. 군의 관리가 곧 그의 말대로 했고, 그 사람들도 승복했다. [『기공언행록沂公言行錄』에 보인다.]

1 王曾(977-1038): 송대의 인물로 자는 孝先, 시호는 文正이다. 관직은 仁宗 때 中書侍郞·同中書平章事를 역임하였고 沂國公에 봉해졌다. 문장을 잘 지었으며, 저작에 『王文正筆錄』이 있고 언행록으로 『沂公言行錄』이 있다.

2 성 밖 ~ 밭: 원문은 '負郭田'이다. '負郭'은 성곽 밖 가까운 거리의 장소를 말하며, '負郭田'은 부곽에 있는 밭이다. 즉 성 밖 근처에 있는 비옥한 땅을 가리킨다.

3 밭의 경계: 원문은 '封畛'으로 '封'은 경계이고, '畛'은 밭의 경계이다.

4 문서: 원문은 '質劑'이다. 교역와 매매 등에 쓰이는 계약서와 증서 종류이며, 큰 것은 '質'이라고 하고 작은 것은 '劑'라고 한다.

정극이 말한다.

"토지 경계가 분명하지 않아 소송이 일어났고, 토지문서가 없기 때문에 판결하기 어려운 것이다. 조세 장부가 있기만 하면 이를 증거로 삼을 수 있으니, 주장하는 말이 조세 장부와 같은 자는 옳고, 주장하는 말이 세금 장부와 다른 자는 그르다. 옳고 그른 것이 판별되니 어찌 불복할 수 있겠는가?

대관大觀 연간年間[5]에 조의朝議 증악曾諤이 월주越州 제기현諸暨縣[6] 현령으로 있을 때 일어난 일이다. 사명산四明山[7]에 사는 한 부자가 원래 아들만 한 명 있었다. 후에 자기 머슴의 아내와 정을 통해 아들 하나를 또 낳아 거두어 길렀다. 그가 16세가 되었을 때 부자의 친아들이 어머니와 모의하여, 그를 다시 머슴에게 보냈다. 몇 년 후 서자인 아들은 생모와 적모嫡母(부자의 정처正妻)가 모두 세상을 떠나자 집으로 돌아와 상복을 입고 재산분배 소송을 일으켰는데, 몇 년이 지나도록 판결이 나지 않았다. 감사監司[8]가 증악에게 이 사건을 해결하라고 위임했고, 증악이 일일이 심문했으나 굴복시킬 수가 없었다. 이에 그 마을의 호적 명부를 뒤져보게 하여 장정의 숫자를 확인했더니, 그 부자가 일찍이 머슴의 아내에게서 난 아들을 호적에 올려 놓은 것이 확인되었다. 그리하여 마침내 그들의 재산 분배를 허락했다. 이 또한 호적이 증거가 된 것이다. 밭의 경계를 다투는 소송은 조세 장부가 증거가 될 수 있었고, 재산 분배에 관한 소송은 호적이 증거가 될 수 있었다. 비록 음흉함

5 大觀 年間(1107-1110): 宋 徽宗 때의 연호이다.

6 越州 諸暨縣: 越州의 州 행정 소재지는 지금의 紹興縣이다. 월주 관할에 會稽郡이 있고, 회계군 관할 26개 현 가운데 하나가 諸暨縣이다.

7 四明山: 浙江省 嵊縣 동북쪽에 있는 산이다.

8 監司: 州와 郡을 감찰하는 관리이다.

을 감추고 소송을 건 자라 할지라도 (증거 앞에서는) 역시 두려워 굴복하게 되는 것이다. 그러므로 이러한 음흉함을 증거로 밝히는 기술이 귀하다고 할 만하다."

이야기 2

전한前漢 때에 패군沛郡[9]에 부자 노인이 있었는데 재산이 20만여 금金에 달했다. 아들이 겨우 세 살이 되었을 때 모친이 세상을 떠나고 다른 의지할 만한 친척이 없었다. 딸이 하나 있었지만 어질지 못했다. 부자 노인은 병이 나자 그의 재산을 가지고 다투다가 어린 아들이 반드시 온전하지 못할 것이라 걱정했다. 그리하여 일가친척을 불러 유서를 남기며, 재산을 모두 딸에게 주되 아들에게는 열다섯 살이 되면 검 한 자루만 주라고 했다. 그 후 열다섯 살이 되었는데도 아들에게 검을 주지 않았다. 아들이 군청에 가서 소송을 걸자 후에 사공司空[10]이 된 태수太守 하무何武[11]가 그 딸과 사위를 취조하며 그 유서를 살펴보고 아전을 돌아보며 말했다.

"딸은 완고하고 기가 세며, 사위는 욕심이 많고 비루하다. 그 아비는 이들이 아들을 해칠까 두렵고 또한 어린 아들이 바로 이 재산을 얻으면 온전히 지키지 못할까 염려되어 딸과 사위에게 주었지만, 속사정은 사실 그것을 맡겨둔 것일 따름이다. 무릇 검이라는 것은 결단을 내리는 것을 의미한다. 나이를 열다섯으로 한정지은 것은 그 아들의 지력이 충분히 자립

9 沛郡: 군의 행정 소재지는 相縣이다. 지금 安徽省 宿縣 서북쪽에 있다.
10 司空: 漢 成帝 때 御史大夫를 大司空으로 고쳤으며, 哀帝 때 잠시 예전으로 돌아갔지만 후에 다시 大司空 또는 司空이라고 했다.
11 何武: 자는 君公이며, 관직이 揚州刺史·大司空에 올랐지만 哀帝 때 王莽에게 무고를 당하여 자살했다.

할 수 있을 때라고 계산한 것이다. 딸과 사위는 분명히 그 검을 돌려주지 않을 테니 이 일은 반드시 주현의 관청에 알려질 것이고, 누군가 이것을 분명히 살필 수 있는 이가 있으면 그 이치를 밝혀낼 수 있을 것이다. 이 평범하고 어리석은 자들이 이와 같은 심원한 뜻을 헤아릴 수 있겠는가!"

하무는 그 재산을 빼앗아 모두 아들에게 주며 말했다.

"고약한 딸과 사위가 10년 동안 풍요롭게 편안히 살았으니, 이 또한 행운이었다."

이것을 들은 사람들이 모두 탄복했다. [『풍속통風俗通』에 나온다.]

정극이 말한다.

"상서尙書 장영張詠이 항주杭州를 다스릴 때의 일이다. 예전에 한 부자가 병이 들어 곧 죽게 되었는데 아들이 이제 겨우 세 살이었다. 그는 사위에게 그의 재산을 관리하라고 하며 유서를 남겼다.

'훗날 재산을 분배하게 되면 열에 셋은 아들에게 주고 일곱은 사위에게 준다.'

아들이 장성하여 자립하게 되었을 때 재산 분배로 소송을 걸었고 사위는 이 유서를 가지고 부의 관청에 가서 원래 약속대로 하기를 청했다. 장영이 이를 보고 술을 따라 땅에 부으며[12] 말했다.

'그대의 장인은 지혜로운 사람이다. 그 당시 아들이 어렸기 때문에 이 재산을 그대에게 부탁한 것이다. 그렇지 않으면 아들이 그대의 손에 죽을 것이기 때문이다.'

---

12 술을 ~ 부으며: 원문은 '以酒酹地'이다. '酹地'는 술을 땅에 부어 땅의 신에게 제사지내는 것을 말한다.

그리고는 그 재산의 삼은 사위에게 주고 칠을 아들에게 주라고 명했고, 모두 울며 감사드리면서 떠났다. 이것은 바로 하무의 일과 비슷하다. 소위 엄격하고 현명한 자는 법리를 신중히 취하고 인정을 깊이 살핀다. 재산을 모두 빼앗아 아들에게 준 것은 법리라 하겠고, 셋을 사위에게 준 것은 인정이라 하겠다. 하무가 엄격함으로 판결을 내린 것은 사우가 약속대로 아들에게 검을 주지 않았기 때문이다. 장영이 현명함으로 판결한 것은 사위가 약속대로 아들에게 재산을 주도록 청했기 때문이다. 비록 이 둘은 좀 다른 사안이지만 크게 보면 그 의미는 같은 것이니, 이것이 모두 엄격하고 현명한 다스림인 것이다."

원문 1

丞相王曾少時謁郡僚, 有爭負郭田者, 封畛旣泯, 質劑且亡, 未能斷決. 曾謂驗其稅籍, 曲直可判. 郡將從之, 其人乃服. [見『沂公言行錄』]

鄭克曰: "按界至不明, 故起爭訟. 契書不存, 故難斷決. 唯有稅籍, 可爲證據. 辭與籍同者, 其理直也, 辭與籍異者, 其理曲也. 曲直旣判, 焉得不服? 大觀間, 曾諤朝議知越州諸暨縣. 四明富民, 初唯一子, 後通其僕之妻, 又生一子而收養之. 年十六, 富民之子與母謀, 以還其僕. 後數年, 所生母與嫡母皆死, 乃歸持服, 且訟分財, 累年不決. 監司委諤推治, 歷訊不能屈. 因索本邑戶版, 驗其丁齒, 而富民嘗以幼子註籍, 遂許其分. 此亦以籍爲證者也. 爭田之訟, 稅籍可以爲證. 分財之訟, 丁籍可以爲證. 雖隱慝而健訟者, 亦聳懼而屈服矣. 此證慝之術所以可貴也."

원문 2

前漢時, 沛郡有富家翁, 貲二十餘萬. 有一男纔三歲, 失其母, 別無親屬, 一女不賢. 翁病, 因思恐爭其財, 兒必不全, 遂呼族人爲遺書, 悉以財屬女, 但遺一劍, 云兒年十五, 以此付之. 其後亦不與兒. 兒詣郡訴, 太守司空何武因錄女及婿, 省其手書, 顧謂掾史曰: "女旣强梁, 婿復貪鄙. 畏賊害其兒, 又計小兒正得此財不能全護, 故且付女與婿, 內實寄之耳. 夫劍者所以決斷. 限年十五者, 度其子智力足以自居. 女婿必不還其劍, 當聞州縣, 或能明證, 得以伸理. 此凡庸何思慮深遠如是哉!" 悉奪其財與兒, 曰: "弊女惡婿溫飽十年, 亦已幸矣." 聞者嘆服. [出『風俗通』]

鄭克曰: "按張詠尙書知杭州, 先有富民病將死, 子方三歲, 乃命婿主其貲, 而與婿遺書云: '他日欲分財, 卽以十之三與子, 七與婿.' 子時長立, 以財爲訟, 婿持書請府, 請如元約. 詠閱之, 以酒酹地曰: '汝之婦翁, 智人也. 時以子幼, 故以此囑汝, 不然, 子死汝手矣.' 乃命以其財三分與婿, 七分與子, 皆泣謝而去. 此正類何武事也. 夫所謂嚴明者, 謹持法理, 深察人情也. 悉奪與兒, 此之謂法理, 三分與婿, 此之謂人情. 武以嚴斷者, 婿不如約與兒劍也. 詠明斷者, 婿請如約與兒財也. 雖小異而大同, 是皆嚴明之政也."

67. 위고가 빼돌린 재산을 심문하여 찾아내고, 조화가 저당 잡힌 문서를 되찾아주다 韋皐劾財 趙和贖産

이야기 1

당나라 위고韋皐[1]가 검남劍南[2]에서 절도사로 있을 때의 일이다. 한 여관에 대상인이 유숙했는데, 갖고 있던 재화가 몇 만이나 되었다. 마침 상인이 병이 들자 여관 주인이 그를 독살하고 그 재산을 몰래 빼돌려 치부했다. 위고가 그 사실을 알아챘다. 또 북쪽에서 온 소연蘇延이라는 객상이 촉蜀 땅에서 장사를 하다가 병을 얻어 사망했는데, 이 사실이 위고에게 보고되었다. 위고가 사람을 보내 그의 장부를 점검하게 했는데, 이미 여관 주인에 의해 바꿔치기 된 후였다. 위고는 곧 그 경위를 조사하며 아전들에게 은밀히 탐문했으나 말이 대부분 엇갈렸다. 결국 여관 주인과 종업원들을 추궁했더니 그들은 곧

1 韋皐: 자는 城武이다. 德宗 때 劍南 西川 節度使로서 큰 공을 세웠으며, 順宗 때 檢校太尉가 되었다.

2 劍南: 唐의 鎭 이름이다. 현종 때 劍南 節度使를 설치하고 西川(지금의 四川省 서부)와 雲南・姚安(지금 운남성에 속함) 이북의 땅을 다스리게 했다. 행정 소재지는 益州(지금의 四川省 成都市)에 있었다. 肅宗 때 劍南 節度使를 나누어 劍南 東川과 劍南 西川 두 절도사를 두었다.

속이고 은닉한 것을 인정했다. 무릇 수천 민緡에 달하는 돈을 아전 이십여 명에게 뇌물로 주었기에 이들을 모두 법으로 처리하게 했다. 이로부터 검남에는 비명횡사하는 나그네가 없게 되었다.

정극鄭克이 말한다.

"대경大卿 진집방陳執方[3]이 형주荊州를 다스릴 때의 일이다. 한수漢水[4]에 배를 띄워 운항하는 뱃사공이 여러 차례 객상을 물에 빠뜨려 죽이고 그의 재물을 가로챘다. 그러고는 번번이 물길이 험해서 사고가 났다고 핑계를 댔다. 그러나 진집방은 사건의 경위를 살펴 모두 법으로 처벌했다. 그러고는 나루터 부근의 몇 집을 지목해 부역을 면제해주는 대신 물길이 험한 곳에 표지를 세우게 했다. 이로 인해 강을 건너는 사람들이 횡사하는 일이 없었다. 이 일은 위고가 간사함을 파헤친 술책과 매우 비슷하다."

이야기 2

당唐나라 함통咸通 연간 초기에 강음江陰[5]의 현령이었던 조화趙和[6]는 판결을 잘하는 것으로 이름이 났다. 초楚땅 회음현淮陰縣[7]에 두 농부는 이웃에 살면서 대대로 친분이 있었다. 그러던

3 陳執方: 진집방은 宋 眞宗 때 吏部侍郞이었던 陳恕의 아들로 관직이 太子中舍까지 올랐다.

4 漢水: 陝西省에서 발원하여 湖北省 武漢市 漢口에서 揚子江으로 흘러들어가는 하천이다.

5 江陰: 당나라 때 常州 관할 하의 8개 현 중 하나인 강음현이다. 지금의 江蘇省 無錫市 북쪽에 있다.

6 趙和: 唐代의 인물로, 江陰縣의 현령으로서 판결을 잘하는 것으로 유명했다.

7 楚땅 淮陰縣: 楚는 양자강 하류 일대를 두루 칭한다. 淮陰縣은 淮陰郡 관

어느 날 동쪽에 사는 이웃이 서쪽에 사는 이웃에게 토지문서를 담보로 돈 백만 민緡을 빌렸다. 후에 빌린 돈을 갚을 때 우선 팔천 민만 갚고, 다음에 나머지를 갚으면서 빚을 청산하기로 했다. 그 약속을 믿고 영수증을 받지 않았는데, 다음 날 다시 남은 돈을 주자 서쪽 이웃은 인정하지 않고 시치미를 뗐다. 보증인도 없고 또 수령증도 없었으니 주와 현의 관아에 호소했지만 모두 진실을 밝힐 수 없었다. 그래서 동쪽 이웃은 강을 건너 강음현에 찾아와 호소했다. 조화가 말했다.

"현의 일처리가 매우 형편없어서 이렇게 또 경계를 넘어 왔지만 어떤 방법으로 억울함을 풀겠는가?"

동쪽 이웃이 울며 말했다.

"여기까지 와서도 진실을 밝힐 수 없다면 더 이상 하소연할 곳이 없습니다."

조화는 이에 곰곰이 방법을 생각해 보았다.

하루는 조화가 도적을 잡는 포졸들을 불러 공문을 가지고 회음현에 가도록 했다. 공문의 내용은 다음과 같다. 강에서 노략질을 하던 도적이 붙잡혀서 그를 문초하여 진상이 이미 확인되었고, 함께 악행을 저지른 공범이 귀현의 어느 마을에 살고 있으며 그 이름과 생김새가 모두 서쪽 이웃을 지목하므로 그를 체포해 강음현江陰縣으로 압송하기를 청한다는 것이었다. 원래 이웃한 주현의 법규에 흉기를 들고 강을 건넌 자에 대해서만은 그 악행을 숨길 수 없게 되어 있었다. 서쪽 이웃이 도착하자 조화는 그를 문책하며 말했다.

"어째서 강에서 노략질을 하였느냐?"

할하에 있는 29개 현 중 하나이며 지금의 江蘇省 淸江市 동남쪽에 있다.

잡혀온 서쪽 이웃이 울며 말했다.

“저는 한낱 농부일 뿐 배를 저어 본 일이 없습니다.”

조화가 말했다.

“도적질한 많은 금품과 비단은 농가에서 가질 수 있는 것이 아니니, 너는 네가 가진 재산 목록을 낱낱이 밝혀 증명해 보아라.”

서쪽 이웃은 마음이 좀 놓여 곧 이렇게 말했다.

“벼 몇 섬은 소작인 아무개가 바친 것이고, 고운 비단 몇 필은 집안 베틀로 짠 것이며, 돈 몇 꾸러미는 동쪽 이웃이 토지문서를 담보로 빌린 돈을 갚은 것입니다.”

“너는 과연 강에서 노략질하는 도적은 아닌데, 어찌하여 동쪽 이웃이 갚은 팔천 민緡에 대해 시치미를 떼었느냐?”

조화는 곧 동쪽 이웃을 데리고 오게 하여 그와 대질을 시켰고, 서쪽 이웃은 부끄러움과 두려움에 자신의 죄를 자백했다. 그리하여 그를 본현으로 압송시키고 토지문서를 확인하여 동쪽 이웃에게 돌려주게 한 후 마침내 법대로 처리했다.

정극이 말한다.

“조화가 사용한 술법도 역시 장윤제張允濟에게 뿌리를 둔 것이라 하겠다. 근래의 소설小說에 다음과 같은 이야기가 실려 있다.

시랑侍郞 후림侯臨이 동양東陽[8]의 현령이었을 때의 일이다. 다른 읍의 한 백성이 재산을 분할받은 뒤 그 물건들을 인척집에 맡겨 두었다. 그런데 그 인척집에서 물건들을 숨기고 잡아떼는 바람에 여러 차례 소송을 제기했지만 해결되지 않았다. 그

8 東陽: 송나라 때 동양은 지금 江蘇省 句容縣(南京市 동쪽)의 서북쪽에 있다.

백성은 후림이 잘 다스린다는 소문을 듣고 찾아와 억울한 사정을 풀어달라고 호소했다. 후림이 말했다.

"내가 다스리는 지역과 네가 사는 지역은 경계가 다르니 법으로 해결해 주기가 어렵다."

그리고는 맡겼던 물건의 목록만 적어 놓고 그를 돌려보냈다. 반년 후에 동양현에서 강도가 붙잡혔는데, 이를 틈타 그 강도에게 장물들을 아무개와 내통하여 그의 집에 갈겨두었다고 거짓으로 자백하게 했다. 그리하여 그 인척을 체포해 하옥시킨 후 심문하자, 그 인척은 울면서 하소연했다. 그는 도둑이 맡겼다는 돈과 비단이 모두 친척이 맡긴 것이라고 말했다. 후림은 곧 그 백성에게 사람을 보내 확인시켰고, 그 물건들을 모두 그에게 돌려주었다.

이 이야기는 조화의 사특함을 찾아낸 술법을 이용한 것으로 비록 교묘함과 민첩함은 그에 미치지 못하지만 침착함과 치밀함은 그보다 뛰어나다. 비유컨대, 신중함을 지닌 장수가 경솔히 기묘한 전술을 쓰지 않고 반드시 정도의 원칙에 따르는 것과 같다. 이처럼 (적절한) 속임수를 사용한다면 그르칠 일이 없으니, 더욱 귀한 것이다."

원문 1

唐韋皐鎭劍南日, 有逆旅, 停止大賈, 貲貨萬計, 因病而酖之, 隱沒其財, 因以致富. 公知之. 又有北客蘇延商販於蜀, 得病而卒, 以報於公. 公使驗其簿籍, 已被店主易換. 公乃尋究經過, 密勘於里屬, 詞多不同. 遂劾店主與同店者立承欺隱, 凡數千緡, 與吏二十餘人分張, 悉命赴法. 由是劍南無橫死之客.

鄭克曰: “按陳執方大卿知荊州時, 漢上舟子, 數溺商旅, 取貨財, 輒以險爲辭. 執方據案, 悉置於法. 因取近灘數家, 除其徭役, 使表水險, 涉者因此得不橫死. 與皐核奸之術頗同也.”

원문 2

唐咸通初, 趙和爲江陰令, 以折獄著聲. 有楚之淮陰二農, 比莊通家. 其東鄰以莊劵質西鄰錢百萬緡, 後當收贖, 先納八千緡, 期來日以殘資贖劵, 恃契不征領約, 明日再齎餘鏹至而西鄰不認. 旣無保證, 又無文籍, 訴於州縣, 皆不能直. 乃越江訴於江陰. 和曰: “縣政甚卑, 且復踰境, 何計奉雪?” 東鄰泣曰: “至此不得理, 則無處伸訴矣.” 和乃思策. 一日, 召捕盜吏數輩, 齎牒至淮陰, 云有寇江賊, 案劾已具, 言有同惡相濟者在某處居, 名姓·形狀俱以西鄰指之, 請梏送至此. 先是, 鄰州條法, 唯持刃截江, 無得藏匿. 旣至, 和責之曰: “何爲寇江?” 囚泣曰: “田夫未嘗舟楫.” 和曰: “所盜多金寶綿綵, 非農家所宜有, 汝宜自籍以辨之.” 囚意稍開, 乃言稻若干斛, 莊人某人者, 紬絹若干匹, 家機所出者, 錢若干緡, 東鄰贖契者. 和乃曰: “汝果非寇江者, 何爲諱東鄰所贖八千緡?” 遂引其人, 使之對證, 慚懼服罪. 於是梏往本土, 檢付契書, 卒置之法.

鄭克曰: “按和所用之術, 蓋亦本於張允濟也. 近時小說載: ‘侯臨侍郎爲東陽令時, 他邑有民, 因分財産寄物姻家, 遂被隱匿, 屢訴弗直. 聞臨治聲, 來求伸理. 臨曰: ‘吾與汝異對, 法難以治.’ 止令具物之名件而去. 後半年, 縣獲强盜, 因縱令妄通有贓物寄某家, 乃捕至下獄, 引問泣訴, 盜所通金帛, 皆親黨所寄. 臨卽遣人追民識認, 盡以還之.’ 此乃用和鉤慝之術者, 雖巧捷不逮, 而沉密過之. 譬猶持重之將, 不苟出於奇, 亦必依於正. 以此用譎, 則無敗事, 尤可貴也.”

68. 유경이 방첩을 만들어 붙이고, 진표가 음식을 주며 자수를 유도하다柳設榜牒 陳具飮饌

이야기 1

후주後周의 유경柳慶[1]은 자字가 갱흥更興으로 옹주雍州 별가別駕로 부임했을 때의 일이다. 한 호인胡人의 집안에 강도가 침입했는데, 군과 현에서 수사를 펼쳤으나 강도의 행방은 알지 못한 채 연루되어 갇힌 이웃들만 많았다. 유경은 도적들이 오합지졸이라 속임수로 그들을 잡을 수 있다고 생각했다. 이에 익명의 투서를 만들어 관아의 문에 방을 많이 붙이게 했다.

"우리들이 함께 호인의 집을 털었으나 가담한 무리가 많고 혼잡하여 결국 누설되어 붙잡힐까 두렵다. 그래서 자수하고는 싶으나 처형을 면하지 못할까 두려울 따름이다. 만약 먼저 자수하면 죄를 면해준다고 허락한다면 곧바로 와서 죄를 고하겠다."

유경은 그 후 다시 면죄의 통첩을 만들어 붙여 놓게 했다.

1 柳慶(516-566): 後魏 때 相府東閣祭酒・尙書左僕射가 되었고, 後周 때는 平齊縣公에 봉해지고 宜州刺史가 되었다. 박학하고 應答에 능했으며 술을 즐겨 마셨다.

이틀 후, 광릉왕廣陵王 원흔元欣[2] 집안의 노비가 두 손을 뒤로 묶고[3] 면죄의 통첩 아래로 나와 자수했고, 이로 인해 나머지 많은 일당들도 모두 붙잡았다. [『북리北吏』「유규柳虯[4]전傳」에 나오며, 유경柳慶은 그의 아우이다.]

이야기 2

오吳나라 진표陳表[5]는 자字가 문오文奧로 아버지가 적군과의 전투에서 전사한 공로로 장수로 발탁됐다. 마침 관물을 훔친 자가 여럿 있었는데 오직 시명施明만이 잡혀 고문을 받았다. 시명은 본래 건장하고 사나워서 (혹독한 고문을 당해) 죽음을 기다리면서도 아무 말도 하지 않았고 이에 정위는 이 일을 해결하기 어려운 사안으로 보고했다. 손권孫權은 진표가 사졸들의 마음을 얻고 있다고 여겨 시명의 일을 진표에게 맡겨서 그가 스스로 알아서 진상을 밝히게 하라고 조서를 내렸다. 진표는 그의 형구를 풀어주고 음식을 주고 목욕을 시켜 그의 환심을 유도했다. 시명이 이에 자백을 하고 나머지 일당들도 모두 거명했다. 진표가 일의 경위를 보고하자 손권이 기뻐하며 그의 명예를 보전해 주기 위해 시명은 특별히 사면해 주었고, 나머지 일당들은 처형했다. 시명은 진표의 은혜에 감사하며 행실

2 광릉왕 원흔: 北魏 節愍帝(재위 531년)의 형으로 孝武帝(재위 532-534) 때 광릉왕에 봉해짐.

3 두 손을 뒤로 묶고: 원문은 '面縛'이다. 두 손을 등쪽으로 묶고 얼굴은 앞을 향하는 것으로 투항을 의미하는 행위이다.

4 柳虯: 자는 仲蟠이다. 後魏 때 洛陽行臺郎中, 後周 때 車騎大將軍儀同三司가 되었다.

5 陳表: 진표는 陳武의 아들이다. 관직은 太子中庶子·翼正都尉·新安都尉·偏將軍 등을 역임했다. 士卒들을 위해 재산을 소비하여 죽을 때에는 집안 재산이 거의 남아 있지 않게 되었다고 한다.

을 고쳤고, 마침내 용맹스런 장수가 되었으며, 이후 장군의 지위에 이르렀다. [『오지吳志』「진무陳武[6]전傳」에 나오며 진표는 그의 아들이다.]

정극이 말한다.

"양梁나라 부기傅岐[7]가 신안군新安郡 시신始新[8]의 현령이었을 때의 일이다. 현縣의 어떤 사람이 폭행으로 인해 숨졌다. 죽은 사람의 집에서는 군郡에 고소하였고, 군에서는 그 원수를 잡아 취조했는데, 온갖 고문에도 용의자가 끝내 죄를 인정하지 않자 사건을 현으로 이송했다. 부기가 즉시 그의 형구를 풀어주게 하고 온화한 말로 심문하자 죄수는 바로 자백을 했다. 이 또한 환심을 사서 마음을 움직인 것이다."

원문 1

後周柳慶, 字更興, 預雍州別駕. 有胡家被劫, 郡縣按察, 莫知賊所, 鄰人被囚者衆. 慶以賊是烏合, 可以詐求之. 乃作匿名書, 多牓官府門曰: "我等共劫胡家, 徒侶混雜, 終恐泄露. 今欲首伏. 恐不免誅. 若聽先首免罪, 便欲來告." 慶乃復施免罪之牒. 居二日, 廣陵王欣家奴面縛自告牒下, 因盡獲黨與甚衆. [出『北史』「柳虬傳」, 慶其弟也.]

6 陳武: 자는 子烈이다. 관직은 別部司馬·偏將軍 등을 역임했다. 魏의 曹操와 싸운 合肥의 전투에서 전사했다.

7 梁나라 傅岐: 梁은 南朝의 양나라이다. 부기는 자가 景平이며 始新縣 知縣으로서 현민들에게 존경을 받았다. 그가 다른 지역으로 부임해 갈 때 현민들이 마을 경계까지 나와 부기를 전송하였고 아쉬워 울부짖는 소리가 수십 리까지 들렸을 정도라고 한다. 太僕司農卿에 이르러 中書通事舍人을 겸직하였으나 侯景의 亂 때 죽었다. 이 이야기는 『梁書』「傅岐傳」에 나온다.

8 新安郡 始新: 시신은 신안군 관할하의 현이다. 군청과 현청 소재지는 지금의 浙江省 淳安縣(新安江 인근) 서쪽이다.

원문 2

吳陳表字文奧, 以父死敵場, 擢用爲將. 時有盜官物者數人, 唯收施明拷掠. 明素壯悍, 侫死無詞, 廷尉以疑聞. 孫權以表得士卒心, 詔以明付表, 使自以意求其情實. 表乃去其桎梏, 飮食沐浴之, 以誘其歡心. 明乃首伏, 具列支黨. 表以狀聞, 權悅之, 欲全其名, 特釋明而戮其黨. 明感表變行, 遂成健將, 致位將軍. [出『吳志』「陳武傳」, 表其子也.]

鄭克曰: "按梁傳岐爲新安郡始新令. 縣人有因鬥毆而死者, 死家訴郡, 郡錄其仇人, 考掠備至, 終不引咎, 乃移獄於縣, 岐卽令脫械, 以和言問之, 囚便首伏. 此亦歡以誘之者也."

69. 주수창이 살인죄를 뒤집어 쓴 백성을 심문하고, 공순이 도적 대신 잡힌 빈민들을 알아보다朱詰賕民 孔察代盜

이야기 1

중산대부中散大夫 주수창朱壽昌[1]이 낭주閬州[2] 수령이었을 때의 일이다. 그 지역 대대로 호족인 옹자량雍子良이 여러 차례 살인을 저지르고도 재력과 권세를 가지고 있었기에 사형을 당하지 않을 수 있었다. 그때도 또 살인을 했는데, 그 마을 사람에게 돈을 주고 (대신) 형리에게 나서도록 했다. 사건 심리가 끝난 뒤, 주수창은 (이 사건에 대해) 의심을 품었다. 그래서 죄수를 불러와 좌우 아전들을 물리치고 직접 심문하였는데 죄수의 대답은 처음과 같았다. 주수창이 그에게 말했다.

---

1 中散大夫 朱壽昌: 中散大夫는 散官(특정한 임무 직찬이 없는 관직)으로 일종의 작위이다. 주수창은 송대 사람으로 자는 康叔이다. 어렸을 때 생모와 이별하여 50년간 만나지 못했으나, 神宗 때 관직을 버리고 『金剛經』을 혈서로 써서 사방으로 모친을 찾아다니다 마침내 陝州에서 만나게 되었으며, 두 명의 아우와 함께 어머니를 모시고 돌아왔다고 한다. 관직은 閬州知州・司農少卿 등을 역임했다.

2 閬州: 지금의 사천성 閬中縣(嘉陵江 동쪽 기슭) 서쪽이다.

"네가 다른 사람을 대신해 죽고자 하는데 나중에 후회해서는 안 된다. 내가 듣기에 옹자량이 너에게 10만 전錢을 주고 네 딸을 며느리로 맞이하면서, 자기 딸은 네 집에 시집보낸다고 하던데 그런 사실이 있느냐?"

죄수의 안색에 미동이 생겼다. 그러자 주수창이 또 말했다.

"네가 죽고 나서 그가 계약문서를 꾸며 네 딸을 노비로 삼고 10만 전錢을 그 몸값이라고 한 뒤, 자신의 딸은 다른 사람에게 시집보낸다면 너는 어쩔게냐?"

죄수가 문득 깨닫고 눈물을 흘리며 비로소 사실대로 고했다. 옹자량은 법대로 처리되었고 군郡 안의 사람들은 모두 그가 신명神明하다고 여겼다. [증조曾肇가 지은 묘지墓誌에 보인다.]

정극鄭克이 말한다.

"대리평사大理評事 후영侯詠이 괵주虢州[3]의 녹사참군錄事參軍이었을 때의 일이다. 토호土豪 조보趙寶라는 자가 살인을 하고 자기 하인을 무고하여 대신 죽게 했다. 그리고는 옥리獄吏에게 뇌물을 주어 사안을 꾸미게 했다. 후영이 그 죄상을 알아채고는 즉시 이를 바로잡았다. 이것은 옹자량의 사안과 비슷하다. 하나는 옥리에게 뇌물을 주고 자기 하인으로 대신하게 했고, 하나는 마을 사람을 돈으로 사서 그에게 대신하게 했으니 그 간사함은 똑같다. 후영은 옥졸이 뇌물을 받은 실상을 알아채어 그 죄를 바로잡았고, 주수창은 마을 사람이 돈을 받은 사정을 찾아내어 그 진실을 밝혀냈으니 이들은 모두 간사함을 잘 파헤친 사람들이다."

3 虢州: 지금의 하남성 盧氏縣(洛河 상류 북쪽 기슭)이다.

후당後唐의 공순孔循[4]이 방계이직邦計貳職[5]의 신분으로, 이문夷門[6]의 군부사軍府事[7]를 잠시 겸임한 적이 있었다. 장원현長垣縣[8]에 네 명의 대도大盜가 있었는데 재산이 아주 많았다. (그러나) 그들을 소탕할 때 붙잡혀 온 사람은 오히려 네 명의 빈민이었다. 도우후都虞候[9] 한韓 아무개는 밀사密使인 곽숭도郭崇韜[10]의 동서[11]였는데, 추리推吏·옥리獄吏·옥전獄典과 함께 공모하여 이 사안을 날조하고는, 심문 과정도 없이 기시형棄市刑에 처해야 한다고 문서를 작성하여 상부에 올렸다. 공순이 친히 그 사안을 살펴보았으나 (죄수들은) 아무 말도 하지 않았다. 그러나 끌려 나가 가림벽을 지날 때 죄수들은 계속 고개를 돌려 쳐다보았다. 그 진상이 완전히 밝혀지지 않았다고 의심하여 공순이 다시 그들을 불러 심문하자 그들은 이렇게 말했다.

"정말 억울합니다. 아까 말씀드리려 할 때 마침 옥리가 목에

4 後唐의 孔循: 後唐은 李存勗(莊宗)이 後梁을 멸하고 세운 나라이다. 4대 14년(923-936)간 지속되다가 後晉에 의해 멸망했다. 孔循은 처음에는 朱氏 姓에 이름은 殷衡이었다. 張氏 姓을 가졌던 때도 있다. 後梁 太祖의 副使였다. 후량을 섬기며 성과 이름을 바꾸었으며, 관직은 明宗 때 橫海節度使까지 올랐다.

5 邦計貳職: 計相의 次官인 듯하다. 계상은 나라의 재정을 담당하는 장관이다.

6 夷門: 夷山이라고도 한다. 開封縣 성 안 동북쪽에 있는 산이다.

7 軍府事: 軍府는 군의 무기 창고이다. 군부사는 군부의 장이다.

8 長垣縣: 지금의 河南省 濮陽縣(金堤河 북쪽 기슭)의 서남쪽에 있다.

9 都虞候: 도우후는 원래 지역에 설치한 軍官이었지만 五代의 천자는 대부분 번장 출신이었기 때문에 이후 도우후는 侍衛親軍의 高級統率官으로 승격되었다. 군대에서 주로 법 집행을 담당했다.

10 郭崇韜: 後唐 사람으로, 後梁 때 관직이 兵部尙書·樞密使까지 이르렀지만 후에 李存勗에게 가담하여 汴州를 습격하고 후량을 멸망시켰다. 관직은 侍中·成德軍節度使를 역임했다. 이후 환관이 미움을 받아 살해됐다.

11 동서: 원문은 '僚婿'로 동서를 말한다.

씌운 칼의 끝을 높게 하여 목을 옥죄었기 때문에 말을 할 수가 없었습니다. 청컨대, 좌우 사람들을 물려주시면 그 사정의 전말을 상세히 아뢰겠습니다."

공순은 곧 이 사건을 주州로 이송하여 군郡의 주부主簿에게 다시 심문하게 했다. 한 아무개 이하 뇌물을 받은 수십 명과 네 명의 진짜 도적은 모두 법에 의해 처벌을 받았고, 네 명의 빈민은 억울한 누명을 벗었다. [이것은 화몽和㠓[12]이 들은 오대五代 때의 일이다.]

정극鄭克이 말한다.

"포졸들이 어떤 때는 도적을 놓아주고 평민을 체포하여 명령을 수행하고, 어떤 때는 도둑을 놓친 다음 평민을 체포하여 책임을 회피하며, 어떤 때는 도적을 찾다가 평민을 체포하여 포상을 받고자 한다. 만약 옥리가 이들과 더불어 거래를 한다면 원통함이 넘치는 것을 어찌 이루 다 말할 수 있겠는가! 이는 모두 사안을 듣는 자가 잘 살피는 데 달려 있다. 공순이 잘 살핀 것은 도적을 놓아주고 평민을 체포하여 명령을 수행한 경우이다. 도둑을 놓치고 평민을 체포하여 책임을 회피한 이야기 두 개와 도둑을 찾다가 평민을 체포하여 포상을 받고자 한 이야기 하나가 더 있다.

낭중郎中 범정사范正辭[13]가 강남江南 전운부사轉運副使였을 때의 일이다. 요주饒州의 도적떼가 부자집 재물을 약탈했는데 그 중 14명이 체포됐고, 심리 결과 이들은 모두 사형 죄에 해당됐다. 범정사가 마침 군을 순시하다가 요주에 이르렀다. 그는

---

12 和㠓: 송대 인물로, 자는 顯仁이다. 관직은 吏部詮判에 올랐다.

13 范正辭(936-1010): 송대 인물로 자는 直道이다. 관직은 眞宗 때 河東轉運使에 侍御使를 겸직했고 膳部郎中까지 올랐다.

죄인들을 불러 심문해보고 그것이 진실이 아님을 알아채고 곧 다른 곳으로 이송하여 다시 심문하도록 명령했다. 얼마 후 한 백성이 도적떼의 소재지를 신고했고, 범정사는 감군監軍[14] 왕원王願에게 그들을 덮쳐 체포하도록 명했다. 그러나 왕원이 아직 나서기 전에 도적들이 달아났다. 범정사가 친히 성곽 밖으로 나가 추격한 끝에 그들을 붙잡아 모두 법대로 처리했고, 14명의 무고한 사람들은 석방되었다.

소사少師 조진趙稹[15]이 익주로益州路의 전운사轉運使로 있을 때의 일이다. 공주邛州 포강현蒲江縣[16]에서 강도를 잡으려다 잡지 못하자 관아에서는 엉뚱하게 평민 수십 명을 체포하고는 심하게 문초하여 억지로 자백을 받아냈다. 또한 그들의 진술이 사실과 부합되었기에 의심의 여지가 없는 듯했다. 조진이 마침 관할 구역을 순시하다가 이 사안에 억울함이 있다고 여겨 재빨리 현縣의 옥으로 가서 취조한 후 원통한 실상을 모두 밝혀내고 그들을 풀어주었다. [이상 두 가지 사안은 모두 본전本傳에 보인다.]

추밀樞密 설향薛向이 하북河北의 제점형옥提點刑獄으로 있을 때의 일이다. 심주深州 무강현武强縣[17]에 한 강도가 살인을 하고

---

14 監軍: 군의 監督官이다.

15 少師 趙稹: 少師는 大師의 아래 관직이다. 大師는 三公의 하나로, 천자를 보좌하여 천하를 교화시키는 것을 담당하는 문관 최고의 관직이다. 趙稹은 송대 사람으로 자는 表微이다. 관직은 眞宗 때 益州路 轉運使, 仁宗 때 吏部侍郎·禮部尙書까지 역임했다.

16 邛州 蒲江縣: 邛州의 행정 중심지는 지금의 사천성 邛崍縣(成都市 서남쪽)의 동남쪽이다. 포강현은 공주 관할하의 2개 현 중 하나이며 현청 소재지는 공래현 남쪽에 있다.

17 深州 武强縣: 심주의 행정 중심지는 지금의 河北省 安平縣이다. 무강현은 심주 관할하의 3개 현 중 하나이며 심현의 동쪽에 있다.

그의 재물을 강탈해 갔다. 현위는 강도를 놓친 책임을 면하기 위해 평민을 체포하여 고문으로 범행을 뒤집어 씌웠다. 또한 장물을 밖에 갖다 놓아 그의 진술과 부합시켰다. 설향이 이 소식을 듣고 의심스러워서 친히 그를 불러 심문했다. 이에 그 원통함을 풀고 죽음을 면한 사람이 여섯이었고, 그 현위는 고의로 죄를 덮어씌운 죄[18]로 다스렸다. [여대방呂大防이 지은 「묘지墓誌」에 보인다.]

이 세 가지 사안은 모두 공순이 죄수를 잘 살펴본 일과 비슷하다. 다른 특별한 재주가 있어서가 아니라 다만 마음을 다해 정황을 잘 살폈기 때문에 원통함을 풀어 줄 수 있었던 것이다."

원문 1

朱壽昌中散知閬州, 有大姓雍子良屢殺人, 挾財與勢, 故得不死. 時又殺人, 乃賕其里民使出就吏. 獄具, 壽昌疑之. 因引囚屛處訊之, 囚對如初. 乃告之曰: "爾以死代人, 毋令有悔. 吾聞子良遺汝錢十萬, 納汝女爲子婦. 許嫁其女汝家, 有之乎?" 囚色動. 又告之曰: "汝且死, 書券抑汝女爲婢, 指十萬爲庸直, 而嫁其女於他人, 汝將奈何?" 囚悟, 泣下, 始以實告. 子良付法, 一郡以爲神明. [見曾肇所撰墓誌.]

鄭克曰: "按大理評事侯詠爲虢州錄事參軍時, 土豪趙寶者殺人, 誣其傭, 令代死, 且賕吏成其獄, 詠辨狀, 立正之. 與子良頗相類也. 一賕獄吏使以傭代, 一賕里民使以身代, 其爲奸等耳. 詠能辨獄吏受賕之

18 고의로 ~ 죄: 원문은 '故入'으로 '故入人罪(일부러 사람을 죄로 끌어들인 것)'의 줄인 말이다. 재판관이 고의로 다른 사람에게 죄를 덮어씌우는 것을 말한다.

狀而正其罪, 壽昌能探里民受賕之情而得其實, 是皆善核奸者也."

後唐孔循以邦計貳職, 權領夷門軍府事, 長垣縣有四鉅盜, 富有資産. 及敗, 所牽挽則四貧民也. 蓋都虞候姓韓者, 則密使郭崇韜之僚婿, 與推吏、獄吏、獄典同謀鍛成此獄, 都不訊鞫, 款成而上, 法當棄市. 循親慮之, 因無一言, 領過蕭墻, 囚屢回首. 公疑其情未究, 因召問之, 云: "實枉. 且言適以獄吏高其枷尾, 故不得言. 請退左右, 細述其事." 卽令移於州獄, 俾郡主簿鞫之. 自韓已下, 受賂者數十人, 與四盜俱伏法, 四貧民乃獲雪. [此和𡺸所聞五代時事.]

鄭克曰: "按巡捕之吏, 或縱盜而捕繫平民以應命, 或失盜而捕繫平民以逃責, 或求盜而捕繫平民以希賞. 若獄吏與之爲市, 則冤濫豈可勝言! 此在聽者察之耳. 孔循所察, 乃縱盜而捕繫平民以應命者也. 又有失盜而捕繫平民以逃責者二事, 求盜而捕繫平民以希賞者一事. 范正辭郎中爲江南轉運副使時, 饒州有羣盜劫富民家財, 捕得十四人, 獄具當死. 正辭按郡至饒, 引問察其非實, 命徙他所訊鞫. 既而民有告羣盜所在者, 令監軍王願掩捕, 願未行而盜遁去. 正辭親出郭追獲之, 皆伏法, 而十四人得釋. 趙稹少師爲益州路轉運使時, 邛州蒲江縣捕劫盜不得, 而官司反繫平民數十人, 楚掠强服. 且合其辭, 若無可疑者. 稹適行部, 意其有冤, 乃馳入縣獄, 盡得其冤狀, 釋之. [已上二事並見本傳.] 薛向樞密提點河北刑獄時, 深州武强縣有盜殺人, 而奪其財. 尉以失盜爲負, 捕平人掠服之, 置贓於外以符其語. 向得而疑之, 親引問. 直其冤免死者六人, 正其尉故入之罪. [見呂大防所撰「墓誌」.] 此三者, 皆與孔循慮囚事類矣. 非有他術, 但盡心察情, 故能釋冤也."

70. 유숭귀가 칼을 알아보고, 사마열이 칼집을 살피다崇龜認刀 司馬視鞘

이야기 1

당唐나라 유숭귀劉崇龜가 남해南海[1] 절도사였을 때의 일이다. 한 부유한 상인에게 젊고 피부가 흰 아들이 있었다. 그가 배를 강기슭에 정박시키고 바라보니 한 높은 대문 안으로 아름다운 미녀가 있었는데 별로 사람을 피하지 않았다. 젊은이가 농담 삼아 말했다.

"밤에 집으로 초대하도록 하시오."

그녀 또한 난색의 기색이 없었다. 이날 밤 그녀는 과연 문을 열어 놓고 그 젊은이를 기다렸다. 젊은이가 도착하기 전에 홀연히 어떤 도둑이 뭔가 훔쳐가려고 그녀의 방에 침입했는데 그녀는 그것도 모르고 (부자 상인의 아들이 온 줄 알고) 기뻐하며 다가갔다. 도둑은 자신을 잡으러 온 것으로 여겨 칼로 그녀를 찌른 후 칼을 버리고 도망갔다. 부자 상인의 아들이 곧

---

1 南海: 지금의 廣東省에 있는 옛 廣州・韶州・潮州・惠州・肇慶府・南雄府와 高州府의 북쪽 경계 및 廣西壯族自治區의 옛 平樂府 동쪽 경계와 梧州府 동남 경계의 땅이다. 군의 행정 중심지는 番禺이며 지금 廣東省 番禺縣 동남쪽이다.

이어 도착했는데, 그녀의 피를 밟고 미끄러져 땅에 엎어졌다. 손으로 더듬어 보다가 사람이 죽은 것을 발견했는데 피 솟아나는 소리가 아직도 들렸다. 그는 그녀의 집에서 달려 나와 배를 타고 밤중에 닻줄을 풀어 도망갔다. 다음 날 그녀의 집에서는 핏자국을 따라 강가에 이르렀고, 강가에 있는 사람들이 모두 이렇게 말했다.

"밤에 어떤 객선이 급히 출발했습니다."

집안 사람들은 마침내 그 부자 상인의 아들을 관가에 고소했고, 관가에서는 포졸을 보내 추격하여 그를 체포한 후 형틀에 채우고 고문을 했다. 부자 상인 아들이 모든 사실을 털어놓았지만 살인만은 부인했다. 유숭귀는 도둑이 남긴 칼을 자세히 살펴보았는데 그것은 도살용 칼이었다. 이에 이렇게 명령을 내렸다.

"아무 날 큰 연회를 열 터이니, 관할 지역의 모든 백정들은 연병장[2]에 모여 도살을 준비하라."

(당일) 저녁이 되어 (모인 백정들을) 해산시키며 각자 가져온 칼을 두고 갔다가 다음 날 다시 오도록 분부했다. 그리고는 살인범의 칼을 그중 하나와 바꿔놓게 하였다. 다음 날, 모든 사람들이 와서 각각 자신의 칼을 찾아 갔는데 한 백정만이 마지막까지 남아 (남아 있는 것이) 자신의 칼이 아니라고 했다. 그래서 그에게 따져 물었더니, 그가 대답했다.

"이것은 저의 칼이 아닙니다."

"그럼 누구의 것이냐?"

"이것은 아무개의 칼이옵니다."

---

2 연병장: 원문은 '毬場'으로 고대에 공을 차고 놀던 장소를 말한다. 군대 안의 毬場은 屯兵이나 무술 연습 또는 집결의 용도로도 쓰였다.

이에 급히 사람을 보내 체포하도록 하였으나 그는 이미 달아나고 없었다. 그리하여 다른 죄수 중 사형에 처해야 하는 자를 골라 상인의 아들이라고 속여 밤에 처형했다. 도망갔던 자가 이 소식을 듣고 (안심하여) 돌아오자 그를 체포하여 법으로 처리했다. 부자 상인의 아들은 밤에 인가에 침입한 죄로 등에 곤장을 맞았을 따름이다. [『신당서新唐書』「유정회전劉政會傳[3]」에 보이며, 유숭귀劉崇龜는 그의 칠세손七世孫이다.]

정극鄭克이 말한다.

"무릇 원통함을 풀어주려면 반드시 기술이 있어야 한다. 칼을 바꿔 놓은 것은 도적을 추적하는 기술이고, 다른 사형수를 죽인 것은 도적을 속인 기술이다. 도적이 만약 잡히지 않으면 피의자의 원통함은 어떻게 풀어 줄 수 있겠는가? 그러므로 인술仁術이 이러한 곳에도 존재하는 것이니, 군자는 또한 소홀히 여겨서는 안 되는 것이다."

이야기 2

후위後魏[4]의 사마열司馬悅[5]이 예주豫州[6]자사刺史였을 때의 일이다. 상채현上蔡縣의 동모노董毛奴라는 사람이 돈 5천 냥을 가지

3 劉政會(?-635): 唐代 사람이다. 수나라 때에 太原 鷹揚府 司馬가 되었는데, 후에 唐 高祖를 섬겨 관직이 洪州都督에 올랐다.

4 後魏: 北朝의 한 왕조로, 鮮卑族 拓跋氏가 세운 나라이다. 西晉 말 拓跋猗盧가 大同 지역에서 代王으로 봉해졌는데, 몇 대 후에 珪(太祖 道武帝)가 국호를 魏라고 하고 魏王을 칭하며 점차 판도를 넓혀나갔다. 제3대 太武帝 때에는 북방 일대를 거의 다 점유하기에 이르렀다. 그 후 제12대 孝武帝 때 東魏와 西魏로 분열될 때까지 12대 149년(386-534) 동안 지속되었다.

5 司馬悅: 자는 慶宗이며 豫州刺史가 되었지만 후에 逆徒들에게 살해되었다.

6 豫州: 後魏의 豫州는 지금의 河南省 汎陽縣이다.

고 가다가 길에서 죽었다. 어떤 이가 이것은 장제張堤의 소행이라고 의심했는데, 또 마침 장제의 집에서 돈 5천 냥이 나왔다. 장제는 고문이 두려워 자기가 그를 죽였다고 거짓 자백을 했다. 사마열은 이를 의심하여 동모노의 형을 불러 물었다.

"사람을 죽이고 돈을 빼앗았으면, 당시에 몹시 경황이 없어 반드시 뭔가 떨어뜨리고 간 것이 있을 터인데, 뭔가 주운 것이 있느냐?"

"칼집 하나를 주웠습니다."

사마열은 그것을 받아 자세히 보고는 말했다.

"이것은 이 마을에서 만든 것이 아니다."

그리고는 주州 안의 대장장이들을 소집하여 그 칼집을 보여주었다. 곽문郭門이라는 자가 그 칼집은 자기 손으로 만든 것인데 작년에 이웃 동급조董及祖에게 팔았다고 진술했다. 사마열이 곧 동급조를 잡아들여 심문하자 그는 모두 자백했다. [『북사北史』「사마초지司馬楚之[7]전傳」에 보이며, 사마열은 그의 손자이다.]

정극鄭克이 말한다.

"사마열이 동급조로 하여금 범죄를 자백하게 할 수 있었던 까닭은 비록 그가 지혜로운 방법을 사용했기 대문이지만 또한 우연일 따름이다. 이전에 만약 도적이 칼집을 떨어뜨리지 않았거나 혹은 그 칼집이 주 안의 대장장이가 단든 것이 아니었다면 어떻게 동급조가 도적인 줄 알았겠는가? 이 사안에서 칭송할 만한 것은 피의자를 불쌍히 여겨 신중하게 심문하여 (『주역』에 나오는) 중부괘中孚卦[8]의 '의심스런 사건을 의론하여

7 司馬楚之: 자는 德秀(『魏書』에는 德季)이다. 朔州刺史가 되었는데 청렴하고 검소한 것으로 이름이 났다.

8 中孚卦: 『易』의 64괘 중 하나로, 中道를 얻어 바로잡으면 하늘에서 응하

사형을 늦춘다'는 뜻에 부합하도록 하고, 마침내 범인을 잡아 원통함을 풀어줄 수 있었다는 점이다."

원문 1

唐劉崇龜鎭南海, 有富商子年少而晳白, 泊船江岸, 見一高門, 中有美姬, 殊不避人. 少年因戲語之曰: "夜當詣宅矣." 亦無難色. 是夕果啓扉待之. 少年未至, 忽有盜入其室欲行竊, 姬卽不知, 欣然往就. 盜謂見擒, 以刀刺之, 遺刀逃去. 富商子繼至, 踐其血, 汰而仆地, 及捫之, 乃見死者, 聞逗血聲未已. 走出, 船夜解維而遁. 明日, 其家迹其踪至岸, 岸上之人皆云: "夜有某客船徑發." 遂訟於公府, 遣人追捕, 械繫拷訊, 具吐情實, 唯不招殺人. 崇龜視所遺刀, 乃屠刀也. 因下令曰: "某日大設, 合境屠者皆集毬場, 以候宰殺." 旣而日晚, 放散, 令各留刀, 翌日再至, 乃命以殺人刀換下一口. 明日, 諸人各來請刀, 獨一屠最後, 不認己刀, 因詰之. 對曰: "此非某刀." 問: 是誰者, 云乃是某人之刀耳. 亟往捕之, 則已竄矣. 於是以他囚合死者爲商人子, 侵夜斃之. 竄者聞而還, 乃擒置於法. 富商子坐夜入人家, 杖背而已. [見『新唐書』「劉政會傳」, 崇龜其七世孫也.]

鄭克曰: "按凡欲釋冤, 必須有術. 換刀者, 迹賊之術也, 斃囚者, 譎賊之術也. 賊若不獲, 冤何由釋? 故仁術有在於是者, 君子亦不可忽也."

원문 2

後魏司馬悅爲豫州刺史. 有上蔡董毛奴, 齎錢五千, 死於道. 或疑張堤行劫, 又於堤家得錢五千, 堤懼楚掠, 自誣言殺之. 悅疑之, 乃引毛奴兄問曰: "殺人取錢, 當時狼狽, 應有所遺, 曾得何物?" 答曰: "得一刀鞘." 悅取視之, 曰: "非此里巷所爲也." 乃召州內刀匠示之. 有郭門者,

---

는 것이 생긴다고 가르치는 괘이다.

言此刀鞘其手所作, 去歲賣與鄰人董及祖. 悅收詰之, 具服. [出『北史』「司馬楚之傳」, 悅其孫也.]

鄭克曰: "按悅所以能使及祖服罪者, 雖有智算, 亦偶然耳. 向若賊不遺刀鞘, 或鞘非州內刀匠所作, 何從知及祖爲賊耶? 其可稱者, 哀矜審謹, 合於中孚'議獄緩死'之義, 故卒能獲賊以釋冤也."

71. 장작이 안장을 찾아 범인을 잡고, 염제미가 갈고리로 은화가 든 상자를 물속에서 건져내다張鷟搜鞍 濟美鉤篋

이야기 1

당唐나라 장작張鷟은 자字가 문성文成으로, 그가 하양河陽의 위관尉官이었을 때의 일이다. 어떤 나그네의 나귀가 고삐가 끊긴 채 안장과 함께 사라졌다. 사흘 동안 찾아 헤맸으나 찾지를 못해 현청에 가서 신고했다. 장작의 추적이 매우 엄했기에, 도둑은 밤에 나귀는 풀어 놓고 그 안장은 감춰 놓았다. 장작이 말했다.

"이것은 능히 알 수 있다."

그리고는 나귀에게 여물을 주지 않고 굶긴 다음 재갈을 벗기고 밤에 풀어 놓게 했다. 나귀는 곧 지난 밤에 여물을 주었던 곳을 찾아 갔고 이에 그 집을 수색하여 풀 더미 속에서 안장을 찾아냈다. 사람들이 모두 장작의 지혜에 탄복했다.

정극鄭克이 말한다.

"관중管仲[1]이 제齊나라 제후 환공桓公의 재상이 되어 산융山戎[2]을 정벌하고 돌아오다가 길을 잃었다. 관중은 늙은 말을 풀어 놓아주고 군대로 하여금 그 말을 따라 가도록 명하여 길을 찾아 돌아올 수 있었다. 장작도 이러한 기술을 채용한 것이다. 대개 길을 잃으면 찾아 돌아갈 수 있는 자취가 있는데 사람들은 이를 알아보지 못한다. 그러나 저 짐승들은 옛길을 알아보기 때문에 이들의 힘을 빌어 찾는 것이 마땅하다. 이것이 바로 군자君子는 사물의 이치를 잘 이용한다는 것이다. 고헌지顧憲之가 소를 풀어 놓아 주인을 찾은 사안도 또한 이러한 이치를 이용한 것이 아니겠는가?"

이야기 2

당唐나라 염제미閻濟美[3]가 강남江南[4] 일대를 다스릴 때의 일이다. 한 뱃사공이 상인에게 고용되어 그의 짐을 배에 실었다. 그의 짐은 매우 자질구레하게 묶여 있었는데, 상인은 은화 10정錠을 짐 사이에 몰래 숨겨 넣었다. 뱃사공이 이것을 몰래 훔쳐보고는 그 상인이 뭍에 올라간 틈에 은화를 훔쳐 배가 정박한 곳 물속에 빠뜨렸다. 배는 밤에 출발하여 진소鎭所[5]에 도착했다. 상인이 남은 짐을 점검하다가 은이 없어진 사실을 알았다. 곧 뱃사공을 붙잡아 염제미에게 데려갔다. 염제미가 말했다.

---

1 管仲: 춘추 시대 齊나라 사람으로 이름은 夷吾이다. 鮑叔牙와의 우정으로 유명하다. 齊 桓公을 도와 제나라를 제후국 중 패자가 되게 하였다.

2 山戎: 北戎이라고도 한다. 춘추시대 지금 하북성 북방의 산간 지대에 살던 민족으로 종종 齊와 燕을 침입했다.

3 閻濟美: 시호는 溫이며, 관직은 德宗 때 福建 觀察使를 역임했다. 그 후 工部尙書에 올랐다.

4 江南: 당나라 때의 道이다. 행정 중심지는 蘇州로 지금의 江蘇省 蘇州市 吳縣이다.

5 鎭所: 진소는 '治所'이며 즉 중심 관청이 있는 지역으로, 여기서는 江南의 행정 중심지 蘇州를 말한다.

"그대가 물건을 실었던 곳에 훔친 물건들이 모두 그대로 있을 것이다."

그리고는 다음과 같이 물었다.

"그대는 어제 어디에서 묵었는가?"

"여기에서 백 리 정도 떨어진 물길이 갈라지는 포구에서 묵었습니다."

염제미는 무사에게 뱃사공과 함께 가서 찾아보라고 명령하면서 은밀히 그에게 일러두었다. "틀림없이 뱃사공이 그것을 훔쳐 강 속에 빠뜨려 놓았을 것이다. 네가 노 젓는 이에게 갈고리로 찾아보게 하면 그 물건은 분명 거기에 있을 것이다. 만약 그것을 찾으면 내 너에게 후한 상을 내리겠다."

무사는 염제미의 명령대로 갈고리로 그것을 끌어 올렸다. 은은 상자 안에 있었으며 봉함도 온전하게 그대로 있었다. 무사는 염제미에게 이것을 바쳤다. 염제미가 심문하자 뱃사공은 즉시 시인하였고 법에 의해 처벌되었다.

정극鄭克이 말한다.

"백성을 다스리는 관리는 간사한 도적이 그의 적이 됨을 늘 걱정하는데, 사건을 잘 헤아리는 것은 비유컨대 용병술에서 적을 잘 헤아리는 것과 같다. 염제미가 뱃사공이 은을 훔쳐 강물 속에 빠뜨려 놓은 것을 안 것도 바로 이러한 것이다. 이 또한 칭송할 만하다."

원문 1

唐張鷟字文成, 爲河陽尉. 有客驢韁斷, 並鞍失之. 三日, 訪不獲, 詣縣告. 鷟推窮甚急, 盜乃夜放驢出, 而藏其鞍. 鷟曰: "此可知也." 遂令不秣飼驢, 去轡夜放之, 驢尋向昨夜餵處去, 乃搜索其家, 於積草下得之, 人服其智.

鄭克曰: "按管仲之相齊侯也, 伐山戎還, 而迷失道. 仲令解縱老馬, 軍隨以行, 乃得之. 驚蓋採用此術也. 夫放道有跡求, 而人莫能識, 仮皆識故道者, 則宜假以求之矣. 是說君子善假於物之義也. 顧憲之任牛索主, 亦以此歟?"

唐閻濟美鎭江南有舟人庸載商賈人, 貨甚緊碎, 其間有銀一十錠, 密隱之於貨中. 舟人潛窺之, 伺其上岸, 乃盜之, 沉於泊船之所. 船夜發, 至於鎭所. 點閱餘貨, 乃失其銀. 遂執舟人以見公. 公曰: "客載之家, 盜物皆然也." 問曰: "客昨者宿何所?" 曰: "此去百里浦汊中." 公令武士與船夫同往索之. 公密謂武士曰: "必是船人盜之, 沉於江中矣. 爾可令楫師沉鉤取之, 其物必在. 若獲之, 必受吾亶賞." 武士乃依公命, 鉤而引之, 銀在篋中, 封署猶全, 而獻於公. 公劾之, 舟子立承, 伏法.

鄭克曰: "按治民之官, 每患奸盜敢爲其敵, 善料事者, 譬猶用兵善料敵也. 濟美所以知舟人盜銀沉於江中者, 此耳. 是亦可稱也."

72. 하승천이 활을 쏜 것에 대해 의론하고, 고유가 사냥에 관련된 자들을 심문하다

承天議射 廷尉訊獵

이야기 1

(남조南朝) 송宋나라 때 유의劉毅[1]가 고숙姑熟[2] 지방을 다스리던 시기에 하승천何承天은 행참군行參軍[3]이었다. 한번은 유의가 출행하였는데, 언릉현鄢陵縣[4]의 아전인 진만陳滿이 새를 잡으려고 활을 쏘다가 그만 화살이 잘못 날아가 당직 장수를 맞혔다. 비록 맞은 사람이 다치지는 않았으나 진만은 법에 의해 기시형棄市刑에 처해지게 됐다. 그러자 하승천이 다음과 같이 의론했다.

"형사 사건은 실정에 따라 단죄하는 것이 중요하므로, 의심스러우면 가벼운 처벌을 따라야 합니다. 옛날 한漢나라 문제

---

1 劉毅: 자는 希樂이며, 처음에는 東晉에서 벼슬을 하다가 桓玄이 제위를 찬탈했을 때 劉裕와 병사를 일으켜 그를 주살하고 송나라 때 豫州刺史가 되었다. 후에 또 반란을 일으켰다가 공격을 당해 자살했다.

2 姑熟: 城 이름이다. 지금의 安徽省 當塗縣 남쪽 姑孰溪에 임해 있다. 東晋 때 여기에 성이 형성된 이래 자주 중요한 곳이 되었다.

3 行參軍: 지방 장관 아래에서 軍政을 담당하는 관직의 우두머리이다.

4 鄢陵縣: 지금의 河南省 鄢陵縣(許昌市 동북쪽)이다.

文帝의 행차 수레를 끄는 말을 놀라게 한 사람이 있었는데, 장석지張釋之[5]가 이것을 황제 행차 시 길을 비키지 않은 죄로 따져 단지 벌금형에 처하면서, 그가 황제의 말을 놀라게 할 마음이 없었음을 밝혔습니다. 그래서 황제의 기물과 같은 중요한 것이라고 해서 법제를 다르게 적용하지는 않았습니다. 지금 진만의 의도는 새를 쏘아 맞추려는 것이었지 사람을 맞히려는 마음이 있었던 것이 아닙니다. 율문律文에 '과오로 사람을 다치게 한 자는 3년형에 처한다'고 규정한다고 했는데, 하물며 다치지도 않은 경우야 어떻겠습니까? 벌금형에 처해도 될 것입니다." [『남사南史』본전本傳에 보인다.]

정극鄭克이 말한다.

"이 또한 '자신에 비추어 사물을 의론하고, 겉으로 드러난 현상을 버려두고 속사정을 헤아린' 것이다."

이야기 2

위魏나라 고유高柔가 정위廷尉였을 때의 일이다. 당시 사냥법이 매우 준엄했다. 의양宜陽의 전농典農[6]이었던 유귀劉龜가 금지 구역 안에서 몰래 토끼를 활로 사냥하였는데, 공조功曹 장경張京이 교사校事[7]에게 가서 이 사실을 알렸다. 황제인 명제明帝[8]는 장경의 이름을 숨긴 채, 유귀를 체포하여 재판에 회부시

5 張釋之: 漢나라 사람으로 자는 季이다. 관직은 文帝 때 僕射였고, 후에 廷尉가 되어 법을 엄정하게 지키고 사건을 공정하게 판결하여 천하에 원통한 백성이 없게 하였다고 한다. 景帝 때 淮南王의 재상이 되었다.

6 宜陽의 典農: 의양은 현 이름이다. 지금 河南省 洛陽市 서북쪽에 있는 의양현 서쪽을 가리킨다. 전농은 농사를 담당하는 관직이다.

7 校事: 曹操가 설치한 관직으로, 천자 직속의 糾彈官이다.

8 明帝: 魏나라 제2대 천자 曹叡로 재위 기간은 14년(226-239)이다.

켰다. 고유가 표表를 올려 고발한 사람의 이름을 알려 달라고 청하자 명제가 크게 화를 내며 말했다.

"유귀는 죽어 마땅하다. 감히 내가 금지한 구역 안에서 사냥을 하다니. 유귀를 정위廷尉에게 보냈으면 마땅히 엄하게 고문하고 심문하면 그만이지 어찌하여 고발자의 이름을 알려 달라고 또 청하는가? 내가 제멋대로 유귀를 체포했다는 말인가?"

고유가 말했다.

"정위廷尉는 천하天下의 공평한 저울입니다. 어찌 지존하신 황제의 희로애락 때문에 법을 훼손시킬 수 있겠습니까?"

그는 다시 상주문을 올렸는데 그 언사가 매우 정중하고 적절했다. 명제는 깨달은 바가 있어 장경의 이름을 건네주었다. 고유는 곧 두 사람을 불러 심문하고 각각 그 죄에 합당한 벌을 주었다. [『위지魏志』본전本傳에 나온다.]

정극鄭克이 말한다.

"법法에 '무고誣告의 경우, 거꾸로 고발한 사람을 심문한다'는 규정이 있는데, 이것은 간악한 모함을 막고 송사를 줄이려는 것이다. 그러니 어떻게 고발한 사람의 이름을 숨길 수 있겠는가? 고유는 법 집행을 잘하는 사람이라고 할 만하다.

후위後魏의 유조游肇[9]가 정위廷尉였을 때의 일이다. 선무제宣武帝[10]가 일찍이 유조에게 칙령을 내려 어떤 이의 죄를 감하고 풀어주라고 하였으나, 유조는 법을 고집하며 그 명령에 따르지 않았다.

9 游肇: 자는 伯始이며, 『周易』·『毛詩』에 통달했고 특히 三禮에 정통했다. 관직은 尙書右僕射에 올랐다.

10 宣武帝: 後魏 제7대 천자로 世宗이다. 재위 기간은 17년(499-515)이다.

"폐하께서 스스로 그를 용서해주실 수 있는데, 어찌하여 저에게 법 적용을 그릇되게 하라 하십니까?"

이 또한 고유의 아류가 아니겠는가? 다만 고유와 유조가 모두 황제의 명에도 불구하고 바른 것을 지적하는 행동을 하여 사사士師[11]를 고무시킨 자들이므로 여기에 나란히 실은 것이다. 법을 집행하는 관리가 법 적용을 잘못하여 죄가 있는 자를 풀어주는 일도 없고, 법을 훼손시켜 무고한 사람을 죄에 빠뜨리는 일도 없이, 인심에 부합하는 판결과 의론이 이루어지길 바란다."

원문 1

宋劉毅鎭姑熟, 何承天爲行參軍. 毅嘗出行, 而鄢陵縣吏陳滿射鳥, 箭誤中直帥, 雖不傷, 處法棄市. 承天議曰: "獄貴情斷, 疑則從輕. 昔有驚漢文帝乘輿馬者, 張釋之劾以犯蹕, 罪止罰金, 明其無心於驚馬也. 故不以乘輿之重, 加以異制. 今滿意在射鳥, 非有心於中人也. 律: '過誤傷人, 三歲刑.' 况不傷乎? 罰之可也." [出『南史』本傳]

鄭克曰: "按此亦'推己議物, 捨狀探情'者也."

원문 2

魏高柔爲廷尉, 時獵法甚峻. 宜陽典農劉龜竊於禁內射兎, 其功曹張京詣校事言之. 帝匿京名, 收龜付獄. 柔表請告者名, 帝大怒曰: "劉龜當死, 乃敢獵吾禁地. 送龜廷尉, 便當拷掠, 何復請告者主名, 吾豈妄收龜耶?" 柔曰: "廷尉, 天下之平也. 安得以至尊喜怒而毁法乎?" 復爲奏, 辭旨深切. 帝意悟, 乃下京名. 卽還訊之, 各當其罪. [出『魏志』本傳]

鄭克曰: "按法有'誣告, 反拷告人', 所以息奸省訟也. 安得匿告者名

11 士師: 형사 재판을 담당하는 장관을 말한다.

乎? 柔可謂能執法矣. 後魏游肇爲廷尉時, 宣武嘗敕肇有所降恕, 執而不從. 曰: '陛下自能恕之, 豈可令臣曲筆.' 此亦柔之流亞歟? 惟柔與肇皆詔所指以勵士師者, 故並著焉. 庶幾執法之吏不曲筆以縱有罪, 不毁法以陷無辜, 而處議合於人心也."

—인명 색인—